Wigald Boning schläft draußen: über ein halbes Jahr, von August bis März, im Zelt. Auf Campingplätzen, in Gärten und Parks, auf Dächern und Balkonen und ja, auch in Flussbetten. Dabei muss er feststellen, dass ein rotes Zelt beim Wildcampen eher ungeeignet ist, eine Woche Dauerregen die Moral erheblich sinken lässt und man in einer Sturmnacht niemals unter einem Baum zelten sollte. Aber er wäre nicht Wigald Boning, wenn er nicht all diesen Widrigkeiten trotzen würde – wozu auch das Kopfschütteln sämtlicher Freunde und Bekannten gehört.

Wigald Boning veröffentlichte diverse Schallplatten, bevor seine Fernsehkarriere als Comedian und Moderator startete. Er wurde mit vielen Preisen ausgezeichnet, u. a. mit dem Deutschen Fernsehpreis, dem Grimme-Preis, dem Bambi und dem Echo. Für seine Musikveröffentlichungen hat er Platin und Gold erhalten. Bei rororo erschienen «Bekenntnisse eines Nachtsportlers», «In Rio steht ein Hofbräuhaus», «Die Geschichte der Fußleiste und ihre Bedeutung für das Abendland» sowie «Butter, Brot und Läusespray».

Wigald Boning

Im Zelt

Von einem, der auszog,
um draußen zu schlafen

Rowohlt Taschenbuch Verlag

Originalausgabe | Veröffentlicht im Rowohlt Taschenbuch Verlag, Reinbek bei Hamburg, Oktober 2016 | Copyright © 2016 by Rowohlt Verlag GmbH, Reinbek bei Hamburg | Umschlaggestaltung ZERO Werbeagentur, München | Umschlagabbildung © Wigald Boning | Fotos im Innenteil © Wigald Boning | Satz aus der Quadraat PostScript, InDesign, bei Pinkuin Satz und Datentechnik, Berlin | Druck und Bindung GGP Media GmbH, Pößneck, Germany ISBN 978 3 499 63194 8

Für Karl-August Tapken

Inhalt

1 > Idee

Hitze. Entsetzliche Hitze. Der heißeste Tag des Jahres. Ich lungerte im schattigen Innenhof jenes Münchener Hauses herum, in dem ich wohne, schleppte mich dann in der Hoffnung auf größere Abkühlung zurück in die Wohnung, entledigte mich schließlich nach stummen Schwitzestunden meiner Kleidung und duschte kalt. Die Erfrischung hielt nicht lange vor; wie auf einer Herdplatte verdampfte das kühle Nass auf meiner Haut, und nach weniger als einem Viertelstündchen fühlte ich mich wieder maladiös überhitzt.

Diese Hundstage sind nichts für mich. Bereits als semmelblonder Bub konnte ich den Hochsommer nicht verknusen, sehnte mich in kühle Gründe und war äußerst anfällig für Sonnenstiche. Im Alter von zehn Jahren begann ich damit, heiße Nächte nicht in meinem Kinderzimmer, sondern auf der Terrasse meines Elternhauses zu verbringen, bei besonders hohen Temperaturen auch gerne ohne Unterlage, auf dem blanken Waschbeton. Als junger Erwachsener verstieg ich mich zu der Behauptung, in einem vorigen Leben ein Shetland-Pony gewesen zu sein: gedrungen, robust und kälteunempfindlich. Nachdem dieses launige Bekenntnis meine Zuhörer erheiterte, pflegte ich die Pony-Legende in meinen persönlichen Anekdotenfundus ein und erzählte sie immer häufiger, bis ich vergaß, dass ich sie mir nur ausgedacht hatte, und sie fester Bestandteil meines Selbstbilds wurde.

Jetzt schrieben wir den August 2015, und die Quecksilbersäulen touchierten die Vierzig-Grad-Marke, wobei ich mir gar nicht sicher bin, ob die modernen Thermometer überhaupt noch auf Quecksilberbasis arbeiten, wegen der Giftigkeit des Schwermetalls. Ist das ungesunde Element nicht schon vor langer Zeit aus dem Messverkehr gezogen worden? Über diese Frage grübelte ich eine Weile nach, bis die Grübelei einem ziellosen Gebrüte wich; meine Augenlider verdeckten die Pupillen zur Hälfte, und ich schnappte müd' nach frischer Luft.

Am Spätnachmittag stellte ich mich erneut unter die kalte Dusche, und unter dem frischen Strahl sprang ein Linderungsgedanke ins erhitzte Hirn: Wie wär's, wenn ich zur Isar radelte, um die kommende Nacht an ihrem Ufer zu verbringen? Das Wasser der Isar ist auch im Sommer gebirgsfrisch, und an ein Ein- oder gar Durchschlafen im heimischen Bett war bei dieser Witterung nicht zu denken. Ich erinnerte mich an meine Waschbetonnächte als kleiner Wigald, damals, in der Reihenhaussiedlung in Oldenburg, entstieg erquickt und von plötzlichem Tatendurst ergriffen der Dusche, packte Schlafsack und Isomatte ein und radelte los.

Beißender Grilldunst hing über dem Isartal; Tausende tummelten sich an den kiesigen Gestaden und suchten ihr Heil im Hopfensaft. Ich hielt die Luft an und rollte auf meinem Klapprad durch die Steak-Schwaden, den Rucksack geschultert. Es dauerte lange, bis ich einen geeigneten Schlafplatz fand: Satte sieben Kilometer südlich vom Stadtzentrum, hinter der Großhesseloher Brücke, erspähte ich im Flussbett eine Kiesbank. Mit leichtem Herzklopfen stieg ich vom Rad. Abenteuerlust ergriff mich. Das Eiland war an die dreißig Meter lang, acht Meter breit und ragte kaum zwei Handhöhen aus dem munter sprudelnden Fluss heraus. Nur einige ausgekohlte Feuerstellen wiesen darauf hin, dass sich schon Menschen auf der Insel aufgehalten hatten. Ich stand am Ufer und versuchte, den Schlafplatz in spe zu evaluieren. Offenbar konnte die Insel durch eine Furt erreicht werden, ich würde also immerhin nicht zu Bett schwimmen müssen. Auf Erfahrungen bei der Beurteilung von Schlafinseln konnte ich allerdings nicht zurückgreifen; weder war ich bei den Pfadfindern noch bei der Bundeswehr gewesen. Ob der Wasserspiegel über Nacht ansteigen konnte, sodass ich Gefahr lief, im Schlaf davongeschwemmt und via Donau ins Schwarze Meer gespült zu werden? Andererseits erschien mir die Insellage besonders sicher: Böse Buben, dachte ich mir, würden kaum die Mühe auf sich nehmen, den knietiefen Fluss zu durchstiefeln, um mich auszurauben. Auch Ordnungshüter würden mich auf der Kiesbank in Ruhe lassen, denn dass mein Vorhaben eventuell nicht ganz legal sein könnte, hielt ich für durchaus möglich – wir sind immerhin in Deutschland.

Meine nachmittägliche Jammerlappigkeit war forschem Entdeckergeist gewichen, und als ich in der Unterbux mein Klapprad durchs Wasser schob und den unbeschuhten Fuß aufs namenlose Eiland setzte, fühlte ich mich wie James Cook im Moment der Entdeckung Australiens. Leider hatte ich keinen Wimpel dabei, den ich zur Inbesitznahme hätte aufstellen können; ersatzweise entfaltete ich den Ständer meines Klapprades, parkte es possessiv am höchsten Punkt der Insel und erklärte mich gönnerhaft zu ihrem Gouverneur. Dann entrollte ich die mitgebrachte Isoliermatte, ein billiges Modell aus dem letzten Jahrtausend, das ich im Keller gefunden hatte, und drapierte den Schlafsack obendrauf.

Drei ältere Damen schipperten in einem Gummiboot vorbei, in Richtung Innenstadt. Auf dem Bugwulst hatte die älteste gleichsam als Galionsfigur Platz genommen, die zwote hielt den Luftkahn auf Kurs, die dritte bewachte die Ladung, nämlich einen Kasten Bier. «Ist's noch weit bis zum Tierpark?», fragten die drei Leichtmatronen im Vorübertreiben, und ich rief zurück: «Noch ein Kilometer! Bei der dritten Brücke rechts anlegen!» Mit artigem Dank verschwand das Boot flussabwärts – dies war mein erster und letzter Sozialkontakt auf «meiner» Insel.

Güldenes Dämmerlicht verlieh der Szenerie ausgeprägte Märchenhaftigkeit; Steinfliegenschwärme schwirrten zwischen den bewaldeten Steilufern umher, vereinzelt sprangen kapitale Salmoniden aus der Flut. Von beiden Ufern drang Musik an mein Ohr: Im Biergarten der Waldwirtschaft am Sollner Ufer spielte an diesem Samstag eine Jazzkapelle, von der Perlacher Seite wehten die Bee Gees herüber. Night Fever, Night Fever! Die Doppel-beschallung begleitete mich bis tief in die Nacht. Dies war eine meiner ersten Lektionen: Wer draußen übernachtet, hört Nachti-gallen trapsen – mindestens. Manchmal wird's auch ganz schön laut, und samstags wird gefeiert; zum Thema Schall und Schutz komme ich später noch ausführlich.

Es wehte ein laues Lüftchen, die Füße hielt ich ins Wasser – schon jetzt war ich begeistert von meiner Idee, der Hitze hierher zu entfliehen.

Als es dunkel war, bestaunte ich die Beleuchtung der Groß-hesseloher Brücke, einer kühnen Stahlkonstruktion hoch über der Isar, auf der die Eisenbahnen zwischen München und dem Tegernsee verkehren. Die eleganten Scheinwürfe der Leuchtkör-per am Gleis bezauberten mich. Noch ergreifender schien aber der volle Mond über meinem Kopf, den ich ausgiebig betrachtete, in Rückenlage, meinen Fahrradhelm als Kopfkissen unterge-legt. Erst zur Geisterstunde schlüpfte ich in den Schlafsack und schloss die Augen. Mit wohligem Rekeln quittierte ich das Rau-schen des Flusses, die frische Nachtluft, die letzten Musikfetzen von den Partymeilen des Münchener Südens und sank in jenen flachen Schlaf, der gelungene Premierennächte auszuzeichnen pflegt: Tief ist er nicht, wohl aber erquickend. Wie sagte Fried-rich Schiller? «Jedem Anfang wohnt ein Zauber inne». Oder war's Hermann Hesse? Ich komme mit diesen Zitaten immer ein wenig durcheinander, zumal bei Schlafmangel. Bitte sehen Sie's mir nach, wenn ich im Verlauf meines Berichtes die Weisheiten nicht immer korrekt ihren Urhebern zuzuordnen weiß – denn über einen Mangel an Schlaf konnte ich mich in den letzten Monaten fürwahr nicht beklagen. Manchmal war ich so müde, dass ich mitten im Satz einschlie...

Am nächsten Morgen erwachte ich in einem Zustand überbordender Euphorie. Ich war Insulaner, Herr über einen kiesigen Keil, umtost von Alpenwasser. Der Morgen war frischer als an den Tagen zuvor, und ich fühlte mich im Vollbesitz jenes Gutes, nach dem heutzutage alle Welt jagt: Glück. Genau, dieses Kleeblatt- und Schornsteinfeger-Ding, «The Pursuit of Happiness», wie es in der amerikanischen Unabhängigkeitserklärung heißt. «Draußen zu schlafen macht glücklich!», fabulierte ich mit fester Stimme, um sogleich innezuhalten. Stimmt das überhaupt? Oder bilde ich mir das ein, schwabbelsinnig, weil ich gestern zu viel Sonne abbekommen habe?

Ich stand an der Nordküste der Boning-Insel und dachte nach. Es war Sonntag, sieben Uhr, das Isartal menschenleer. War Draußenschlafen tatsächlich der Heilige Gral, das Geheimnis des Glücks? Und wie könnte man diese Frage gesichert beantworten? Spontan zeichneten sich die Umrisse eines Experiments ab. Nicht nur eine Nacht müsste man draußen verbringen, sondern mehrere. Je mehr, desto besser, denn erst ein Langzeitexperiment liefert verlässliche Daten. Mit einer Mischung aus kindlicher Neugier und wissenschaftlichem Ernst begutachtete ich meine Lebenssituation: Ich lebte alleine und seit einiger Zeit ungebunden; niemand würde mich also vermissen, wenn ich meine Nächte in einem Schlaflabor am Busen der Natur zubrächte. Mein Kalender war zum Bersten gefüllt, mit Live-Auftritten, Dreharbeiten, Fernsehshows; ich war als Schauspieler am Berliner Schlossparktheater engagiert und hatte mir fest vorgenommen, so oft wie möglich meine Zwillinge zu besuchen, die bei ihrer Mutter im Allgäu lebten und sich aufs Abitur vorbereiteten. Ich würde also kaum «aussteigen» können, die Brocken hinwerfen oder ein Sabbatical einlegen, nein, das Draußenschlafen müsste in mein reiselustiges, reiselastiges Leben eingebaut werden.

«Frisch gewagt ist halb gewonnen». Horaz? Tick, Trick und Track? Nein, das tapfere Schneiderlein sagte dies. Ich packte meine Siebensachen, schob mein Klapprad durch die Isar und radelte zurück in Richtung Innenstadt. Auf dem Weg reifte der Entschluss, ab sofort mein Schlafzimmer zu meiden. Bis auf weiteres wollte ich mich einer einzigen Regel unterwerfen, die da lautete: Geschlafen wird draußen – komme, was wolle.

Wie weit würde ich's bringen? Was bedeutet «Langzeitexperiment» in einem solchen Fall? Sollte es bis in den Herbst hinein dauern? Bis in den Winter? Den nächsten Frühling? Würde ich erkranken, und wenn ja: an was? Würde mein Rücken rebellieren? Was mache ich bei Regen, bei grimmiger Kälte, was, wenn ich erst im Dunkeln auf Schlafplatzsuche gehen kann? Wie aufwendig ist das Experiment? Ist die Sache gar lebensgefährlich? Darf man sich überhaupt draußen hinlegen und schlafen? Wird man womöglich ausgeraubt? Bin ich mit meinen bald fünfzig Jahren überhaupt noch physisch in der Lage zu einem solchen Selbstversuch?

Mit diesen Fragen beschäftigte ich mich an jenem Sonntag im August 2015. Schnell war klar: Ich würde ein wetterfestes Zelt brauchen, das klein genug sein würde, um auf allen Reisen mitgenommen zu werden, ferner allerlei Zubehör, etwa eine Isomatte zum Aufblasen, damit die Bandscheibe nicht bereits in der ersten Woche aus der Façon springt. Mit derlei Ausrüstungsfragen hatte ich mich seit vielen Jahren nicht mehr beschäftigt. Ich hatte in meinem ganzen Leben sowieso nie länger als drei Nächte hintereinander draußen übernachtet, stets mit dem Resultat äußerster Zerschlagenheit. Vor dem Hintergrund dieser Camper-Historie mischte sich eine gewisse Bange in meine Forscherlaune. Gut möglich, dass ich bereits in der dritten Nacht die berühmten Motten kriegte und husch, husch ins Bettchen flüchtete. Um diese Gefahr zu verringern, beschloss ich, es mir so bequem wie irgend möglich zu machen und auf weitere Kasteiungen zu verzichten.

Zu Hause angekommen, startete ich flugs eine kleine Umfrage unter meinen Sportlerfreunden: Welches Ein-Personen-Zelt, welche Luftmatratze hat sich bewährt? Carsten Schneehage, erfahrener Ausdauersportler, der bereits allerlei Wettkämpfe im Wildcamper-Dorado Skandinavien absolviert hat, empfahl als Wetterschutz ein «Hilleberg Akto» – das habe sich in schwedischen Outdoor-Kreisen bewährt. Andere Fachleute in meinem Bekanntenkreis stritten engagiert für die Anschaffung eines «Vaude Taurus» und nannten tausenderlei Details als Gründe, von denen jeder einzelne geeignet war, eine mehrstündige Internetdebatte vom Zaun zu brechen. Sodann brachten unterschiedliche Lobby-Gruppen Matratzen der Firmen «Expeed» und «Mammut» in Stellung, um sich wiederum ruck, zuck über die Vor- und Nachteile dieser Produkte in die Haare zu geraten. Ganz offenbar standen diese Ausrüstungsgegenstände für unterschiedliche Herangehensweisen, ja, Weltanschauungen, war das Ringen der Zelte ein Menschheitsthema, dessen philosophische Brisanz mir bis dato entgangen war. Die Ansichten von Hegel, Fichte, Marx und Schopenhauer mögen zu Diskussionen unter den jeweiligen Anhängern geführt haben, aber in Anbetracht des ewigen Zwists zwischen Hilleberg, Vaude, Expeed und Mammut waren dies nur Bagatell-Dispute. Wer hätte das gedacht.

Abends fuhr ich erneut zu «meiner» Insel. Hundert Meter flussabwärts hatte sich ein Herr in seinen besten Jahren am Ufer eingerichtet, dessen opulente Ausrüstung ich interessiert beäugte: ein geräumiges Kanadier-Boot lag auf dem Kies, Seesäcke, Korbflaschen und Tonnen davor, ein großes Holzfeuer loderte himmelwärts, über dem der Trapper in Tarnfleck armlange

Fleischspieße briet. Zwischen zwei Bäumen hatte er eine Zeltbahn gespannt, eine mobile Dusche eingerichtet, und separate Bottiche zum Geschirrspülen und für die Körperpflege warteten mit Frischwasser befüllt auf ihre Einsätze. Den gesamten Hausstand des offenbar alleinstehenden Herrn schätzte ich auf ein bis zwei Tonnen – ohne die Schaschlikspieße. Das wirkte alles hochprofessionell, aber nein: So sah mein Traum vom Glück nicht aus. Ich wollte, musste in der Lage sein, meine Habe in einem Rucksack durch die Welt zu transportieren. Ob dies langfristig möglich war? Keine Ahnung.

Leise Zweifel an meinem Vorhaben begleiteten mich in meine zweite Nacht unter freiem Himmel, die angenehmerweise etwas kühler ausfiel als die vorherige. Also schloss ich den Reißverschluss früher, inspizierte erneut den prallen Mond und seine glasigen Krater und tippte anschließend einen Tagebucheintrag auf meinem Wischfon, den ich sogleich in die sozialen Netzwerke weitergab. «Ich poste, also bin ich», wie René Descartes sagte, gilt auch und gerade in Wildnis & Wissenschaft, denn die Menschheit lässt sich bekanntlich kaum beglücken, wenn man den Schlüssel zum Glück verbirgt oder verbaselt. Also: Hinaus in die digitale Welt mit meinem Unternehmen! Recht bald jedoch war der Akku des Fernsprechgerätes leer, was bereits am zweiten Tag meines großen Experiments zu einer wichtigen Erkenntnis führte: Der Geist ist willig, aber der Akku ist schwach. Das Wirken des modernen Forschungsreisenden auf abgelegenen Inseln wird heutzutage weniger durch eingeborene Menschenfresser bedroht als durch den Mangel an Akkulaufzeit – eine Beobachtung, die ich in den kommenden Wochen und Monaten noch oft machen sollte, nämlich: nahezu täglich.

Doch ich will nicht dramatisieren; auch diese zweite Nacht überlebte ich ohne besondere Vorkommnisse. Dies war sogar die zentrale Erkenntnis des anbrechenden Montagmorgens: Es ist nichts Wildes, Wirres, Schlafraubendes passiert, auch unter freiem Himmel kommt es nicht zwangsläufig zu Zeter und Mordio. Nicht immer ringen Bee Gees mit Jazzstandards, nicht immer drohen ältere Jungfern auf Gummibooten anzulanden. Manch Nacht verläuft völlig störungsfrei. Und mit dieser Erkenntnis radelte ich am nächsten Morgen wieder heim und frühstückte, um mich danach zum Expeditionsausrüstungsfachgeschäft in der Nachbarschaft zu begeben, wo ich mir meine Grundausstattung für den kommenden Lebensabschnitt besorgte.

2 › Ausrüstung

Der junge Fachverkäufer im Kaufhaus für Frischluftfreunde kannte sich aus. Er hatte sowohl «Hilleberg Akto» wie auch «Vaude Taurus» vorrätig. «Beide Zelte lassen sich gut in einem Wanderrucksack verstauen und sind ähnlich schwer, nämlich schlappe zwei Kilogramm», erläuterte er. «Der wesentliche Vorteil des Hilleberg: Es trotzt jedem Wetter, bietet dem Wind nur wenig Angriffsfläche und ist absolut wintertauglich. Das Taurus wiederum bietet zur Not nicht nur einer, sondern zwei Personen Platz, wobei sich diese beiden Personen sehr gut kennen sollten», zwinkerte der Fachverkäufer. Da mir in meinem Freundeskreis niemand einfiel, dem ich zutraute, das Experiment gemeinsam mit mir durchzuführen, entschied ich mich für das Hilleberg. «Ist Ihnen die rote Farbe recht?», fragte der Fachverkäufer, und mir kam nicht sofort in den Sinn, welche Bedeutung die Farbe eines Zeltes hat. Ich nickte ahnungslos, und erst in der Praxis lernte ich: Wer gerne unentdeckt in der Natur zelten möchte, ist mit Tannengrün oder Tarnfleck eindeutig besser bedient. Im Notfall wiederum wird ein rotes Zelt besser gesehen, etwa wenn man im Eismeer auf einer Eisscholle sein Zelt aufbaut, abdriftet und vom Hubschrauber aus gesehen werden will. Wobei dieses Beispiel nicht wirklich überzeugt, denn einerseits ist im Eismeer auch ein grünes Zelt unübersehbar, und zum anderen sind Notfälle durch abbrechende Eisschollen in Mitteleuropa äußerst selten. Als Fotomotiv, auch das habe ich inzwischen gelernt, ist ein rotes Zelt besser geeignet, zumal vor grünem Hintergrund. Komplementärfarben beißen sich, und diese Bisse machen Fotos lebendig. Doch wie gesagt: Derlei Aspekte kamen mir damals nicht in den Sinn.

Passend zum Hilleberg erwarb ich einen «Footprint», so nennt der Anglizismenhuber eine Plane zum Unters-Zelt-Legen. So 'ne Zusatzplane soll vor Feuchtigkeit und Durchstichen schützen, etwa von spitzen Steinen im Boden. Ob so was wirklich notwendig ist, kann ich nicht sagen. Man schleppt mehr Gewicht durch die Gegend, aber die Lebensdauer des Zeltbodens wird durch einen Footprint wenigstens nicht verkürzt – so viel ist sicher. Außerdem erhält die sogenannte Apsis, also der überdachte Bereich außerhalb des Innenzeltes, auf diese Weise einen Fußboden, und das dort abgestellte Reisegepäck bleibt – zumindest von unten – trocken.

Warum ich mir überhaupt ein teures Expeditionszelt zulegte und kein preisgünstiges Modell, etwa ein Wurfzelt aus dem Non-food-Segment der Stehcafés? Ja, Wurfzelte sind tatsächlich bestechend schnell aufgebaut. Allerdings sind sie nicht wirklich wetterfest, und zusammengepackt passen sie in keinen Rucksack. Bei mir jedoch muss alles rucksacktauglich sein, damit ich meine Habe auf dem Rücken transportieren kann und die Hände frei habe für die schönen Dinge des Lebens: stricken, streicheln, Klavier spielen, um nur jene Fingerfertigkeiten zu nennen, die mit «Sch» beginnen.

Nach der Zeltberatung ging ich in die Isoliermattenabteilung und besorgte mir eine extrem leichte Luftmatratze der Firma Expeed. Auch bei dieser Anschaffung war für mich das Packmaß entscheidend. So wintertauglich wie nötig, so klein und leicht wie möglich sollte meine Schlafstatt sein. Ja, die «Wintertauglichkeit» war mir bereits jetzt, am dritten Tag meines Experiments, wichtig – in meinem Hinterstübchen waberten Überwinterungsphantasien. «Wennschon, dennschon», wie Friedrich Gottlieb Klopstock zu sagen pflegte.

Am Spätnachmittag radelte ich aufs Neue die Isar aufwärts zur Boning-Insel, um meine Anschaffungen auszuprobieren. Mit äußerster Akribie wählte ich den Bauplatz aus, auf einer Anhöhe nahe dem Norduferufer, drei Meter vom rauschenden Fluss entfernt. Ich entfernte alle Glasscherben und Holzpartikel, plättete den Kieselgrund und konnte bereits an diesem Zelt-Premierentag konstatieren, dass die Auswahl eines Zeltplatzes ein kreativer Akt ist, eine künstlerische Tätigkeit. Dass neben der Blickrichtung aus dem Zelt heraus mit all ihren ästhetischen Implikationen auch praktische Erwägungen notwendig sind, etwa die Windrichtung, war mir damals weniger klar.

Ein wesentlicher Vorteil an Kleinzelten ist die Übersichtlichkeit der Baustelle. Neulinge und handwerklich unbegabte Bauherren haben weit bessere Korrekturmöglichkeiten, als wenn sie, sagen wir mal, ein Einfamilienhaus aus dem Boden stampfen. Ruck, zuck ist beim Kleinzelt im Falle eines Irrtums der Footprint neu verlegt, sind dessen Abspannleinen straff gezurrt. Problematisch wird der Aufbau des Zeltes erst bei völliger Dunkelheit, zumal bei Regen oder bei starkem Konzentrationsmangel, etwa nach vielen schlaflosen Nächten hintereinander. Aber dazu kommen wir später. Vorerst war die Hitzewelle vorbei, es herrschte moderates Sommerwetter, ohne Regen, ich war mopsfidel und puppenlustig.

Als das Zelt aufgebaut war, betrachtete ich stolz meinen Neubau, aktivierte die Fotofunktion meines Wischfons, positionierte dieses auf dem Lenker meines Klapprades und ließ den Selbstauslöser jenes Bild knipsen, das den Einband des vorliegenden Druckwerkes ziert. Ganz hinten erkennt man übrigens die Großhesseloher Eisenbahnbrücke und vorne, in meinem Gesicht, die vollkommene Befriedigung desjenigen, der von einem großen Ziel erfüllt ist und weiß, was er zu tun hat.

Richtfest! Aus der Fahrradflasche gönnte ich mir einen guten Schluck, dann wandte ich mich der Innenarchitektur zu. Ich entfaltete die Luftmatratze, blies sie auf und legte sie ins gelbe

Innenzelt. Obendrauf der Schlafsack, Gepäck in die Apsis – fertig ist die Laube.

Test, test, one, two. Hui, ist das Hilleberg klein. Lag ich auf dem Rücken, maß der Raum zwischen Nasenspitze und Innenzeltwand kaum eine Elle, und nur am höchsten Punkt, in der Mitte des Wohnraums, konnte man sitzen, ohne mit dem Kopf anzustoßen. Eine weitere Erkenntnis: Für Platzangsthasen sind Einmannzelte nichts.

Ich wähnte mich spontan in einem Walmagen, und so taufte ich denn auch mein Refugium zärtlich auf diesen Namen. Mein Walmagen und sein Mageninhalt, also ich, wir wurden schnell zu einer Einheit, und bald gesellte sich zum Gefühl der Enge jenes der Geborgenheit. Temple Grandin kam mir in den Sinn, jene autistische Wissenschaftlerin, die Viehhaltungsmethoden erforschte. Rinder werden in sogenannte Pressmaschinen gepfercht, etwa zum Zwecke medizinischer Untersuchungen. Man könnte meinen, dass die Tiere hierauf panisch reagieren, aber das Gegenteil ist der Fall: Sie werden ganz ruhig, ähnlich wie bei einer Massage. Temple Grandin baute sich aus einem Kompressor und einer Sperrholzstruktur eine eigene Pressmaschine, um ihre peinigenden Wutausbrüche zu lindern. Bis heute nutzt sie ihre sogenannte Squeeze Machine.

Nun liegt man im Hilleberg nicht wirklich fixiert, aber die Vorstellung, wie Jonas von einem Wal verschluckt worden zu sein, gefiel mir vom ersten Moment an – zumal ich mich, aufgewachsen in einem bescheidenen Reihenhaus, in großbürgerlichen Zimmerfluchten schon immer verloren gefühlt habe.

Einige Wochen später legte ich mir übrigens auch noch das «Vaude Taurus» zu, und zwar in Dunkelgrün. Drei Gründe gab's für diesen Zukauf: Erstens lässt sich ein Taurus auch aufbauen, ohne dass man ein Dutzend Heringe ins Erdreich treibt. Die Grundkonstruktion ist fast selbsttragend, und mit ein paar Schaschlikspießen lassen sich die Abspannleinen auch auf gepflasterten Böden befestigen. Zweitens wollte ich auf eventuelle Übernachtungsgäste vorbereitet sein (man weiß ja nie), und drittens gab es schon bald Orte, an denen ich ein Zelt stehen lassen wollte, um nicht täglich auf- und abbauen zu müssen, etwa daheim im Hinterhof. Das Taurus verhält sich zum Hilleberg wie ein Pottwal- zu einem Buckelwalmagen. Um zu zweit im Taurus zu übernachten, empfiehlt sich übrigens eine ganz spezielle Luftmatratze, die Expeed Comfort Duo. Sie ist wintertauglich und passt, wenn man die hinteren Ecken hochklappt, perfekt ins Zelt. Nachteil der dicken Doppelmatratze ist ihr Packmaß: Zusammengerollt entsteht ein Zylinder, der an den Unterschenkel eines Elefanten erinnert und nur mühsam in einen Maxi-Rucksack passt.

Bitte denken Sie nicht, ich sei so 'ne Art Lobbyist und dieses Buch eine Werbebroschüre für Outdoor-Equipment. Ich habe auch den letzten Zeltnagel ohne Nachlass von meinem eigenen Geld bezahlt und bin daher ein völlig unabhängiger Kritiker. So gelungen ich die Expeed Duo finde, so unangenehm waren zum Beispiel meine Erfahrungen mit der kleinen Expeed. Nach einigen Wochen platzte mit lautem Knall eine der Nähte, welche die einzelnen Luftwürste voneinander trennen. Der Schaden breitete sich aus, die Segmentierung verschwand komplett, und es entstand ein aufgeblähter Luftsack, der an eine übergroße Pizza Calzone erinnerte. Haben Sie schon mal auf einer Pizza Calzone übernachtet? Finger weg von diesem Modell! Als Ersatz besorgte ich mir ein vergleichbares Modell von der Firma «Mammut», das bis heute brav seinen Dienst verrichtet.

Wo wir gerade beim Thema Ausrüstung sind: Als sehr hilfreich haben sich tatsächlich Schaschlikspieße erwiesen, zum Zeltfixieren auf Pflasterungen, außerdem breite Spezialheringe für Sand- und Schneeböden. Eine gute Anschaffung war auch eine kaum hundert Gramm leichte Klappmatte, die ich im Winter als Universalmöbel einsetzte, zum Draußensitzen oder als Dornenschutz unter der eigentlichen Isomatte.

Von großer Bedeutung ist der Schlafsack. Mit dem ersten Frost besorgte ich mir ein wintertaugliches Daunenmodell, dessen Anschaffung ich nie bereut habe. Ohne Zweifel entscheidet die Qualität des Schlafsacks über Wohl und Wehe des Draußenschläfers. Gegenüber Kunstfaser lässt sich Daune wesentlich mehr komprimieren, was für Rucksackreisen entscheidend ist. Als Fachmann, der ich heute, nach meinem Experiment, zweifellos bin, empfehle ich dem interessierten Nachahmer einen Drei-Jahreszeiten-Schlafsack und einen Biwaksack als zusätzlichen Kälteschutz. Aber Obacht! Dieser Biwaksack sollte aus atmungsaktivem Material bestehen, etwa aus Gore-Tex. Alte Bundeswehr-Biwaksäcke sind perfekt, man findet sie günstig auf Zweite-Hand-Plattformen in Internet. Ein guter Biwaksack ist natürlich auch ein wunderbarer Wetterschutz, dabei platzsparender als ein Zelt. Privatsphäre bietet er natürlich nicht – im Zelt ist man immerhin vor den Blicken der Mitmenschen geschützt.

Was gehört noch zur Grundausstattung? Beleuchtung. Ganz am Anfang verwendete ich hierfür eine einfache Stirnlampe, später gönnte ich mir eine batteriebetriebene Lampe, die ich am Zelthimmel befestigte. Im Gegensatz zur Stirnlampe leuchtete sie den Walmagen gleichmäßiger aus, was die Wohnlichkeit deutlich erhöht. Für den Außenstehenden wirkt dies wie eine Petitesse, im spartanischen Alltag eines Walmagenbewohners schaffen derlei Details einen angenehmen Anflug von Wohnlichkeit und erhöhen die Lebensqualität. Gerade für denjenigen, der sein Haus auf dem Rücken mit sich herumträgt, gilt: Schöner Wohnen ist Trumpf! Als sinnvoll hat sich auch eine Taschenlampe mit Stromerzeugungskurbel erwiesen. Eine halbe Minute Kurbeln ermöglicht eine halbe Stunde Erleuchtung und kann eine Batterielaterne ersetzen. Weniger gute Erfahrung machte ich mit Solarstrom.

Eine Freundin mit Industriebeziehungen beschenkte mich mit einem Solarkollektor, auseinandergeklappt doppeltes iPad-Format. Vielleicht bin ich zu doof oder zu ungeduldig oder hatte Pech mit dem Wetter, jedenfalls schien die Sonne kaum je so stark, dass der erzeugte Strom auch nur für ein Telefonat gereicht hätte, von der Tagebuchführung per Wischfon ganz zu schweigen. Überhaupt könnte ich in diesem Kapitel Hunderte Artikel nennen, die meinen Praxistest nicht überstanden und nun bei mir daheim im Kellerfach liegen. Hierzu gehören z. B. auch Wärmeelemente, Taschenöfen, Knicklichter, aufblasbare Möbel etc.

Als Rucksack erwarb ich ein schwarzes Monstrum. Vorgabe: Er sollte so groß wie möglich sein, aber doch so klein, dass er bei Flugreisen anstandslos als Gepäck akzeptiert wird. In der Praxis befestigte ich an seiner Außenseite zusammengeklappte Tretroller, was den Rucksack zum (ohne Aufpreis transportierten) Sperrgepäck machte.

Was fehlt noch? Wiederverwendbare Kabelbinder, um z. B. den Tretroller am Rucksack zu sichern. Ohrenstöpsel. Feuchte Tücher. Ersatzbatterien beziehungsweise Zusatzakkus fürs Handy.

Last but not least möchte ich meinen Reichweitenverlängerer erwähnen. Mit diesem Begriff bezeichnet man in der Luftfahrt einen verschließbaren Plastikzylinder vom Format eines Kölschglases, an dessen Unterseite sich ein elastischer Gummisack anschließt. Diese sinnige Konstruktion hat mir unzählige nächtliche Toilettengänge erspart. Als preisgünstige Alternative bieten sich leere Getränkeflaschen an. Vorsicht bei Apfelsaftflaschen. Sie ahnen gewiss, warum.

Meine üppige Utensilienliste verdeutlicht, dass man das einfache Leben an der frischen Luft auch als Hochamt des Konsums zelebrieren kann. Kritik an meiner Materialfülle ist womöglich berechtigt; wer auf radikale Askese Wert legt, eifert vielleicht besser nicht mir nach, sondern dem antiken Kyniker Antisthenes, der weder Zelt noch Schlafsack, sondern lediglich einen doppelt umgeschlagenen Mantel, einen Stock und eine Umhängetasche besaß. Da er die Nächte in seinem Mantel verbrachte, gilt Antisthenes als der Erfinder des Trekking-Tourismus.

3 > Hundertwasser

Nachdem ich meinen Entschluss gefasst hatte, telefonierte ich mit meiner Managerin Steffi. «Wie? Du willst nur noch draußen schlafen? Im Zelt? Für längere Zeit? Aber ich darf doch weiter ins Hotel, oder?», fragte sie mit deutlich hörbarer Besorgnis in der Stimme. «Selbstverständlich», beschwichtigte ich, «niemand muss draußen schlafen, außer ich. Besser gesagt: Ich WILL draußen schlafen.» Stille in der Leitung. «Es ist ein Experiment.» Wieder Stille. «Ich will wissen, wie sich das anfühlt.» Lange, geradezu dröhnende Stille. Dann meinte ich am anderen Ende der Leitung ein Kopfschütteln zu erahnen, gefolgt von einem auffällig langgezogenen «Oooookay», wie man es gegenüber Begriffsstutzigen verwendet, mit denen es sich nicht zu diskutieren lohnt. Wieder blockierte erdrückende Stille die Telefonleitung, und nach langen, bangen Sekunden hörte ich die äußerst kleinlaut formulierte Frage: «Ist das nicht gefährlich?» – «Gefährlich? Wie meinst du das?» – «Da draußen herrschen Mord und Totschlag!», konstatierte Steffi mit Grabesstimme; ein tremolierendes Zittern verriet ihre ehrliche Panik, und ich wunderte mich, dass ich das zurückliegende Wochenende weitgehend angstfrei verbracht hatte. Wortreich versuchte ich meine Managerin zu beruhigen. Wir arbeiten bereits seit 2004 miteinander, haben einige Höhen und Tiefen erlebt, aber nie hatte ich Steffi so besorgt kennengelernt. Hatte sie recht? Spielte ich mit meiner körperlichen Unversehrtheit? Wetzten gedungene Straßenmörder bereits ihre Messer, stand ich mit einem Bein im Grab? Der kalte Hauch des Todes huschte über meinen Rücken, auf meinen Unterarmen erschien Gänsehaut. Ich erschrak ob meiner bisherigen

Sorglosigkeit, wankte kurz, ehe ich von meiner Richtlinienkompetenz Gebrauch machte und Steffi anwies, bis auf weiteres kein Hotelzimmer mehr für mich zu buchen. In nächster Zeit betraf dies vor allem die Veranstalter meiner Diavorträge zum Thema «Butterbrot und Läusespray – Was Einkaufszettel über uns verraten». Statt eines Hotelzimmers solle man mir lieber einen schönen Zeltplatz besorgen oder, falls es keine «schönen» Zeltplätze in der Nähe des Veranstaltungsortes gibt, wenigstens einen «originellen» – ohne selbst genau zu wissen, was das sein könnte.

Bisher bewegte mich vor meinen Live-Auftritten vor allem die Frage, wie wohl das Publikum auf meinen Vortrag reagieren würde, auch ob die Halle voll ist, wie gut die Technik funktioniert, das kleine Einmaleins des Showgeschäftsmannes eben. Ab sofort galt es, sich im großen Einmaleins zurechtzufinden: Wo schlafe ich? Hat der Veranstalter einen kreativen Vorschlag? Gibt es einen Campingplatz in der Nähe?

Die Reaktionen der Veranstalter waren unterschiedlich: Manche Theater haben Pauschalverträge mit bestimmten Hotels, in die alle Auftretenden einquartiert werden, und empfanden mein Ansinnen als lästigen Sonderwunsch, als schikanöse Extrawurst, die sich der verwöhnte Herr Künstler da braten lassen wollte. Andere Veranstalter sprudelten sogleich allerlei Ideen hervor. Ich nehme mal vorweg, dass lediglich an einem einzigen Ort gar kein Zeltplatz gefunden werden konnte, nämlich in Mannheim. Zelten in Mannheim sei unmöglich, versicherte der Betreiber jenes Kinos, in dem ich im Spätherbst meinen Einkaufszettelvortrag hielt. Der Campingplatz habe geschlossen und anderswo zu zelten sei grundsätzlich verboten – Ende der Diskussion. Ich zuckte mit den Schultern, stieg nach dem Auftritt in den letzten Zug und übernachtete daheim in München, auf dem zu diesem Zeitpunkt bereits bewährten Gitterrost.

Was ich mit «Gitterrost» meine? Zu der von mir in München

Volksstimme
Dienstag, 22. September 2015

Wigald Boning „auf'm Kopp von Hundertwasser"

Magdeburg (ka) • Komiker Wigald Boning hat auf dem Dach des Hundertwasserhauses in Magdeburg gezeltet. Für seinen Auftritt am vergangenen Wochenende im Theater der Grünen Zitadelle verzichtete der 48-Jährige auf die Annehmlichkeiten eines Hotelzimmers. Noch nie zuvor hatte jemand an diesem exklusiven Ort schlafen dürfen. Für Boning, der auf seiner aktuellen Tour seit nunmehr vier Wochen zeltet, machte das Haus eine Ausnahme. Dabei erinnerte sich der Echo-, Bambi- und Grimme-Preisträger an einen Hundertwasser-Bildband seiner Oma, der ihn schon als Kind „ungemein fesselte" und freute sich, nun „Hundertwasser auf'm Kopp" schlafen zu dürfen. Sein kleines rotes Zelt brach er bereits am Sonntag wieder ab, um über Burg nach Zehlendorf weiterzuziehen.

Foto: Anne König

bewohnten Bleibe gehört ein winziger Gartenanteil im Innenhof, der eigentlich nur aus einem Lichtschacht besteht beziehungsweise dessen Abdeckung, nämlich dem besagten Gitterrost. Mit diesem, nun ja, ungewöhnlichen Freizeitgrundstück hatte ich bisher nur wenig anzufangen gewusst: Gartenmöbel wirkten auf dem Schacht wenig repräsentativ, neigten zu Kippelei, und nicht wenige Besucher hatte Beklommenheit beim Blick durchs Gitter in die Tiefe ereilt. Schließlich hatte ich das Zwergengrundstück gar nicht mehr genutzt – bis ich eben in den letzten Augusttagen 2015 entdeckte, dass mein Taurus passgenau auf diesem Gitterrost Platz fand. Nun finden dessen Heringe weder auf den Metallstreben noch in den Luftlöchern dazwischen Halt. Zunächst band ich die Abspannleinen des Zeltes also ohne Heringe am Gitter fest, später entdeckte ich die Vorzüge jener Klettbänder, mit denen man normalerweise Skier zusammenbindet.

Gegenüber einem herkömmlichen Zeltplatz verfügt ein Gitterrost mit darunterliegendem Lichtschacht über erhebliche Vorteile: Regenwasser kann sich nicht am und im Zelt sammeln, sondern läuft ab, um nicht zu sagen: durch. Zudem verfügt Luft über eine geringere Wärmeleitfähigkeit als eine herkömmliche Zeltwiese, sie isoliert gleichsam. Auf meinem Gitterrost befindet sich also unterm Zelt eine drei Meter starke Isolierschicht. Kein Wunder, dass ich in den Dutzenden an diesem Platz verbrachten Nächten nicht ein einziges Mal gefroren habe – und auch heute, da ich das eigentliche Experiment beendet habe und ich diesen Bericht verfasse, steht weiterhin das grüne Taurus überm Schacht, jederzeit bereit, mir Asyl zu gewähren, wenn's mir drinnen zu stickig wird.

Einen meiner ersten Auftritte unter den neuen Bedingungen absolvierte ich auf einem Kulturfestival in Braunschweig. Es war ein Sonntag im Spätsommer, ich reiste per Bahn an und wanderte, meinen Hausstand auf dem Rücken tragend, in eine nahe Parkanlage, zu jenem ausgewachsenen Zirkuszelt, in dem ich auftreten sollte. Das Zelt war rot, und als ich mein ebenso rotes Hilleberg neben dem Bühneneingang errichtet hatte, sah es so aus, als habe das Zirkuszelt Nachwuchs bekommen und sich zur sehr großen Mutter ein sehr kleines Zeltbaby gesellt. Ich war begeistert von dem anrührenden Bild, legte mich ins Babyzelt und verbrachte die Zeit bis zum Auftritt mit der Lektüre der Sonntagszeitung. Übrigens war dies das erste und das letzte Mal, dass ich mich für eine so großformatige Lektüre ins Zelt begab – die notwendigen Falttechniken erforderten gar zu viel handwerkliches Geschick.

Die eigentliche Künstlergarderobe betrat ich nur kurz, nutzte die dortige Steckdose zur Akkuladung und verkroch mich anschließend wieder im Walmagen. In der Nacht begann es zu stürmen, und fast wäre ich von einem Bauzaun erschlagen worden, in dessen Schatten ich mich eingerichtet hatte. Mit lautem Rums! traf er eine Abspannleine und riss mich aus dem Schlaf.

Nun habe ich durchaus ein gewisses Faible für originelle Todesursachen, aber noch peinigt mich keineswegs Lebensmüdigkeit. Ganz im Gegenteil: Nichts erfrischt mich so sehr wie markante Ziele, etwa jenes, der zementierten Welt ade zu sagen.

Hier erfuhr ich also das erste Mal auf die etwas brachiale Art, dass Zeltaufbau nicht nur unter kreativ-künstlerischen Aspekten zu geschehen hat, und fortan mied ich Bauzäune ebenso wie morsche Masten, Mauern und Maulbeerbäume – eben alles, was mich im Schlaf erschlagen könnte.

Zeltplätze in unmittelbarer Bühnennähe waren natürlich besonders praktisch. In Gera hielt ich meinen Einkaufszettelvortrag im ehemaligen Kreiskulturhaus. Dieses befindet sich am Rande der Innenstadt, und von der Bühne gelangt man seitlich in eine kleine Grünanlage, in deren Mitte sich ein überwuchertes Ernst-Thälmann-Denkmal befindet. Eigentlich bin ich ja politisch eher liberal eingestellt, aber dennoch freute ich mich wie ein Jungpionier bei der Jugendweihe, als ich mein rotes Zelt zu Füßen des Arbeiterführers errichtete. Die verbleibende Zeit vorm Auftritt verbrachte ich, indem ich Hunderte Doppelporträts knipste: Thälmann und mein Zelt. Überhaupt habe ich das vergleichsweise seltene Genre der Zeltfotografie im vergangenen Jahr um einige tausend Bilder bereichert: die sogenannten Zelfis.

Als Thälmanns Nachbar in Gera benutzte ich die Waschräume des Theaters bereits in der Auftrittspause zum Zähneputzen, damit ich noch während des Schlussapplauses die Zeltluke hinter mir verschließen konnte. Die Nacht verlief dann unruhig. Es war Wochenende, und eine Horde Halbstarker folgte dem Kampfruf «Proletarier aller Länder, vereinigt euch!» und versammelte sich in meiner unmittelbaren Nähe zum Zechen und Krakeelen. Ich verhielt mich marxmäuschenstill und hoffte, von etwaigen Belästigungen verschont zu bleiben. Nachdem der letzte Schreihals seinen Magen vor meinen Abspannleinen entleert hatte, zog Ruhe ein.

Ein besonderer Höhepunkt war mein Gastspiel im Theater in der «Grünen Zitadelle» in Magdeburg. Die Grüne Zitadelle ist der letzte verwirklichte Bau des Wiener Architekten Friedensreich Hundertwasser. In Magdeburg wurde seinerzeit heftig diskutiert, ob das verspielte Gebäude wohl zum Stadtbild passen würde – aus heutiger Sicht eher unverständlich, denn die Grüne Zitadelle ist inzwischen neben dem Dom die wichtigste Sehenswürdigkeit der anhaltinischen Hauptstadt. Im Inneren befinden sich neben dem Theater Cafés, Restaurants, Läden und Privatwohnungen. Die Leute vom Theater riefen wegen mir eine Eigentümerversammlung ein und baten darum, mich im Dachgarten mein Zelt aufschlagen zu lassen. Nach ausführlicher Debatte erhielt ich die Erlaubnis, unter der Bedingung, meine Heringe nicht tiefer als vierzig Zentimeter in die obere Erdschicht einzuführen, was ich persönlich allerdings sowieso für technisch unmöglich halte, da der gemeine Zeltnagel kaum mehr als fünfzehn Zentimeter misst.

Mit heißem Herzen betrat ich am Nachmittag die luftige Landschaft, fünf Stockwerke über der Magdeburger Innenstadt. Wellige Wiesen erinnern an das Teletubbies-Szenenbild, es gibt Obstgärten, Kleingebirge und einen lauschigen Pavillon. Der Theaterleiter überließ mir einen Schlüssel zum Dachgarten, und eine angeheuerte Fotografin schoss Zelfis für die lokale Presse. Zur Komplettierung meines Glücks hatte das Theater sogar eine Grillschale, Holzkohle und eine Kraxe voller Koteletts besorgt. Auch nach diesem Auftritt verschwand ich mit Höchstgeschwindigkeit, bestieg den Fahrstuhl und fuhr hinauf in die Magdeburger Nacht. Auf Ohrenhöhe mit der berühmten Glocke des Magdeburger Doms, auf Augenhöhe mit den explodierenden Raketen eines Festfeuerwerks, blieb ich auch in dieser Nacht schlaflos. Auf dem Dach der Grünen Zitadelle lernte ich jedoch, dass es Schlafplätze gibt, an denen einzuschlafen blanker Frevel wäre. Als Camper war ich nicht mehr nur Besucher, nein, ich wurde Teil des Hundertwasser'schen Kunstwerks. Dass ich in der Hauschronik als erster Dachschläfer der Grünen Zitadelle vermerkt wurde, war und ist mir eine große Ehre. Ach ja; gegrillt habe ich dort oben übrigens nicht; vor lauter Euphorie war mir der Appetit vergangen.

Der Veranstalter in Landau / Pfalz hatte sich mit einem befreundeten Bademeister verständigt und quartierte mich im Freigelände eines Schwimmbads ein. Es war inzwischen Ende November geworden, und hinter den beschlagenen Scheiben sah ich Dutzende Kinder, die mir beim Aufbau meines Zeltes zuschauten. Am Morgen nach meinem Auftritt spendierte mir das Badepersonal einen Kaffee und ließ mich noch vor Betriebsbeginn ein Stündchen Bahnen ziehen.

Bisweilen wurde mir auch der Privatgarten des Theaterleiters zum Übernachten angeboten, etwa bei meinem Gastspiel im Kulturbahnhof Eschweiler. Mein Aufenthalt bei diesen äußerst liebenswürdigen Leuten blieb mir vor allem wegen ihrer Deutschen Dogge im Gedächtnis, die augenscheinlich ein Problem damit hatte, dass ich ihr Revier okkupierte. Auf die Frage des Gastgebers, ob ich Angst vor Hunden habe, konnte ich nicht antworten, so sehr schlotterte ich beim Anblick des Carnivoren. Eine Flucht ins Hilleberg schien mir keinen ausreichenden Schutz zu bieten, da die Schulterhöhe des muskulösen Tieres jene meines Kleinzelts deutlich überstieg. Als der Impresario meine Angst erkannte, wurde das angeblich liebe Tier («Der will nur spielen») vom Hausherrn und seiner Frau durch gemeinsamen Zug an der Ankerkette um dessen Hals ins Haus verbannt und dafür der Sohn in den Garten geschickt. Dieses nicht weniger liebe Vorschulkind erwies sich als ungewöhnlich ausdauernd im darstellenden Spiel. Seine liebste Rolle war die eines Verkehrspolizisten, der per Trillerpfeife den Verkehr rund um mein Zelt regelte. Die schrillen Trillerpfiffe hätten das Glas meiner Fenster zum Splittern gebracht – wenn denn mein Hilleberg über Fenster, geschweige denn solche aus Glas, verfügen würde. Aber, und das habe ich, wie mir soeben auffällt, noch gar nicht erwähnt: Meine Zelte sind fensterlos, wie es sich für echte Walmägen gehört. Als ich mich abends endlich auf die Bühne des Kulturbahnhofs stellen durfte, war meine Erleichterung groß, wobei ich danach noch mehrere Tage lang einen tinitösen Trillerpfiff zu hören meinte.

Auch in der Fernsehbranche sorgte mein Übernachtungs-Sonderwunsch durchaus für unterschiedliche Reaktionen: In einem NDR-Jubiläumsquiz, das von Jörg Pilawa moderiert wurde, durfte ich mich als Kandidat verdingen. Die Aufzeichnung fand im «Studio Hamburg» statt, einem Gelände mit Filmateliers am Ostrand der Hummelhummelmorsmorsstadt. Ein netter Praktikant war von der Produktionsfirma mit der Aufgabe betraut worden, mir einen Zeltplatz zuzuweisen und mich beim Zeltaufbau zu unterstützen. Leider war meine, nun ja, Zeltwiese besonders engfugig gepflastert, sodass sich die mitgebrachten Schaschlikspieße nur wenige Millimeter tief zwischen die Steine treiben ließen. Als lästig erwies sich auch die Festbeleuchtung, mit der die ganze Nacht hindurch das Studiogelände erhellt wurde. Wirklich helfen konnte mir der Praktikant natürlich nicht. Zum Zeitpunkt dieses Auftritts hatte ich mein Zelt bereits ein gutes Hundert Mal montiert und erledigte dies im Schlaf – sofern man mich denn alleine machen ließ. Mehrfach versuchte der hochmotivierte Praktikant, mir meine Zeltstangen aus der Hand zu nehmen, um diese ineinanderzustecken, aber ich packte sie umso fester. Im folgenden Handgemenge verlor er zwar einen halben Schneidezahn, aber es gelang ihm nicht, mir das Gestänge zu entwinden. Das mag gewiss etwas heftig klingen. Aber Sie würden sich ja auch wehren, wenn Wildfremde an Ihrer Wohnungstür klingeln, an Ihnen vorbei in Ihr Schlafzimmer stapfen und Ihr Bett neu beziehen würden. Und wären deren Absichten auch noch so freundlich. Mein Zelt war mir inzwischen heilig geworden. My tent is my castle. Der arme Praktikant konnte ja gar nichts dafür.

Mein Willkommensgeschenk mochte ich allerdings sehr: einen mit Liebe gepackten Karton, der Zahnpasta und Zahnbürste, mehrere Handtücher, einige Tafeln Schokolade, einen dreihundertseitigen Kriminalroman sowie eine Flasche Weizenkorn enthielt. Nein, lumpen ließen sich die Leute von Studio Hamburg nicht. Die Nacht verlief ruhig, vom Brummen eines benachbarten Umspannkastens abgesehen. Lediglich den räudigen Geruch der feuchten Kartonpappe könnte ich beanstanden, wenn ich denn unbedingt wollte.

Am nächsten Morgen wurde ich von einem Trupp türkischer Raumpflegerinnen geweckt, die sich kaum einen halben Meter neben meinem Ohr zum morgendlichen Plausch versammelt hatten. Flugs räumte ich deren Arbeitsweg, verschenkte Krimi und Köm an die Pförtner und machte mich davon.

Für größere Probleme sorgte mein Auftritt in der ZDF-Sendung «Quizchampion», moderiert von Johannes B. Kerner und aufgezeichnet in Berlin-Adlershof. Viele Telefonate waren vonnöten, um der Produktionsfirma mein Ansinnen verständlich zu machen. «Wie? Herr Boning möchte draußen schlafen? Könnten Sie den letzten Satz bitte noch einmal wiederholen? Ich bin mir nicht sicher, ob ich sie akustisch richtig verstanden habe ...» Normalerweise logiert man als prominenter «Experte» für diese Sendung in einem Luxushotel am Berliner Bahnhof Zoo; eine Armada von Fahrern kutschiert die V.I.P.s in gewienerten Phaetons zwischen Flughafen, Studio und Hotel hin und her, und dass jemand lediglich einen Schlafplatz unter bloßem Himmel erbittet, ist in diesem System nicht vorgesehen. Schließlich quartierte man mich in jenem Apartmenthaus ein, das auch Teile der technischen Crew beherbergte. Die mir zugewiesene Wohnung verfügte über eine Dachterrasse, auf der ich dankbar meine Luftmatratze ausrollte. Kleines Manko meines Refugiums: An die Dachterrasse schloss sich ein verglastes Treppenhaus an, welches die ganze Nacht über beleuchtet blieb – heller noch als mein Eck auf dem Studio-Hamburg-Gelände. Nur gut, dass ich mir zu diesem Zeitpunkt bereits eine spezielle Lichtschutztaktik angeeignet hatte: Ich tauche tief in den Schlafsack ein und suche die Öffnung nur in dringenden Notfällen auf, etwa um frischen Sauerstoff zu tanken. Dank reduzierter Atemtätigkeit bei völliger Bewegungslosigkeit bin ich in der Lage, lange Nachtstunden fast ganz ohne Luft zu überleben, am Grunde meines Schlafsacks. Als Apnoe-Schläfer. Diese Technik der anaeroben Nachtruhe sollten sich all diejenigen aneignen, die notgedrungen in schlecht belüfteten Räumen schlafen oder ihr Lager mit olfaktorischen Emissionsquellen teilen müssen. Wie sangen die Fischer-Chöre? «Atemlos durch die Nacht ...»

4 > Campingplätze

Meine ersten Zeltnächte verbrachte ich auf der Boning-Insel, bis mir die tägliche Anfahrt per Klapprad lästig wurde. Außerdem hatte sich das Wasser-und-Wirtschaftsamt via Facebook bei mir gemeldet, nachdem ich dort jenes Bild gepostet hatte, das auch den Umschlag dieses Buches ziert, und mein Tun für lebensgefährlich erklärt. Wenn am Sylvensteinspeicher oberhalb von Bad Tölz Wasser abgelassen würde, so erläuterte man mir eindringlich, steige der Pegel im Münchener Stadtgebiet auf einen Schlag an, und die Flutwelle würde mich unweigerlich in meinem Zelt ersäufen. In der kommenden Nacht sei es so weit, und ich solle tunlichst Land gewinnen, wenn mir mein Leben lieb sei. Es erschien mir sinnlos, auf meine Fähigkeiten als Apnoe-Schläfer hinzuweisen, also nahm ich die Warnung ernst und begab mich auf die Suche nach Alternativen.

In einem ECC-Campingführer («Europa Camping & Caravaning»), einem Buch, von dessen Existenz ich bis vor kurzem noch gar nichts geahnt hatte, las ich, dass es im Münchener Stadtgebiet drei Campingplätze gibt. Nach meinem wilden Hausen auf der Kiesbank verspürte ich Interesse am organisierten Gegenentwurf und steuerte den städtischen Campingplatz Thalkirchen an, der sich unweit des Tierparks Hellabrunn kaum fünfzehn Klapprad-minuten von meiner Wohnung befindet. Laut ECC-Führer liegt der Platz «direkt an der Isar und grenzt an einen Zoo. Hecken und verschiedene Bäume sorgen für Schatten. Öffentliches Bad zu Fuß erreichbar.» Das klang doch alles prima, dachte ich mir und radelte los.

Es war ein schwüler Spätsommersonntag, als ich am Schlag-

baum eincheckte und in großer Hast mein Hilleberg errichtete. Hastig, weil just mit meinem Eintreffen ein gewaltiges Gewitter einsetzte. Mit knapper Not verschwand ich im Rohbau, verbrachte den Spätnachmittag im Zelt und staunte über die Widerstandsfähigkeit meiner Schutzhülle; kein Tropfen schaffte es ins Innere. Dass man sich während eines Gewitters auf dem Campingplatz besser ins Waschhaus begibt, um vor den Blitzen sicher zu sein, wusste ich damals nicht. Ich hielt mein Zelt wenn nicht für so eine Art Faraday'schen Käfig, dann doch wenigstens für einen Blitzableiter im Dienste des Insassen: Der Blitz schlägt ins metallene Zeltgestänge ein und wird von diesem um den Bewohner herum in die Erde geleitet. Wichtig erschien mir lediglich, dass man die Zeltstange nicht berührt, wenn der Blitz einschlägt. Später erfuhr ich: alles Quatsch. Zelten bei Gewitter ist potenziell tödlich. Aber diese Erkenntnis hilft einem nicht weiter, wenn z. B. gar kein Waschhaus in der Nähe ist, in das man umziehen könnte.

Am Abend, als sich der Himmel ausgefaucht hatte, entstieg ich meinem Hilleberg und vermerkte dankbar, dass ich, wenn auch knapp, das zweite Mal an diesem Tag einer Überschwemmung entronnen war: Rund ums Zelt hatten sich knöcheltiefe Pfützen gebildet, die meinen Standplatz umschlossen wie einen mittelalterlichen Burggraben. Ich nahm mir vor, zukünftig Geländeprofil und Drainage meiner Bauplätze gründlich zu prüfen, ehe ich mein Heim montieren würde. Nachdem dieser Vorsatz gefasst war, durchwatete ich die ringförmige Pfütze und inspizierte den restlichen Campingplatz.

Noch war Urlaubssaison, und es herrschte reges Treiben. Schlammverschmierte Kinderhorden in Badekleidung tobten zwischen den frischen Pfuhlen, Mütter aus aller Herren Länder versuchten ihre Brut zu maßregeln, und im «Restaurant» herrschte viel Betrieb. Ich schreibe Restaurant in Anführungsstrichen, weil es sich eigentlich um einen rudimentären Kiosk handelt, ohne jeden esskulturellen Schnickschnack. Angeboten wird im wesentlichen Pizza Margherita, aber es gibt auch Wurst und Eis am Stiel. Der Komplettierung des Angebots dient ein Getränkeautomat, der lediglich Deutsche Mark und Pfennig akzeptiert, wenn man der Preistafel neben dem Münzschlitz Glauben schenken darf. Ja, wer in dieses Lokal einkehrt, begibt sich auf eine Zeitreise, und zwar ins Jahr 1972. Ich vermute, dass die Bauten dieses Campingplatzes im Zuge der Olympischen Spiele in München errichtet wurden, und seither wurde kaum etwas verändert: Die Wände sind mit Holzpaneelen auf rustikal getrimmt, und in der Mitte des Schankraums dient ein Billardtisch als Kindermagnet. Kleidungsvorschriften gibt es hier nicht. Als ich mich mit einer Pizza Margherita an einen Tisch setzte, war ich der einzige Gast, der mehr als nur eine Badehose trug, aber nicht lange, denn wenig später gesellte sich ein junger Mann zu mir, der in einem schlammverkrusteten Neoprenanzug steckte. Er stellte sich als Surfer vor. Surfen ist in München bekanntlich Volkssport; im Eisbach am Englischen Garten gibt es die weltberühmte «Stehende Welle», und um die dortigen Warteschlangen zu verkürzen, ließ die Stadtverwaltung unlängst eine zweite Surfanlage bauen, nämlich genau hier, an einem Nebenarm der Isar, vor dem Panoramafenster des Campingplatz-Lokals.

Der junge Gummimann erzählte, er sei beruflich in der Medienbranche tätig, etwa als Kameramann bei Pro7 und Synchronsprecher («Ich bin die Stimme der Therme Erding»), und durchlöcherte mich mit Fragen. Seit wann ich bereits zelten würde? Warum? Bis wann? Immer alleine? Am übernächsten Morgen entdeckte ich in der Boulevardpresse einen Artikel über mich, der auf dieses «Interview» im Schankraum zurückging, und ich staunte nicht schlecht über die heutigen Recherchegepflogenheiten.

Campingplätze, so lernte ich in Thalkirchen nach dem Essen, eignen sich vorzüglich für die ethnologische Feldforschung. Ein älteres Ehepaar, dem Akzent nach aus Nordengland stammend, kam mit einem ollen Geländewagen auf die Zeltwiese gefahren und parkte so, dass der Auspuff des Gefährts beinahe in die Zeltluke eines schwäbischen Campers hineinragte. Das Emissionsopfer versuchte den Engländer auf sein Missgeschick hinzuweisen, was ihm jedoch mangels sprachlicher Grundkenntnisse nicht gelang. Der Schwabe nahm immer neue Erklärungsversuche, reduzierte dabei seine Message immer mehr, bis er schließlich nur noch ein geschwäbeltes «Brumm-brumm» mit gehobenem Du-du-du-Zeigefinger kombinierte. Der Engländer wiederum, offenbar schwer von Begriff, fragte den Eingequalmten immer wieder: «Do you speak English?» Dessen Sprachkenntnisse waren jedoch so lückenhaft, dass er diese Frage nicht einmal zu verneinen wusste. Schließlich setzte sich der Engländer durch, und der Schwabe flüchtete fluchend in Richtung Restaurant.

Etwas später kam eine russische Reisegruppe und baute ein altertümliches Großzelt auf. Statt Heringe kamen beinlange Pflöcke zum Einsatz, die von je zwei Männern per Hammer ins durchweichte Erdreich getrieben wurden, was akustisch an den Betrieb einer vorindustriellen Schmiedewerkstatt erinnerte. Im Zelt liegend genoss ich das altertümliche Kling-Klong, welches bald darauf von einem textilen Flapp-Flapp abgelöst wurde, aus entgegengesetzter Richtung, nur wenige Meter entfernt. Zunächst wusste ich das Geräusch nicht zu deuten, und der Fall wurde umso mysteriöser, als das Flapp-Flapp von einem gezischten «Scheiß-Schwule» begleitet wurde. Nach einigen Minuten näherte sich eine zweite Person dem Zischer, und es entstand ein Gespräch, dem ich entnahm, dass der nachmittägliche Starkregen ein undichtes Zelt durchnässt habe, welches nun durch Ausschütteln, flapp-flapp, getrocknet wurde. In welcher Beziehung dieser Wasserschaden jedoch zur sexuellen Orientierung stand, wer mit «Scheiß-Schwule» gemeint war (ich?), blieb unklar. Immerhin lernte ich bei dieser Gelegenheit das Zelt als Horchposten zu schätzen. Der Zeltschläfer hört alles und lernt seine Mitmenschen von Grund auf neu kennen. Im Verlaufe der kommenden Woche gewann ich wertvolle Erkenntnisse auch über die große Bandbreite menschlicher Schnarchweisen, von mehr oder weniger willkürlichen Flatulenzen ganz zu schweigen.

Tagsüber ließ ich mein Zelt auf dem Campingplatz stehen, fuhr heim, um in einer selbstgebastelten Sprecherkabine mein Hörbuch «Alain Rien» aufzunehmen, und kehrte allabendlich zurück, um meine ethnologischen Studien fortzuführen. Ein besonders gut geeigneter Forschungsstandort ist das Waschhaus. Wann hat man schon einmal Gelegenheit, so vielen Geschlechtsgenossen bei der Körperpflege zuzuschauen? Ich war erstaunt, wie viele Männer Frottee-Waschhandschuhe einsetzten, hatte ich doch dieses Utensil eigentlich für ausgestorben gehalten. Andererseits ist der Einsatz von Zahnseide im paneuropäischen Campingbetrieb praktisch gar nicht zu beobachten.

Eines Abends betrat ich das Waschhaus und sah einem korpulenten Bosniaken dabei zu, wie er eine offenbar durchfeuchtete Isoliermatte mit einem Fön trocken pustete und dabei die herzegowinische Nationalhymne trällerte: *Zemljo tisućljetna / Na vjernost ti se kunem / Od mora do Save / Od Drine do Unen.* Seine Stimme erinnerte ebenso an den reifen Elvis Presley wie sein Bauch, und die Darbietung des patriotischen Fönisten war als universalistische Performance, als lebendes Gesamtkunstwerk unübertrefflich.

Erstmals begegnete ich in Thalkirchen auch der sogenannten Münzdusche. An der Rezeption erwarb ich eine Duschmünze, mit der ich angeblich für zehn Minuten heiß würde duschen können. «So ungefähr», wie der freundliche Rezeptionist einschränkte, «manchmal läuft das heiße Wasser auch länger. Die alten Messuhren funktionieren nicht sonderlich präzise.»

Ich legte ab, steckte die Münze in den Automaten, drückte

den Duschknopf und seifte mich zügig ein, um ja nicht in Verzug zu geraten und final ungespült im Trockenen zu stehen. Nach einer knappen Minute war ich blitzsauber, beschloss jedoch, den heißen Strahl zu genießen, solange er heiß blieb – ich hatte ja schließlich bezahlt. Die erste Viertelstunde verging wie im Flug, die zweite halbe war eher zäh. Als ich schließlich meine Kabine verließ, war die Sonne untergegangen, und meine Haut nicht nur an den Fingerkuppen, sondern überall mit dem typischen Aufweichungs-Relief verziert. Die Münzdusche lief noch immer, und ich schließe nicht aus, dass sie auch weiterhin läuft, jetzt, da Sie in diesem Buch schmökern.

Wie sehr ich mich später nach der Münchener Münzdusche, nach der Wärme und der idyllischen Behaglichkeit dieses ausklingenden Sommers sehnen würde, ahnte ich zu diesem Zeitpunkt noch nicht.

Bevor ich auscheckte, fragte ich den Platzwart, der mir die Duschmünze verkauft hatte, nach den Konditionen, sollte ich mich entschließen, längerfristig auf dem Campingplatz zu wohnen. Eigentlich waren Dauermieter nicht vorgesehen, erläuterte er, man müsse alle zwei Wochen auschecken, könne aber umgehend wieder sein Zelt aufbauen. Das Angebot klang verlockend, aber noch war unklar, ob der Campingplatz im Winter überhaupt geöffnet sei; womöglich werde alles renoviert. Ansonsten sei ich herzlich willkommen, er selber sei Physikstudent, residiere in einem Wohnwagen und zöge jeden Campingplatz einer festen Wohnung vor. «Nerven die Nachbarn», so schmunzelte er, «ziehe ich einfach um, das geht hier ruck, zuck.» Außer ihm gebe es noch zwei weitere Dauergäste, unter anderem einen Koch, der zu Hause rausgeworfen wurde, weil er irgendetwas ausgefressen habe. In Anbetracht des angespannten Wohnungsmarktes in München und anderswo wunderte ich mich sehr über die geringe Anzahl an Dauermietern, ein Phänomen, für das auch der

Physikstudent keine rechte Erklärung hatte. Unsere Vermutung: Offenbar haben die Leute weniger Angst vor der Ausplünderung durch geldgeile Vermieter als vor dem geringen Sozialprestige des Nichtsesshaften.

Der nächste Campingplatz, auf dem ich eine Woche verbrachte, war das «City Camp 2» in Berlin Spandau, auf den ich ebenfalls im ECC-Campingführer gestoßen war. Dieser Privatbetrieb befindet sich auf einer Landzunge am Hohenzollernkanal und liegt vergleichsweise abgelegen. Ich ließ mich von einem Taxifahrer zum Eingang chauffieren, der, obwohl Urberliner, seit vier Jahrzehnten in seinem Beruf tätig und früher selber begeisterter Camper, noch nie zu dieser Adresse gefahren war. Ganz offenbar reisen nur wenige Zeltbewohner mit dem Taxi an. Nach längerem Gesuche erspähte der Fachmann Fahnen vor einer Einfahrt und kombinierte mit Kennerblick: «Wo Fahnen sind, is' och een Campingplatz!» Und damit lag er richtig.

Früher, vor dem Mauerfall, wurde das Areal des «City Camp 2» als Pfadfinderlager genutzt, und ein wenig hat sich der strenge Charme des Fähnleins Fieselschweif gehalten: Nur wenig Gras wächst auf der Zeltwiese am Kanalufer, größtenteils ist der Boden mit einem dunklen Mix aus Feinstaub und Modder bedeckt. Am Eingang befindet sich auch ein unschlagbar preisgünstiges Hotel, in das umgezogen werden kann, wenn einen z. B. eine Feinstauballergie plagt. Günstig auch, dass der Campinggast das Frühstücksbuffet des Hotels mitbenutzen kann. An der Wand steht ein uraltes Klavier und auf jedem Tisch einer jener etwas aus der Mode geratenen Abfallbehälter mit Schwingdeckel, auf denen in schwungvoller Schreibschrift und mehreren Sprachen «Für den sauberen Tisch» geschrieben steht. Bekanntlich lässt sich die gesamte Gastronomie in zwei Kategorien einteilen: Jene Lokale ohne Tischabfalleimer und jene mit. Mein Herz gehört Letzteren, ganz klar.

Auf dem Campingplatz in Spandau lässt sich sehr gut die soziale Schichtung des fahrenden Volkes studieren. An der Spitze befinden sich die Wohnmobile, zumeist jung und in tadellosem Zustand. Diese Oberklasse teilt sich den inneren Bereich der «City Camp 2»-Halbinsel mit der Mittelschicht der Wohnwagengespanne. Diese sind typisch für Familien mit mehreren Kindern und traditionellem Rollenverständnis. Will sagen: Passiert man am Abend ein Wohnwagenfenster, so erkennt man mit ziemlicher Sicherheit in dessen Inneren ein Muttchen, das in einer Pfanne Koteletts oder Strammen Max zubereitet, während vor dem Eingang des Vorzelts ihr Gatte im Klappstuhl sitzt und mit einer Klatsche Fliegen jagt. Wohnmobilisten wie Wohnwagenbesitzer blicken gleichermaßen blasiert hinunter auf das Prekariat der Zeltbewohner, welches sich in Spandau buchstäblich ein paar Stufen tiefer befindet, nämlich am Ufer des Hohenzollernkanals. Das untere Ende dieser Schichtung markieren die Einmannzelte, deren Einwohner nicht nur arm zu sein scheinen, sondern auch einsam. Das kleinste dieser Einmannzelte wiederum wird bewohnt von einem etwas kleingeratenen Brillenträger aus dem Oldenburgischen, nämlich von mir.

Eines Abends stand ich vor meinem Zelt und sah über mir auf der Böschung einen Mann vor seinem Wohnwagen stehen. Beziehungsweise: Eigentlich sah ich im Dunkeln gar nicht den Mann, sondern nur die Glut der von ihm gerauchten Filterzigarette. «Ist das Ihr Zelt?», hörte ich die Stimme hinter der Kippe fragen. «Ja!» Ein nachdenkliches Ziehen am Stängel ließ die Glut aufleuchten. «Und dadrin wohnen Sie?» – «Ja!» Ich blickte angestrengt ins Dunkel, sah dort aber weiterhin nur die glimmende Zigarette. Zwei lange Züge später fragte die Stimme: «Ist das nicht ganz schön eng?» – «Kommt drauf an, was man vorhat», verriet ich wahrheitsgemäß. Ende des Gesprächs. Wir wünschten uns eine gute Nacht, dann entschwand das Mitglied der höheren

Kaste in seinem Kastenwagen, während ich in meinen Walmagen kroch. Heute weiß ich übrigens, dass Wagenbewohner und Solozelter selten Umgang miteinander pflegen; die Klassenschranken auf dem Campingplatz sind eher undurchlässiger als jene in der sonstigen Gesellschaft. Insofern ist die dokumentierte Konversation eine echte Rarität.

5 > Reaktionen

Damals in Berlin flanierte ich eines Spätsommermittags den Ku'damm entlang und begegnete Udo Walz, dem berühmten Haareschneider. Er befand sich in Begleitung zweier jüngerer Herren, und gemeinsam ließen wir uns auf dem Trottoir vor einem Fischlokal nieder. Im Laufe des Smalltalks fragte er mich, warum ich in Berlin sei, und ich berichtete von meinem Engagement am Schlossparktheater; dort spielte ich allabendlich den Tunichtgut François Pignon in der Gesellschaftskomödie «Die Selbstanzeige» von Francis Veber. Udo Walz reckte anerkennend den Daumen und fragte anschließend, wo ich denn untergebracht sei. «Im Zelt, auf dem Campingplatz!» Der Gesichtsausdruck des Friseurs veränderte sich dramatisch. Seine allseits bekannte fidele Jovialität wich blankem Entsetzen. Aschfahl hauchte er mir ein tonloses «Warum?» entgegen. In seiner geschockten Miene war deutlich ablesbar, dass für ihn eine Nacht auf dem Campingplatz zu den bittersten Prüfungen gehört, denen sich ein Mensch unterziehen kann. Mich irritierte vor allem, wie leise er sprach. Offenbar wollte er vermeiden, dass die Nachbartische mithören konnten, so, als sei ich an Lepra erkrankt – muss ja nicht jeder wissen, wie schlimm es um den armen Kerl bestellt ist. Etwas verunsichert behauptete ich, dass mir das Leben im Zelt Spaß machen würde, außerdem habe ich schon immer ein Faible für frische Luft gehabt. Während sich Walz' Miene kontinuierlich verdüsterte, war einer seiner Begleiter recht angetan. «Das ist eine gute Idee», korrigierte er den konsternierten Coiffeur, «man muss doch mitreden können!» Ob er sich damit auf die Flüchtlinge bezog, die damals in großer Zahl nach Deutschland drängten?

Mein Zelt-Experiment wurde tatsächlich des Öfteren mit der Flüchtlingskrise in Zusammenhang gebracht. «Wie kann man in diesen Tagen freiwillig zelten, da Millionen Menschen auf der Flucht sind und frieren müssen?», fragte mich zum Beispiel ein Internet-Moralist und schalt mich anschließend einen herzlosen Zyniker. Ehrlich gesagt stand mein Experiment nie in einem Zusammenhang mit der Flüchtlingskrise, weder wollte ich mir deren Schicksal zu eigen, noch weniger mich über die Flüchtlinge lustig machen.

Harsche Kommentare erntete ich dennoch auch von meinem Sohn Leander, damals 17 Jahre alt. Mein Tun erinnere ihn an Marie-Antoinette, Gattin von Ludwig XVI., die auf dem Höhepunkt der Französischen Revolution Kopf und Krone verlor. Marie-Antoinette ließ sich im Garten des Schlosses Versailles einen Weiler errichten, «le petit hameau de la reine», in dem sie mit ihren verwöhnten Freundinnen das Leben der arbeitenden Landbevölkerung nachspielte – nur so zum Spaß. Dutzende Schauspieler wurden in diesem artifiziellen Bauerndorf als Statisten engagiert, um der dekadenten Königin ihren Traum vom «einfachen Leben» zu ermöglichen. Die eigens angeschaffte Kuh wurde jedoch nie von Marie-Antoinette gemolken – bereits nach kürzester Zeit wurde der Herrscherin die Schein-Schufterei zu langweilig. Kein Wunder, dass ihr Hobby beim Volk nicht sonderlich gut ankam. Übrigens: Nachdem die Königin keine Lust mehr auf ihr Bauerntheater hatte, wurde eine echte Landfamilie engagiert, um «le petit hameau de la reine» zu bewirtschaften, und am Vorabend der Französischen Revolution war diese königliche Landwirtschaft der einzige Staatsbetrieb, der Gewinn erwirtschaftete.

Mein Sohn jedenfalls hatte für meine Zelterei kein Verständnis. Aber welcher Siebzehnjährige hat schon Verständnis für irgendetwas, das sein Vater tut? Jeder Jugendliche findet seinen Vater irgendwann peinlich – das ist quasi ein Naturgesetz.

Auch meine Eltern machten sich Sorgen. Meine Mutter vermutete zunächst, ich stecke in irgendwelchen Schwierigkeiten und versprach mir am Telefon, immer für mich da zu sein, egal, was mir widerfahren würde. Ich musste all meine rhetorischen Fähigkeiten aufbieten, um sie davon zu überzeugen, dass ich mich freiwillig in die neue Lebenslage begeben habe. Mein Vater vermutete, dass ich eh nur so tun würde, als ob, und in Wirklichkeit meine Nächte im Schlafzimmer verbrächte. «Warum sollte ich das tun?», fragte ich ihn. «Na, um dich wichtig zu machen! Du arbeitest doch im Showgeschäft, da braucht man immer verrückte Storys. Mir musst du nichts vormachen. Wenn du uns besuchst, kannst du jedenfalls gerne im Gästezimmer schlafen. Ich sag's auch niemandem weiter.» Als ich bald darauf zu meinen Eltern fuhr und mein Taurus tatsächlich im Garten aufbaute, dachte mein Vater, ich würde nur ein paar Beweisfotos knipsen wollen, für Twitter, Facebook & Co, und danach selbstverständlich wieder ins Haus kommen. Erst als ich am Abend im Zelt verschwand, dämmerte ihm, dass ich's ernst meinte.

Das Vorurteil, dass «die vom Fernsehen» immer lügen, scheint namentlich bei den Fernsehsendern selbst weit verbreitet zu sein. Anders ist nicht zu erklären, dass mir neben dem erbetenen Zeltplatz manches Mal ein Hotelzimmer hinzugebucht wurde – für den Fall, dass es sich bei meiner Camperei um bloßen Schmu handele. Manchmal nutzte ich das Zimmer dann sogar – etwa um zu duschen oder auf dem Balkon zu biwakieren. In Baden-Baden wurde mir sogar einmal eine Präsidentensuite im Luxushotel zur Verfügung gestellt, auf deren Balkon ich mich dann niederlegte. Ich gebe zu, dass dieser Spezialfall etwas anstößig wirkt, war an der Zimmerverschwendung jedoch völlig unschuldig.

Später, im Winter, fragte mich die Opernsängerin Nadja Michael, ob ich Lust hätte, ihrem Debüt am Bolschoi-Theater in Moskau beizuwohnen. Ich sagte begeistert zu, schränkte jedoch ein, dass ich nur kommen könne, wenn sich ein Schlafplatz im Freien fände. Nadja fragte im Theater, ob ich auf dessen Dach biwakieren könne. «Njet!», entschied die Theaterleitung. Warum? «Da ist es zu kalt.» «Das sollen die doch ruhig meine Sorge sein lassen; ich weiß, was ich tue», echauffierte ich mich. Es stellte sich allerdings zudem heraus, dass ein russisches Visum nur erhält, wer die Buchungsbestätigung eines Hotels vorweisen kann. Ob auch die Buchungsbestätigung eines Campingplatzes ausreiche? Leider musste ich erfahren, dass es selbst im Großraum Moskau gar keine Campingplätze gibt, die im Winter geöffnet haben. So fiel meine Russland-Reise schließlich flach, aber ich lernte bei dieser Gelegenheit immerhin, dass bei den Russen der mutwillige Verzicht auf Haus und Heizung für noch fundamentaleres Unverständnis sorgt als bei uns Deutschen. Nun ja, bei den dort vorherrschenden Temperaturen vielleicht auch nachvollziehbar.

Nicht alle meine Mitmenschen zeigten mir einen Vogel. Im heimischen Hausflur wurde ich mehrfach auf jenen Zeitungsartikel angesprochen, den der verdeckte Reporter im Neoprenanzug geschrieben hatte. Eine Nachbarin, mit der ich bis dahin wenig Kontakt gepflegt hatte, zeigte sich entzückt und verriet, dass sie und ihre Familie grundsätzlich auf dem Balkon schliefen, weil ihre Haut keine Heizungsluft vertrüge. In diesem Treppenhausgespräch fiel auch der Name des Dresdner Naturheilkundlers Friedrich Eduard Bilz, der in seinem 1882 erschienenen Buch «Das menschliche Lebensglück – Ein Wegweiser zu Gesundheit und Wohlstand durch die Rückkehr zum Naturgesetz» einen überdachten Schlafbalkon für jede deutsche Familie gefordert hatte. Dieses im Volksmund das «Bilz-Buch» genannte Werk ist bis 1925 mehr als 2,5 Millionen Mal verkauft worden, heute allerdings weitgehend vergessen. Unvergessen ist jedoch die von Bilz erfundene Limonade «Sinalco», «sine» – also ohne – «alco» (hole). Bilz war übrigens auch der beste Freund Karl Mays und liegt an dessen rechter Seite auf dem Friedhof Radebeul-Ost begraben.

Nach und nach lernte ich weitere Frischluftschläfer kennen, etwa den Ultramarathonläufer Robert Wimmer, der einige Monate vor mir aus dem Schlafzimmer in ein Gartenzelt umzog.

Auch meinen alten Freund Jürgen konnte ich mit meiner Zelterei nicht schocken. Der Comedy-Autor, mit dem ich in unzähligen «RTL-Samstag-Nacht-», «Clever-», «Hitgiganten-» und Wasweiß-ich-nicht-alles-Folgen zusammengearbeitet habe, bekannte, dass er in jüngeren Jahren Stammgast auf den Campingplätzen Europas gewesen sei. Heute erlaube sein morsches Kreuz keine Hartbetten mehr, aber seine Fachkenntnis war und ist fundiert. Er wurde für mich zum Mentor in Matratzenfragen, schenkte mir zerlegbare Würstchengrills und Espressomaschinen für den Einsatz in der Wildnis und ließ mich in seinem Garten übernachten, wenn ich beruflich in Köln zu tun hatte. Als ich mich einmal bei ihm ausheulte, weil ich, von Schlafmangel geplagt, ständig Ausrüstungsgegenstände verlegte, raunte er verschwörerisch: «Das Chaos ist keine lästige Begleiterscheinung des Campings, sondern es ist dessen eigentliches Ziel!» Ich weiß bis heute weder, ob diese Behauptung stimmt, noch, was damit überhaupt gemeint sein könnte – aber der Satz klingt unerhört weise, und seither murmele ich ihn wie ein yogisches Mantra, wenn ich mal wieder meinen Rucksack nach einer vermissten Socke durchwühle.

Im Kreise meiner Fernsehkollegen wurde mein Experiment zum dominierenden Gesprächsinhalt. Bei «Der Klügere kippt nach!», der kontrovers diskutierten Saufshow auf Tele 5, musste ich vor jeder Sendung Hella von Sinnen und ihrer Freundin Conny ausführlich Bericht erstatten, wo ich in letzter Zeit gezeltet, ob ich gefroren hatte und ob's besondere Vorkommnisse zu vermelden gab. Und immer wieder tauchte die Frage auf, ob ich mich denn nicht einsam fühlen würde, so alleine im Zelt. Aus heutiger Sicht kann ich sagen, dass die Zelterei eher ein Weg aus der Einsamkeit heraus ist, weil man nämlich als freiwilliger Kleinzeltbewohner ganz unwillkürlich im Mittelpunkt jeder Gesellschaft steht und mir auch Leute, die sich normalerweise nicht die Bohne für den Boning interessieren, viele Fragen stellten. Mitunter wurde dieses Interesse sogar lästig, z. B. als sich im Januar 2016 nach einem Einkaufszettelvortrag in Bad Liebenwerda im Publikum herumsprach, dass ich die Nacht auf dem nahen Campingplatz verbringen würde, der eigentlich im Winter geschlossen war und extra für mich seine Pforten geöffnet hatte. Augenzwinkernd kündigte ein angeheiterter Zuhörer einen nächtlichen Besuch an; er wolle überprüfen, ob «das mit dem Draußenschlafen denn tatsächlich stimmt». Nun bin ich im Privatleben weit weniger gesellig, als man vielleicht annehmen könnte, außerdem war ich an diesem Abend hundemüde. Jedenfalls packte mich blankes Entsetzen, als der Ungläubige offensiv im Publikum um Begleiter zu werben begann und in Windeseile drei Dutzend Interessenten anheuern konnte. Eine Schnapsparty in meinem Zelt wurde angekündigt, Widerspruch zwecklos. Hilfe! Nichts wie weg! Ich ließ meine Campingplatz-Sondererlaubnis verfallen, flüchtete mit Höchstgeschwindigkeit in ein nahes Waldstück und legte mich zwischen die Bäume. Um mich möglichst unsichtbar zu machen, verordnete ich mir strikte Verdunkelung und ließ die Stirnlampe aus. Sogar den Blick aufs Display meines Wischfons vermied ich, um alle verräterischen Lichtemissionen auszuschließen. Ob später tatsächlich auf dem Campingplatz nach mir gefahndet und gefeiert wurde, weiß ich nicht.

Bei einem Auftritt in der Nähe von Jüterbog konnte ich dem nächtlichen Besuch jedoch nicht entkommen. Bereits am Nachmittag hatte ich mein Hilleberg vorm Bühnenausgang errichtet, nicht ahnend, dass meine Zeltwiese normalerweise als Parkplatz für das Publikum dient. Während ich meinen Soundcheck absolvierte und backstage zehn Brötchen mit Hackepeter futterte, wurde mein Zelt gleichsam zugeparkt. An Flucht war diesmal nicht zu denken. Nachdem ich mich am späten Abend in meinen Walmagen verzogen hatte, ließ ich mich mehrfach aus dem Schlafsack und um Autogramme bitten. Noch spätnachts, nachdem ich mich endgültig in den Feierabend verabschiedet hatte, wurde mein Hilleberg aus nächster Nähe fotografiert, wie die durch dessen Wände dringenden Blitze verrieten. Einmal, nämlich auf dem Campingplatz «Seehäusl» am Chiemsee, wurde sogar in das geöffnete Zelt hineinfotografiert, und zwar von einem Wohnmobilfahrer, der meine Anwesenheit für so eine Art Besucherattraktion hielt. Meinen empörten Blick quittierte der Ruhrpottler mit Worten des Trostes: «Muss furchtbar sein, wenn man mal ein Fernsehstar war und sich jetzt auf'm Campingplatz begaffen lassen muss, woll?» Perplex korrigierte ich, meine Karriere sei keineswegs am Ende, vielmehr drehe ich ganz in der Nähe die Sendung «Rock the Classic» für 3Sat, darum sei ich ja überhaupt an diesem Ort! Ungläubig stellte der Hobby-Paparazzo die Knipserei ein. «Ist der Sparzwang beim Fernsehen so groß, dass jetzt nicht einmal mehr Hotels bezahlt werden?» Ich bejahte mit Gram im Blick, und der Ruhrpottler schlich von Mitleid gebeugt zurück zu seinem Wohnmobil. Ich rief ihm ein flammendes Plädoyer für die zweihundertprozentige Anhebung der Rundfunkgebühren hinterher, woraufhin er mir allerdings einen Stinkefinger zeigte.

Die von mir genannten Beispiele für Reaktionen auf meine Zelterei sind naturgemäß eher spektakulär, denn ich will ja nicht langweilen. In den meisten Fällen wurde hauptsächlich Verwunderung geäußert und um Aufklärung gebeten. Im Ranking der mir gestellten Fragen rangiert auf Platz drei «Ist es nicht viel zu kalt im Zelt?», wobei mir ähnlich häufig die hiermit zusammenhängende Frage gestellt wurde, ob man denn bei Regen im Zelt nicht nass werde. Beides kann ich mit einem entschiedenen «Kommt drauf an» beantworten. Auf Platz zwei schaffte es die Frage nach dem «Sinn». Nie zuvor wurde ich so oft eindringlich nach dem «Sinn» meines Tuns gefragt. Freiwilliges Dauerzelten scheint keine sich selbst erklärende Aktivität zu sein. Weil die Sinnfrage so vielen Menschen bedeutend zu sein scheint, werde ich auf sie am Ende des Buches gesondert eingehen, zuvor jedoch möchte ich mich mit der am allerhäufigsten gestellten Frage beschäftigen, und die lautet, tatatata, Applaus für die Nummer eins: «Wie hältst du's da draußen mit der Körperpflege?»

6 > Körperpflege

1994 schrieb ich gemeinsam mit Olli Dittrich das Lied «Mief! (Nimm mich jetzt, auch wenn ich stinke)». Jemand, der mit der These «Mief sagt doch über den Charakter gar nichts aus» Erfolg hat, kann getrost Sonderkonditionen für sich beanspruchen. Damals in den 90ern waren es Polyesterhemden und Anzüge aus Kunstrasen, die mich transpirieren ließen, und meine Glaubwürdigkeit beruhte nicht zuletzt darauf, dass ich authentisch war, sprich: die Doofen-Duftkluft auch nach Feierabend trug. Im Laufe des Jahrzehnts gewöhnte ich mich und meine Nase vollständig an den markanten Odor des Erfolgs. Nur selten kam es zu Beschwerden: Bei der Sendung «Genial daneben» etwa ließ mich meine liebe Kollegin Hella von Sinnen nur nach vorherigem Schnuppertest neben ihr Platz nehmen. Zumeist saß ich neben Bernhard Hoëcker, dessen Nase offenbar weniger empfindlich war. Ich erwähne dies, um meine besondere Eignung zum Dauercamper zu unterstreichen. Ich bin nicht nur hartgesotten, was meinen eigenen Körpergeruch angeht, sondern ich finde Hygiene grundsätzlich überbewertet. Nichts ist mir verdächtiger als gelackte Anzugträger, etwa in der Politik. Vor Männern mit übertrieben blank gewienerten Schuhen habe ich noch mehr Angst als vor der Deutschen Dogge des Eschweiler Theaterchefs. Das sogenannte gepflegte Äußere soll oftmals, so lehrt mich meine Lebenserfahrung, von kriminellen Machenschaften ablenken. Wer sich täglich wäscht, klaut auch Omas die Handtasche, und wer gar täglich duscht, gehört eigentlich sofort hinter Schwedische Gardinen.

Wie bereits erwähnt, habe ich eine Bekannte mit exzellenten

Beziehungen zur Industrie, und kaum hatte ich ihr von meinem Experiment erzählt, überreichte sie mir neben dem unbrauchbaren Solarpanel einen Karton mit mehreren hundert Duschgel-Testfläschchen. Als ich den Karton in beiden Händen hielt und mich darum nicht wehren konnte, stopfte sie mir ebenso viele Tübchen mit Aftershave-Balsam in sämtliche Jacken- und Hosentaschen. Bis heute habe ich lediglich ein Hundertstel der Duschgele und knappe null Prozent der Rasurbrandcreme verbraucht – aber wer weiß, was das Leben noch bringt? Ich jedenfalls bin bestens vorbereitet, wenn irgendwann die Weltseifenkrise ausbricht.

Auf jedem Campingplatz gibt es Toiletten und Waschhäuser. Manchmal handelt es sich bei diesen Sanitärbauten um moderne Wellness-Paradiese mit angeschlossenem Schwimmbad und Sauna, etwa im Urlaubsdorado «Ostseecamping», das ich für meinen Einkaufszettelvortrag in Wismar bewohnte. Manchmal bestechen die Anlagen allerdings auch durch eher urtümlichen Charme, etwa bei «El Masnou», dem ältesten Campingplatz Spaniens vor den Toren Barcelonas. Meine dortige Lieblingsdusche hatte nicht nur einen defekten Duschkopf, sondern gar keinen. Auch das normalerweise zum Duschkopf führende Rohr fehlte. Das immerhin warme Wasser sprudelte ungezähmt direkt aus der Wand, was mich spontan an den Wasserfall im Film «Die Blaue Lagune» mit der bezaubernden Brooke Shields denken ließ. Nachteilig an dieser Konstruktion war lediglich, dass der Duschwillige verhältnismäßig trocken bleibt, die an der Innenseite der Tür angehängte Kleidung dafür bereits in der ersten Testsekunde klatschnass wird. Dies soll keineswegs als Negativkritik verstanden werden. «El Masnou» ist eine Institution mit vielen Vorzügen, die durch ihre eigenwillige Duschkonstruktion nur noch liebenswerter wird. Als einmaligen Trumpf möchte ich den uralten Mandarinenbaum hervorheben, unter dem ich bei meinem Aufenthalt das Taurus errichtete. In unregelmäßigen Abständen plumpsten mir vollreife Früchte aufs Dach und kamen vor dem Eingang zum Liegen. Der erste Weg führte allmorgendlich durch einen Haufen alten Obstes, was für viel Heiterkeit und klebrigen Saft an den Füßen sorgte. Und nicht nur als Fußschmeichler taugten die Mandarinen – sie schmeckten ausgezeichnet. Sparsame Frutarier, die sich im Zelturlaub ausschließlich von regionalem Fallobst ernähren wollen, sind im «El Masnou» genau richtig.

Ein Schwimmbad gibt es übrigens auch. Auf der Homepage wird außerdem die privilegierte Lage des Campingplatzes gepriesen: nur wenige Meter vom Strand entfernt. Leider bestehen diese wenigen Meter aus einer nur schwer zu überwindenden Schnellstraße sowie einer gar nicht zu überwindenden Bahnlinie. Wer zum Strand will, sollte also an zwei Klappstullen und einen Liter Wasser denken, als Proviant für die notwendige Wanderung zur Unterführung im Ortszentrum.

Nicht nur die «Blaue Lagune» bei Barcelona, nein, alle Waschhäuser haben gewisse Tücken. Als Campingplatznutzer sollte man bei der Planung eines Besuchs der sanitären Anlagen immer jene Desorientierung berücksichtigen, die eine Kette schlafarmer Nächte bewirken kann: Nachdem ich eines Herbstabends beim Getränkeausschank des Berliner Schlossparktheaters ein bisserl versackt war, habe ich mich am nächsten Morgen im Waschhaus des «City Camp 2» sogar verlaufen. Aus mir bis heute unklaren Gründen fand ich mich urplötzlich unter einer Dusche des Damentraktes wieder, was mir allerdings erst auffiel, als zwei waschechte Frauen die Halle betraten. Zunächst wunderte ich mich lediglich, dachte, nicht ich, sondern die Damen hätten sich verirrt, und überlegte, ob ich sie zur Rede stellen sollte. Als immer mehr Vertreterinnen des schönen Geschlechts eintrudelten, verließ mich der Mumm. Ich haderte stumm in meiner Kabine und traute mich nicht zu meinen außerhalb abgelegten Klamotten, fürchtete, für einen Sittenstrolch gehalten zu werden und hinter Gitter oder, schlimmer noch, in die Bild-Zeitung zu geraten. Im «City Camp 2» funktionieren die Duschen auch ohne Münzen, zeitlich unlimitiert, und so verbesserte ich bei dieser Gelegenheit jenen persönlichen Dauerduschrekord, den ich erst wenige Wochen zuvor in München-Thalkirchen erzielt hatte.

Erst am späten Vormittag war die Luft rein; ich schnellte hochroten Kopfes in meine Kleidung, huschte von Deckung zu Deckung in Richtung Ausgang und pfiff beim Verlassen des Gebäudes eine betont harmlose Melodie.

Um derartige Traumatisierungen zu vermeiden, nutzte ich Waschhäuser fürderhin nur im Notfall, etwa wenn ich in irgendeiner Sendung neben Hella von Sinnen sitzen sollte und mir eine Dusche für den Arbeitsfrieden unerlässlich erschien. Ansonsten versuchte ich, die Körperpflege im Zelt zu erledigen. Zum Zähneputzen etwa legte ich mich auf den Bauch, nahm einen Schluck aus der Wasserflasche und schrubbte, wie sich's gehört, von Rot nach Weiß. Anschließend spuckte ich das Putzwasser durch die Luke – natürlich nicht ohne vorher per Kontrollblick festzustellen, dass die Flugbahn passantenfrei war und der Landeplatz für Spuckgüter geeignet – was beispielsweise auf Rasen und gut drainierten Kiesflächen der Fall ist, vorzugsweise bei Regen. Vorsicht bei Gegenwind! Anschließend optimierte ich die Mundhygiene mit Zahnseide, die im Zelt auch als Not-Nähgarn zum Einsatz kommen kann, etwa wenn ein Reißverschluss kaputt ist.

Für das Trink-, Koch- und Waschwasser empfehle ich eine möglichst große Faltflasche. Leer lässt sich eine solche «Tüte mit Verschluss» bis auf Faustgröße zusammenrollen und passt in jede Gesäßtasche. Bei nächtlichem Blasendruck bediente ich mich meines Reichweitenverlängerers und feierte bei jeder Anwendung die Tatsache, nicht hinaus in die Nacht zu müssen. In diesem Punkt ist das vermeintlich so spartanische Leben «da draußen» sogar komfortabler als der herkömmliche Zimmerschlaf – die allermeisten Menschen pinkeln daheim nicht in irgendwelche Punica-Flaschen, sondern suchen die Toilette auf. Auch nachts, allen voran wohl die Frauen.

Die Frage, welche Sportart besonders gut in das Leben eines Dauercampers passt, wurde von mir wieder und wieder begrübelt. Normalerweise versuche ich, ohnehin unvermeidbare Arbeitswege per Muskelkraft zu bewältigen, um so meinen Körper zu stählen. Mit meinem bleischweren Rucksack schied Trimmtrab jedoch aus, auch Fahrradfahren war nur erschwert möglich – jedenfalls in sportlicher Sitzposition. Gute Erfahrungen machte ich mit kleinen Tretrollern. Stundenlanges Sportrollern ist aber für die Schmutzbilanz des eh chronisch dreckgeplackten Dauercampers eine zusätzliche Belastung. Wer sauber sporteln will, zieht lieber im Schwimmbad ein paar Bahnen oder bevorzugt Campingplätze an Badegewässern.

Bei «Fischers Fritz» in Zürich stehen direkt am Ufer des Zürichsees «Safarizelte», die sogar möbliert sind, mit Federbett, Kommode und Ohrensessel. Für 100 Franken pro Nacht kann man hier eine interessante Synthese aus dem sogenannten einfachen Leben und Luxus kennenlernen; der Insider spricht von «Glamping» (von wegen «Glamour»). Ich habe meine Aufenthalte im Safarizelt Nr. 3 (für die Vertonungen von «Rock the Classic») sehr genossen. Was mir am allerbesten gefiel, war, dass man vom Zelt aus nur wenige Schritte zum glasklaren See brauchte; fast hätte ich vom Bett aus hineinspringen können. Für die Strecke hinüber zur anderen Seeseite und zurück braucht der mittelmäßige Omabrustschwimmer kaum eine Stunde, und wenn er matt und stolz wieder das «Safarizelt Nr. 3» erreicht, ist er ziemlich sauber – auch ohne Seife. Wer sich dann immer noch schmutzig fühlt, schwimmt einfach noch mal rüber und zurück. «Fischers Fritz» ist überhaupt ein wunderbarer Ort, einer der besten Campingplätze, die ich kennenlernen durfte. Die Betreiber sind klassische

Hipster, was sich zum Beispiel in dem uralten, erzanalogen Fotoautomaten am Eingang ausdrückt oder den superstylischen it-Items des Shops, etwa Zahnpasta mit Bananengeschmack, Markenname «Sigmund Freud Toothpaste». Speziell die Safarizelte möchte ich jenen Zürich-Besuchern empfehlen, die mit Camping eigentlich gar nichts am Hut haben. Eine angenehmere Übernachtungsmöglichkeit gibt es in dieser Stadt nicht – jedenfalls bis in den Herbst (im Winter werden die Tipis abgebaut).

Bei Auftritten in Theatern oder beim Fernsehen steht dem gefeierten Artisten (also mir) im Normalfall eine Garderobe zur Verfügung, Toilette, Waschbecken, manchmal sogar Dusche inkludiert. Gerne habe ich meine Morgentoilette auch in der Eisenbahn absolviert. Zugtoiletten kommen meiner Vorliebe für die effiziente Zeitnutzung sehr entgegen. Ich komme voran und werde sauber, quasi in einem Abwasch.

Auch Stehcafés, Tankstellen, Fährschiffe, Flugzeuge, Buchhandlungen, Fußballstadien, Rathäuser, öffentliche Saunen, Katasterämter, Firmensitze und nicht zuletzt Friedhöfe wurden von mir für die Körperpflege genutzt oder dienten doch wenigstens dem Nachwässern meiner Faltflasche.

Zugegeben: Manchmal kam ich mir selber etwas schmuddelig vor, etwa am Ende einer völlig verregneten Februarwoche in Berlin. Es herrschte Tauwetter, und anthrazitfarbener Altschnee umkleidete das Taurus wie eine versuppte Stola aus dem Bauchfell einer tollwütigen Tüpfelhyäne. Trotz größter Vorsicht schleppte ich bei jedem Betreten ein Pfund Feinstaub in mein Kleinheim. Zudem hatte ich meinen Rucksack in der Apsis abgelegt, der Matsch war ins Rucksackinnere eingeflossen und hatte auch vor meinem Kulturbeutel nicht haltgemacht. Alles, ja, buchstäblich alles, war mit einem fiesen, feuchten Schmierfilm bedeckt. Eine einfache Körperdusche war in diesem Fall völlig wirkungslos, da ich danach ja wieder in meine vermatschte Kleidung schlüpfen musste und direktemang erneut verdreckte. Erst am Ende der Woche löste ich das Problem, und zwar indem ich mitsamt meiner Habe duschte – inklusive Zelt, Isomatte, Heringe, Kleinteile wie Kabelbinder und Taschenmesser, während der Schlafsack in den nächsten Waschsalon abkommandiert wurde. Nicht nur der Sauberkeit diente diese Materialdusche, auch der Zusammenhalt zwischen mir und meinem Equipment wurde durch das reinigende Gemeinschaftserlebnis aufs kameradschaftlichste gestärkt.

Und abgesehen von solchen Extremsituationen? Wie kann man Dreck daran hindern, überhaupt erst ins Zelt zu gelangen? Natürlich zog ich die Schuhe aus, ehe ich in das Innenzelt hineinkroch; so wie sie mussten auch Jacken, Hosen etc. in der Apsis verbleiben, sofern sie nicht sauber waren. Als Ablage diente der Rucksack. Der Erfolg dieser Maßnahmen war jedoch bescheiden. Handfeger und Kehrschaufel nehmen im Rucksack zu viel Platz weg, bei zweifelhaftem Putzerfolg. Mit einem kleinen Handstaubsauger lassen sich bessere Ergebnisse erzielen, aber auch er frisst viel Stauraum und außerdem Strom. Bei eindringendem Flugsand, etwa am Strand, besteht die beste Lösung darin, das Zelt auszuräumen und auszuschütteln. Für dieses Manöver ist allerdings aufgrund baulicher Eigenarten nur das Taurus geeignet, nicht das Hilleberg. Wer ungerne mit Sand zwischen den Zähnen schläft, sollte beim Zeltkauf hieran denken oder, besser, gleich im Haus bleiben.

Falls es notwendig erschien, dass ich, wenn ich schon nicht sauber war, dann doch wenigstens sauber roch, hatte ich noch eine Geheimwaffe in petto, nämlich das Parfüm «Laine de Verre» von Serge Lutens. Dieser Luxusduft, der mit der Welt des Campings ungefähr so viel zu tun hat wie eine Hegel-Handschrift mit einem Monchichi-Äffchen, zitiert olfaktorisch das aggressive Waschpulver der Nachkriegszeit. Sprüht man sich generös mit «Laine de Verre» ein, wähnen alle Anwesenden sich in der Waschküche eines Plattenbaus, und niemand käme auf die Idee, der so sauber Duftende wäre geradewegs der Schlammsuhle eines verregneten Camping-Infernos entstiegen.

Ein Tourneemanager, der mich im Spätwinter 2016 zu Auftritten in Mecklenburg-Vorpommern begleitete, machte mir während einer Abholung vom Campingplatz ein merkwürdiges Kompliment: Meine größte Leistung bei der Zelterei bestehe in seinen Augen darin, jeden Abend «wie aus dem Ei gepellt» die Bühne zu betreten. Zunächst dachte ich, er wolle mich auf den Arm nehmen, denn ich war keineswegs «wie aus dem Ei gepellt». Ich hatte lediglich Waschküchen-Parfüm aufgelegt, meine Lackschuhe feucht gewischt und vertraute darauf, dass ein Showstar in glänzenden Lackschuhen sowieso für sauber gehalten wird, ganz egal, wie's unter seinen Armen aussieht.

«Wie hältst du's mit der Hygiene?» war also im Zusammenhang mit meiner Zelterei die häufigste mir gestellte Frage. Kein Wunder in einem Land, in dem im Jahr 2011 der Nettoumsatz des Einzelhandels mit Körperpflegeprodukten cremige 15,725 Milliarden Euro betrug. Zum Vergleich: Der Umsatz mit Lebensmitteln betrug im selben Zeitraum satte 136,6 Milliarden Euro, der Umsatz mit Büchern nur 9,32 Milliarden Euro. Tja. Könnte damit zusammenhängen, dass man sich mit Büchern nicht einschmieren kann, und essbar sind sie auch nicht. Anziehen lassen sich Bücher auch nur mit Mühe. Für Bekleidung geben wir Deutsche pro Jahr denn auch etwa 60 Milliarden Euro aus.

7 › Kleidung

Was trägt der modebewusste Freizeitschläfer, der Zelter von Welt? Traditionell wird auf Campingplätzen legere Kleidung bevorzugt. Der Trainingsanzug ist die erste Assoziation, die ich mit Wohnwagen & Co habe, Ballonseide, gerne in grellen Farben, das bevorzugte Material für diese Traditionstracht. Klingt wie ein veraltetes Klischee, nach meinen Beobachtungen stimmt es jedoch weiterhin. Im Berliner «City Camp 2» bestaunte ich eines Spätsommerabends drei ältere Polen, die auf schwer bepackten Fahrrädern angereist waren und ein wuchtiges Dreimannzelt errichteten, offenbar aus alten Militärbeständen stammend. Die Fahrräder der slawischen Senioren waren bereits technisch veraltet, als General Jaruzelski in Polen das Kriegsrecht verhängte; einer hatte seinem Trekking-Esel einen Rennradlenker umgekehrt anmontiert, quasi upside-down, eine Konstruktion, die ich letztmals bei Mitschülern in der Grundschule gesehen habe (auch in Hark Bohms Film «Nordsee ist Mordsee», gedreht 1976, fährt ein Darsteller mit einem solchen Lenker durch die Gegend). Der zweite aus der Seniorenrunde hatte an seinem Rad einen Fuchsschwanz montiert, die klassische Zierde des Opel Manta. Der jüngste der drei – der Handfeger unter seiner Nase war lediglich ergraut und nicht schlohweiß wie die Bürsten seiner Freunde – hatte seinen besonders klobigen Fahrradhelm weit in den Nacken geschoben, trug ihn wie John Wayne seinen Cowboyhut an besonders heißen Tagen, und unter dem riesigen Helm kam ein winziges Reklamekäppi mit schmalem Schirm zum Vorschein.

Die Kleidung der Herren bestand aus sehr alten, sehr engen, sehr bunten Radsporttrikots, für die man auf einem Trödelmarkt kaum einen Złoty hätte verlangen können – und zwar für alle Trikots zusammen. Schwärme begeisterter Fruchtfliegen umschwirrten das Trio, wahrscheinlich verwechselten sie die Herrschaften mit einem exotischen Obstsalat. Alle Farben aufzuzählen, die in dieser textilen Symphonie miteinander rangen, würde den Umfang dieses Buches sprengen. Ich kürze ab, indem ich konstatiere, dass der Look dieser drei Polen mir ein Ansporn war, ähnlich gut auszusehen. Das Auge zeltet schließlich mit.

Von besonderer Bedeutung ist das Schuhwerk. Tatsächlich sind Lackschuhe überaus campingtauglich. Sie lassen sich leicht säubern, weil der Schmutz auf dem glatten Lack keinen Halt findet und mühelos abgewischt werden kann. Hierzu eignen sich feuchte Tücher, notfalls auch Spucke und Klopapier. Gleichzeitig kann mit ihnen auch ein Tretroller bequem bedient werden, sie sind kleidsam in jeder Lebenslage und bieten darüber hinaus einen gewissen Schutz gegen Feuchtigkeit. Letzteres ist eigentlich das Wichtigste. Feuchtigkeit ist der Feind des Fußes – jedenfalls beim Zelten. Nasse Füße gilt es unbedingt zu vermeiden, denn sie schaffen die Voraussetzungen für unangenehme Fröstelei. Wer seine Füße nicht gewissenhaft trocken hält, muss sich nicht wundern, wenn er eins-zwei-drei erkältet ist. Hat man erst einmal seine regennassen Füße in den Schlafsack bugsiert, wird die Lage kritisch: Die Flüssigkeit wandert in die Daunenfüllung, der ganze Sack wird zur Kältebrücke, und da Wasser über eine höhere Wärmeleitfähigkeit als Luft verfügt, kann der Frost mühelos über diese Brücke marschieren und das Kommando übernehmen. Darum: Haltet eure Füße trocken! Lackschuhe sind vor diesem Hintergrund günstig, bei feuchter Witterung jedoch haben sich Gummistiefel als überlegen erwiesen.

Mein alter Freund Hannes Zacherl, der auf eine lange Bergsteigerkarriere zurückblicken kann, erzählte mir, dass er auf Tour in den Anden grundsätzlich immer Gummistiefel trug, so wie

die einheimischen Bergführer. Der altbekannte Gummistiefel ist allen Hightech-Imprägnierungen haushoch überlegen, wenn's darum geht, Wasser vom Fuß fernzuhalten. Jaja, werden Sie eventuell einwenden, aber was ist mit der Schwitzerei? Wo kein Wasser reinkommt, kommt auch keines raus! Stimmt gewiss. Ich behaupte nicht, dass der Gummistiefel frei von Nachteilen ist, aber die Vor- überwiegen die Nachteile deutlich. Wichtig sind wollene Socken. Käsemauken entstehen durch die Kombi Gummistiefel / Baumwolle beziehungsweise Gummistiefel / Synthetik, während warme Wollsocken für ein angenehmes Stiefelklima sorgen. Selbstverständlich müssen Stiefel UND Socken am Zelteingang ausgezogen werden. Im Schlafsack trug ich ein zweites Paar Wollsocken, ausschließlich für den dortigen Einsatz gedacht. Übrigens ließ (und lasse) ich mir meine Socken maßanfertigen, trage in Stiefel und Zelt ausschließlich handgestrickte Unikate von Heike Zucker aus Oranienburg.

Die Hosenbeine gehören natürlich in die Gummistiefel, nicht drüber. Oft trug ich während meines Experiments Breitcordhosen in gedeckten Farben, damit der allfällige Schmutz nicht über Gebühr auffällt. Cordhosen oder «Manchester-Hosen», wie mein Vater sie zu nennen pflegt, befinden sich stilistisch auf der Schnittstelle zwischen doll und oll, zwischen spießig und spaßig – für mich also genau richtig. Bis in den Herbst hinein bevorzugte ich allerdings kurze Hosen, vornehmlich um mich abzuhärten und um, ganz plump, mit meinen durchtrainierten Wadeln anzugeben.

Bei trockener, kalter Witterung kleidete ich mich auch sehr gerne im Anzug. Auf den ersten Blick scheint die Kluft eines Bürohengstes nicht so recht zur Campingkultur zu passen, auf den zweiten Blick offenbaren sich jedoch die Vorteile: Praktisch alle Herrenanzüge sind reich an Taschen, und davon kann man beim Zelten nie genug haben. Sogar Krawatte und Einstecktuch haben im Walmagen praktische Bedeutung: Die Krawatte dient als Not-Kabelbinder, man kann damit gebrochene Zeltstangen schienen oder einen schmucken Wimpel bauen – das Einstecktuch kann dabei helfen, die Lackschuhe zu wienern.

Bei wirklich schlechtem Wetter hat sich eine Regenhose bewährt. Zu meinem 49. Geburtstag schenkte ich mir eine regendichte, aber atmungsaktive Hose aus Gore-Tex, wie sie gutbetuchte Skitourengänger verwenden. Solch ein Prachtstück lässt sich tagelang schwitzfrei tragen, auch bei Sonnenschein. Die Regenjacke gehört sowieso zur Grundausstattung, im Winter außerdem lange Unterwäsche. Auf dem Kopf trug ich am liebsten eine knallrote Regenmütze im Südwester-Schnitt, wie sie seit den Tagen Käpt'n Ahabs von Hochseefischern bevorzugt wird. Bei trockener Witterung kann natürlich auch jeder andere Hut getragen werden, wobei Sombreros aufgrund ihres Formats nur eine eingeschränkte Camping-Kompatibilität besitzen.

Allabendlich separierte ich meine Kleidung: Klobige, schmutzige oder nasse Plünnen wurden auf dem Rucksack in der Apsis abgelegt, der Rest kam als Füllung in einen kleinen Kopfkissenbezug. Schlau, oder? Bevor mir eine versierte Bekannte diesen Insider-Trick verriet, hatte ich bereits den Gegenwert eines Kleinwagens in aufblasbare Hightech-Kopfkissen investiert, mit sensationell kleinem Packmaß. So klein, dass ich die meisten dieser Kissen irgendwann übersah und irgendwo liegenließ. Luftkissen sind eh blöd, weil man sie nicht richtig knautschen kann und sie in neunundneunzig von hundert Nächten seitlich wegrutschen, sodass der Kopf des Zeltschläfers Grundberührung hat. Ein weiterer Vorzug des Klamottenkissens ist seine gemütliche Ausstrahlung. Ein rot-weißes Räuber-Hotzenplotz-Karo zaubert sogleich eine gediegene Wohnlichkeit in die Wildnis, und wer's edel mag, bettet sich auf Damast oder Satin.

Wer auf Wohnkultur weniger Wert legt, dafür aber auf höchste Praktikabilität, kann auch einen wasserdichten Packsack als Kissenhülle verwenden. Dieser schützt tagsüber die Kleidung vor Regengüssen und besticht dann durch die begehrte Doppelfunktion. Wasserdichte Packsäcke kann man übrigens auch ganz ohne Kleidung zum Kissen machen, indem man ein paar Liter Luft einschließt. Dann teilen sie mit den Hightech-Kissen beide Nachteile: den hohen Preis und das mickrige Knautschpotenzial, sind jedoch immerhin deutlich robuster. Alles in allem geht am Kopfkissenbezug kein Weg vorbei. Oldschool rules.

Was trägt der Draußenschläfer nachts? Meine ersten Nächte verschlief ich in spärlicher Sommerkleidung, während der Hitzewelle im August 2015 auch im Adamskostüm. Später kombinierte ich T-Shirts, Skiunterwäsche, Boxershorts, ahnte jedoch, dass schon zwecks Vereinfachung der Logistik ein einfaches, für alle Bedingungen passendes Kleidungsstück besser wäre. Zunächst dachte ich an einen Frotteeschlafanzug aus den siebziger Jahren, wie ich ihn als Kind trug, wenn ich am Wochenende bei Oma Gerda lange aufbleiben und im Schwarzweißfernseher «Am laufenden Band» mit Rudi Carrell gucken durfte. Zwar fand ich bei eBay braun-orange gemusterte Schmuckstücke, manche sogar in Originalverpackung, aber leider nicht in meiner Größe. Mit meinem heutigen Erfahrungsschatz weiß ich allerdings, dass diese Pyjamas als Zweiteiler nicht optimal gewesen wären. Nur ein Overall weist keine Kältebrücken auf. In meinem Fundus fand ich einen roten Einteiler vom Western-Spezialisten Paul Hundertmark, dessen Traditionsgeschäft von jeher zu den Attraktionen der Hamburger Reeperbahn gehört. Das gute Stück wird als Unterwäsche angeboten und verfügt über eine Knopfleiste vom Hals hinab zum Gemächte und hinterseits überm Popo, sodass sich die Heckpartie cabrioletisch öffnen lässt. Die moderne Weiterentwicklung dieser Unterwäsche ist der sogenannte Jumpsuit oder OnePiece. Zwar verfügen diese Modelle über keine Heckklappe, dafür aber über eine Kapuze und Hosentaschen. Beides erschien mir im Zelter-Alltag wichtiger als der geknöpfte Hinterausgang. Eine Kapuze erhöht im Winter die Lebensqualität ungemein. Sie schützt vor Kältebrücken im Nackenbereich und wird als Kopffrostschutz lediglich von der Sturmmaske geschlagen. Wer ganz sichergehen will, dass der Kopf beim Wintercamping nicht friert, kombiniert Kapuze mit Sturmhaube und setzt sich zudem eine Wollmütze auf den Döz. Diese verstärkt nicht nur die Isolationswirkung sondern hindert auch die Kapuze daran, sich im Laufe der Nacht unbemerkt vom Kopf zu stehlen. Ich jedenfalls schwöre auf kapuzenbewehrte Jumpsuits, besitze Modelle in Blö und Pfefferminz.

Sie mögen einwenden, ich halte mich allzu ausführlich mit nebensächlichen Details auf. Dies mag auf den gemeinen Hausbewohner durchaus so wirken. Aber bitte bedenken Sie, dass die Kombi Isoliermatte, Schlafsack und Wäsche darüber entscheidet, ob der Schläfer friert oder nicht, und jedes noch so kleine Einfallstor für den Frost setzt Laune, Lust und Leben des Liegenden aufs Spiel.

Ein relativ weniger wichtiges Detail, das ich aber dennoch nicht unter den Campingtisch kehren möchte, sind die Hosentaschen des OnePiece. In ihnen deponierte ich meine Ohrenstöpsel und gegebenenfalls meine Hände, wenn ich denn doch einmal gezwungen war, hinaus in die Winternacht zu müssen.

In der zivilisierten Welt außerhalb der Campingplätze trug ich meine Nachtkleidung nur selten. Einmal zeltete ich im Garten eines Hotels im schottischen Sumburgh und besuchte vorm Zubettgehen die dortige Hotelbar im Schlafanzug. Das sonstige Publikum trug Schlips und Scheitel; ich fühlte mich unangenehm underdressed und trollte mich nach einer Tasse Tee ins Textilrefugium. Die abschätzigen Blicke der Hotelgäste mögen aber auch damit zu tun gehabt haben, dass ich meinen pfefferminzfarbenen Overall mit pinken Gummistiefeln kombiniert hatte. Dieses quietschfarbige Damenmodell hatte ich mir zugelegt, weil ich es für besonders verkehrssicher hielt.

Im Outdoor-Bereich wird ja immer wieder der Begriff «Zwiebelprinzip» bemüht, also die Kombination mehrerer Kleidungsschichten. Unter Verkehrssicherheitsgesichtspunkten ist jedoch namentlich die Zwiebel kein Vorbild. Ihre bräunliche Außenhaut wird im Straßenverkehr allzu leicht übersehen. Aus Sorge um mein Leben setze ich lieber auf Zitrone, Tomate und unreife Banane. Im verregneten Alltag des Dauercampers sieht sowieso alles nach kurzer Zeit aus wie frisch aus der Erde geholte Kartoffel.

Ein wichtiges Kleidungsstück speziell im Winter sind die Handschuhe. Das Hantieren mit metallenen Zeltstangen bei starkem Frost kann äußerst schmerzhaft sein. Ich habe sie alle ausprobiert: Fausthandschuhe, Arbeitshandschuhe, Skihandschuhe, Gummihandschuhe, wie man sie zum Spülen verwendet, auch Latex-Modelle aus der Medizin. Soeben fällt mir ein, dass ich doch nicht alle getestet habe: Boxhandschuhe trug ich nie beim Zelten. Im Hochwinter überzeugte das Modell «Ekastu Sekur M3-PLUS» aus Nitril-Perbunan (NBR), wie sie von Chemielaboranten beim Hantieren mit besonders gefährlichen Stoffen getragen werden. Sie sind wasserdicht, preisgünstig (ein Paar kostet 3,39 Euro) und hielten einen langen Winter durch. Um die säureresistenten Hautschützer optisch aufzupeppen und die Isolierwirkung zu maximieren, kombinierte ich sie mit handgestrickten Überziehern aus der Werkstatt Heike Zuckers. Über die freiliegenden Nitril-Berbunan-Kuppen kann bei Bedarf ein angestrickter Fäustling gezogen werden. Ebenfalls geeignet sind Skilanglaufhandschuhe, speziell solche, wie sie beim Biathlon getragen werden, vorteilhaft wegen des erhöhten Tastvermögens am Abzugsfinger, welches sich auch bei der Feinjustage der Abspannleinen auf der Zeltbaustelle bewährt.

Nicht unerheblich ist bei allen Kleidungsstücken, dass man sie im entscheidenden Moment dabeihat. Nach einigen warmen Tagen im März 2016 meinte ich, den Winter hinter mir gelassen zu haben, und ließ folglich auch meine Handschuhe zu Hause. Nach frostiger Nacht auf dem Campingplatz «Berger» in Köln-Rodenkirchen erlebte ich beim morgendlichen Zeltabbau mein blaues Wunder, und zwar buchstäblich. Mehrfach musste ich die Demontage unterbrechen und meine Finger mühsam anwärmen, um den brachialen Kälteschmerz zu lindern. Während ich mein Zelt schließlich im Rucksack verstaute, rannen mir Tränen der Agonie meine Wangen hinab. Wie gut, dass bei «Camping Berger», diesem seit 1931 bestehenden Familienbetrieb am Rheinufer, zum Campingplatz ein Hotel nebst gediegener Restauration gehört. Am warmen Kaffeepott gelang es mir beim Frühstück, die malträtierten Flunken zu reanimieren. Nie wieder, so schwor ich mit verheultem Trotz in der Stimme, nie wieder würde ich ohne Handschuhe zum Zelten aufbrechen.

Auch alle anderen notwendigen Kleidungsstücke habe ich Schussel schon manches Mal vermisst, und zwar immer im Ernstfall, also dann, wenn es drauf ankam. Sich hierüber aufzuregen ist völlig unangebracht, denn jeder Mangel macht die tatsächliche – oder vermeintliche – Notwendigkeit eines Ausrüstungsgegenstandes erst klar. Es war Diogenes, der berühmte Tonnenbewohner, der einem Kind dabei zuschaute, wie es die Hände zu einer Schüssel formte, um Wasser aus einem Brunnen zu schöpfen. Anschließend verschenkte er seine Tasse, weil er sah, wie überflüssig diese doch war. Sokrates sagte in ähnlichem Zusammenhang: «Wie zahlreich sind doch die Dinge, deren ich nicht bedarf», und der Kölner übersetzt diese Einsicht mit den Worten: «Bruche mer net, fott damett!»

Im Gegensatz zu Diogenes blieb ich für die gesamte Dauer meines Experiments Tassenbesitzer. Als ich nach meiner ersten Nacht unter freiem Himmel, auf der Boning-Insel in der Isar, die Augen aufschlug, war mein erster Gedanke: «Kaffee!» Ja, ich gebe zu, dass ich zu den echten Kaffeetanten gehöre, ich bin ein Coffein-Junkie, dem braunen Gesöff unrettbar verfallen. «Nicht für Kinder ist der Tü-hür-ke-hen-trank», Mozarts Kaffee-Kanon, war das einzige Lied, das ich im Kindergarten freiwillig mitsingen mochte, ansonsten galt ich als «Brummer», der, wenn die anderen Kinder Chorstücke einstudierten, in den Nachbarraum zum Zeichentisch flüchten durfte. Heute ist die Situation so: Wenn ich nicht bald nach dem Aufstehen eine Tasse Bohnenkaffee in Richtung Mund führen kann, ist der Tag für mich gelaufen. Nach kurzer emotionaler Aufwallung versinke ich in einer plörrigen Depression, die mich in ihrem fensterlosen Verlies ankettet, bis schließlich Frau Sommer mit einer Kanne «Jacobs Krönung» die Wärter besticht, meine Ketten löst und ich in Kaffee baden darf.

Angesichts dieser psychotischen Eigenart ist es nachvollziehbar, dass ich bereits am Montag nach Experimentbeginn eine Campingtasse aus Titan erwarb, mit platzsparend abklappbarem Henkel, außerdem einen Esbit-Kocher. «Esbit» ist die Abkürzung für «Erich Schumms Brennstoff in Tablettenform» und besteht aus Urotropin, das von Chemikern auch liebevoll Hexamethylentetramin genannt wird. Der schwäbische Pfiffikus Erich Schumm erkannte dessen Eignung als Trockenbrennstoff für Spielzeugdampfmaschinen und Campingkocher und gründete 1933 die dazugehörige Firma. Schumm hat übrigens in seinem Erfinderleben über tausend Patente angemeldet. Seine bekannteste Erfindung ist die Fliegenklatsche, außerdem gründete er den ersten deutschen Hörbuchverlag.

Am nächsten Morgen, also nach meiner dritten Nacht an der frischen Luft, füllte ich die Titantasse mit Isarwasser, stellte Cappuccino-Pulver zum Einrühren bereit und versuchte, einen Esbit-Quader zu entzünden. Gar nicht so leicht. Aus meiner lange zurückliegenden Raucherkarriere besaß ich noch immer ein Dutzend Feuerzeuge, die ich allesamt eingesteckt hatte, um sicherzugehen, dass wenigstens eines der betagten Geräte noch funktionierte, ganz nach dem Motto: «Viel hilft viel!» Ich geriet ins Grübeln, als trotz erkennbar erfolgreicher Zündung keines der augenscheinlich gefüllten Einweggeräte eine Flamme entwickelte. Alle probierte ich sie durch, und alle versagten. Jetzt war scharfes Nachdenken erforderlich, dem das Fehlen meiner gewohnten Tasse Morgenkaffee entgegenstand. Unkonzentriert drömelte ich vor mich hin, und erst unter Mühen erkannte ich den Schuldigen, nämlich: den Wind. Wie gut, dass die Boning-Insel reich an Kieselsteinen ist, es gibt dort buchstäblich nichts außer Kieselsteinen, und aus diesen formte ich nun einen maximal hohen und steilen, dabei weiterhin zugänglichen und nach Möglichkeit wenig einsturzgefährdeten Schutzwall. In der Tasse entdeckte ich inzwischen einen tanzenden Trupp Steinfliegenlarven, den ich offenbar mit dem Kaffeewasser aus der Isar geschöpft hatte.

Schließlich erklärte ich mein Bauwerk für vollendet und positionierte den Kocher am Grunde eines tiefen Trichters, legte einen Esbit-Quader auf die Brennfläche, entfachte nun erfolgreich eine Feuerzeugflamme und hielt diese an den Brennstoff. Erst mal passierte nichts, außer dass die Flamme, weil ich das Feuerzeug am langen Arm von oben in den Trichter eingeführt hatte, meine Finger erfasste, Schmerz verursachte, ich den Arm panisch zurückzog, dabei die Wand des Windschutzes touchierte, der daraufhin in sich zusammenstürzte und den Kocher unter sich begrub. Ein gutturales Grummeln war meine Reaktion; ich barg den verschütteten Kocher, rekonstruierte den Windschutztrichter und versuchte aufs Neue mein Glück, während die Steinfliegenlarven im Tassenwasser weiter nichtsahnend vor sich hin tanzten.

Zunächst versuchte ich den Esbit-Quader oberhalb des Trichters zu entzünden, um meine Hand vor Verbrennung zu schützen. Ganz bescheuerte Idee, denn ohne Windschutz kein Windschutz, um es mal etwas unbeholfen auszudrücken. Also stellte ich den Kocher wieder zwischen die steilen Kieswände und dachte umso schärfer nach. Dann hielt ich auf halber Höhe des Trichters ein Stück Brennstoff in der einen, das Feuerzeug in der anderen Hand und führte beides mittig zusammen. Prometheus wäre stolz auf mich gewesen! Halb legte, halb warf ich den bald brennenden Quader auf die Metallfläche des Kochers und stellte stolz die Tasse mit der Steinfliegenlarvensuppe drauf. Lange Minuten verstrichen, in denen wenig geschah. Das gelbe Flämmchen sorgte lediglich für etwas Wärme unter der Tasse, was die Steinfliegenlarven jedoch nicht zu jucken schien.

Eine Viertelstunde später. Der Brennstoff war verbraucht, das Feuer ausgegangen, das Wasser lauwarm, die Larven zuckten erschöpft. Aus meinem gutturalen Brummen waren tiefe Seufzer geworden. Ich stand vor der wichtigsten Entscheidung des jungen Tages: Aufgeben? Zur nächsten Bäckerei fahren? Alles noch mal, mit doppelter Brennstoffmenge? Ich entschied mich für Letzteres und legte sicherheitshalber noch ein drittes Extra-Esbit obenauf. Und dann, endlich, entstand eine Dampfwolke, und ich frohlockte, geil auf guten Kaffee. Hurra! Ich griff nach der Tasse – hielt inne und fluchte laut und schmutzig. Ich hatte versäumt, den

Klappgriff meiner Titantasse auszuklappen, die nun jedoch unanfassbar heiß geworden war. Aber das war mir jetzt egal. Unter lautem Schreien packte ich die Tasse, riss sie vom Brenner, verschüttete in meiner Hast die Hälfte der Steinfliegenlarvensuppe, rührte in die verbliebene Hälfte ein Tütchen Cappuccino-Pulver ein und verschlang anschließend den klumpigen Pulverbrei. Danach kühlte ich meine verbrühte Hand im kalten Isarwasser, woraufhin der heiße Schmerz glühendem Stolz wich – es war vollbracht! Ich hatte meinen ersten eigenen Kaffee gekocht, draußen, in der Wildnis, ich toller Hecht, ich.

In der Anfangsphase meines Experiments machte ich mehrfach Versuche mit speziellen Espressomaschinen für den Outdoor-Gebrauch, Druckbehälter mit angeschweißtem Röhrchen, aus denen bei Erhitzen der ersehnte Wachmacher fließt. Theoretisch. In der Praxis bin ich an diesen Geräten immer gescheitert: weil mein Feuer nicht die notwendigen Temperaturen hatte, ich das Sieb falsch herum einlegte oder den Druckbehälter nicht fest genug anschraubte, kurz: weil ich zu doof war, diese Geräte zu bedienen. Und so kehrte ich bald zu meinem bewährten Instant-Cappuccino zurück. Kocher, Brennstoff, Pulverkaffee in Portionstütchen und ein kleiner Plastiklöffel – all das passte in die Titantasse, die ich bald «Titata» taufte und im vorderen Seitenfach meines Rucksacks immer dabeihatte.

Meinen Morgenkaffee bereitete ich mit Vorliebe im Zelt liegend zu. Nach dem Erwachen öffnete ich die Luke, begutachtete das Wetter und den Ausblick und suchte einen kippsicheren Standplatz für den Kocher. Der optimale Standplatz befand sich so weit vom Zelt entfernt wie möglich, um ein Übergreifen des Esbit-Feuers auf die Zeltplane zu vermeiden, aber doch so nah, dass man alle Handgriffe aus dem Schlafsack heraus erledigen konnte. War ein Aufstützen der Ellenbogen vonnöten, so verwendete ich meinen Rucksack als Unterlage, zumal bei feuchtem Untergrund.

Übrigens gibt es zweierlei Esbit-Kocher, nämlich viereckige, die zusammengeklappt auch als Etui für eine Schachtel Brennstoff dienen, und runde Modelle mit kleinen Standfüßen. Letztere scheinen zwar einen besseren Windschutz zu versprechen, aber ab Windstärke drei ist dieses Versprechen leer, und außerdem ist der Brenner nicht sonderlich standfest.

In Schottland verbrachte ich eine Nacht auf einer Wiese, die von Schafen intensiv als Toilette genutzt wurde. Tausende Tritte hatten den feuchten Boden umgepflügt, die Krater waren mit abertausenden Kotkugeln gefüllt. Strenger Frost hatte das krause Profil hart werden lassen, sodass es mir nicht gelang, ohne schweres Gerät den Eingangsbereich des Zeltes zu glätten. Im Halbschlaf unterschätzte ich die Gefahr und stellte den Esbit-Kocher dennoch auf. Nach einer Viertelstunde Kochbetrieb hatte die Flamme nicht nur das Wasser, sondern auch den Wiesengrund erwärmt, der daraufhin instabil wurde; der Kocher kippte, das Wasser war weg und ich stinkesauer. Im zweiten Anlauf verwendete ich ein Buch als Unterlage, nämlich die Kurzgeschichten meines Lieblingsautors John Cheever. Diesmal fielen brennende Esbit-Partikel auf die Unterlage, und das Buch fing Feuer. Ergriffen von blanker Panik, löschte ich mit Wasser aus der Faltflasche. Die letzte der Cheever-Geschichten, nämlich «Die Welt der Äpfel» wurde Opfer der Flammen, aber immerhin kam ich zu meinem ersehnten Morgenkaffee.

Einmal hätte ich auch fast mein Zelt und dessen Inhalt (also mich) abgefackelt, als ich nämlich besonders starken Kaffeedurst hatte und darum gleich eine Handvoll Esbit-Blöcke anzündete. Ich hatte mich auf dem Campingplatz «Seehäusl» am Chiemsee niedergelassen, mit Blick auf das «Bayerische Meer», und hatte die Pustekraft der Brise unterschätzt, die vom See kommend auf mein Feuer einwirkte. Es war ein warmer Herbsttag, den ich nur mit einer Badehose bekleidet genoss, und die Temperaturen im

Zeltinneren wurden schlagartig mehr denn hochsommerlich, als die Kaffeeflamme vom Wind in die Horizontale gebogen und armlang in den Zelteingang hineingeblasen wurde. In höchster Not griff ich nach einem Gummistiefel und warf ihn ins Feuer, eigentlich um dieses zu ersticken. Leider führte diese Maßnahme nicht zum Erfolg, im Gegenteil, sie wirkte äußerst kontraproduktiv. Bald begann der Stiefel zu kokeln, das Gummi warf Blasen, und erst im allerletzten Moment gelang es mir mit einem beherzten Fußtritt gegen den Kocher, mein Hilleberg und mich vor dem Exitus zu retten. Nach dieser Nahtoderfahrung verrichtete ich alle Küchendienste mit mehr Respekt und prüfte auch die verwendeten Lebensmittel auf die ihnen innewohnenden Gefahren. So verzehrte ich zum Kaffee sicherheitshalber Müsliriegel oder Äpfel, während ich Bananen mied. Als ich nämlich meinen übergroßen Rucksack frisch gekauft und noch keinen Überblick über dessen räumliche Aufteilung hatte, vergaß ich einmal eine Banane im Hauptfach. Erst Wochen später tauchte die Frucht wieder auf – beziehungsweise das, was von ihr übrig geblieben war. Spätestens in diesen Momenten begriff ich, warum es so wichtig ist, die im Rucksack befindliche Kleidung zusätzlich in wasserdichten Seesäcken zu sichern. Mein Motto seit diesem Obst-GAU: Gib dem Bananenmatsch keine Chance – iss Äpfel!

Nach einigen Wochen Zeltleben, in denen ich mich vornehmlich per Restaurant verpflegte, beschloss ich, meine Fähigkeiten als Selbstversorger auszubauen. Ein leistungsstärkerer Kocher musste her! Wieder besuchte ich das Outdoor-Fachgeschäft in meiner Nachbarschaft und ließ mich beraten. Das Angebot war unerwartet groß: Zunächst gibt es neben den Feststoffkochern die Gaskocher. Sie arbeiten mit den bekannten Kartuschen, sind sauber und zuverlässig, funktionieren allerdings bei Kälte nur schlecht. Am ehesten wintertauglich sind noch solche Modelle, bei denen die Kartusche umgekehrt aufgestellt werden kann, sodass die bei Kälte flüssigen Gasbestandteile durch einen Schlauch zum Brenner fließen. Auch dies funktioniert jedoch nur bei moderater Kälte. Für den Betrieb in Eis und Schnee besser geeignet sind Spiritus- und Benzinkocher. Spirituskocher, so erzählte mir der hipsterbärtige Verkäufer, seien in Skandinavien besonders beliebt. Diese Aussage soll wahrscheinlich verkaufsfördernd wirken, weil wir Deutsche ja dazu neigen, dem Skandinavier eine gewisse Kompetenz zu unterstellen, wenn's um die Existenzsicherung in der Wildnis geht. Sind ja alles Rentierzüchter und Robbenjäger (von den Möbelhausbesitzern einmal abgesehen).

Spiritus habe allerdings, so schränkte der Fachberater ein, keinen sonderlich hohen Brennwert. Wenn ich sicher sein wolle, dass mein Essen in jedem Fall gar wird, auch bei 20 Grad minus, komme ich um die Anschaffung eines Benzinkochers kaum herum. Benzin gebe es außerdem überall an der Tankstelle zu kaufen, wobei man das bleifreie Superbenzin besser durch einen Kaffeefilter laufen lassen solle, bevor man es in den Brenner gebe. Ich fand zwar die Vorstellung, an der Tanke eine Tasse Brennstoff zu erschnorren, spontan überaus reizvoll, was mich jedoch beunruhigte, war die Geruchsbelästigung. Benzin riecht streng, auch wenn es verbrannt wird, und ein einziger Spritzer kann die beste Suppe ungenießbar machen. Diesbezüglich sind Spiritus und Gas im Vorteil.

Danach ließ ich mir noch diverse Allesbrenner vorführen, unter anderem ein Modell, mit dem sich nebenbei auch Strom erzeugen lässt, der via USB-Anschluss ins Wischfon weitergeleitet werden kann. Als Brennstoff eignet sich zur Not alles, was Feuer fängt, vom Steuerbescheid bis zum geschredderten Gummistiefel – was natürlich ein starkes Argument ist. Aber das Gerät war für meinen Rucksack etwas zu klobig, außerdem beantwortete der Fachberater meine Frage, wie lange ein Feuer denn lodern müsse, um meinem Handy den für eine SMS notwendigen Strom einzuflößen, mit einem abrupten Erröten, begleitet von konsterniertem Schulterzucken.

Ich entschied mich schließlich für den Gaskocher mit der auf dem Kopf stehenden Kartusche, vor allem wegen seines überzeugenden Packmaßes, und führte daheim auf meinem Gitterrost sogleich einen ersten Test durch. Zunächst hielt ich erfolglos eines meiner zwölf Feuerzeuge an die Düse, dann öffnete ich tollkühn den Gashahn bis zum Anschlag. Eine Sekunde später waren meine Augenbrauen bis zur Wurzel brandgerodet, und ich sah aus wie Mona Lisa, die ja bekanntlich, der Mode ihrer Zeit folgend, auch keine Brauen trug.

Nach zwei, drei weiteren Versuchen war ich jedoch in der Lage, den Gasregler virtuos zu bedienen, und das erste Gericht, das ich mir per Kartusche kochte, waren Buchstabennudeln mit nichts. Später habe ich dieses Gericht verschiedentlich verfeinert, etwa durch die Zugabe von Salz oder Maggi. Buchstabennudeln erschienen mir für meine Camper-Bedürfnisse besonders geeignet, weil sie kulinarischen und literarischen Genuss verbinden, den leiblichen wie auch den Lesehunger stillen. Nach dem Essen können die Nudelreste am Topfgrund zum Scrabble-Spielen verwendet werden, oder man nutzt sie als Orakel. «HEUTE ZOO PACK BLUES» war der erste Sinnspruch, den ich aus Nudeln legte. Anfangs goss ich das Kochwasser nicht ab, später experimentierte ich auch mit Nudelsieben, die ich mir aus Damenstrümpfen bastelte. Die sinnigste Konstruktion bestand aus einem Stück Netzstrumpf, das ich über einen zurechtgebogenen Kleiderbügel gespannt hatte. Spektakulär war auch der Blick der Strumpfhosenverkäuferinnen, denen ich auf ihre Frage, ob sie mir helfen könnten, mein Vorhaben erklärte. Mit Sicherheit hielten sie mich für einen Strumpffetischisten, der seine verlotterten Gelüste mit einer besonders kruden Story zu dissimulieren trachtete.

Bei Lesemüdigkeit bereitete ich mir auch gerne Couscous als

sättigenden Kohlenhydratlieferanten zu, dessen platzsparende Verstaubarkeit mich überzeugte. Am schmackhaftesten fand ich aber die Tütenkost der Firma «Trek 'n' Eat». Das kochende Wasser wird bei diesen Produkten einfach in die Tüte gegossen. Dann rührt man um, lässt die Chose ziehen, und fertig ist der mediterrane Fischtopf. Schmeckt gar nicht soo schlecht. Das hierzu notwendige Wasser erhitzte ich übrigens in einem Reisetopf, dessen Wände aus Silikon gefertigt sind und die sich darum nach Art einer Ziehharmonika platzsparend zusammenfalten lassen. Obacht! Dass das Kochfeuer bei diesem Modell nur die metallene Bodenplatte, nicht jedoch die Wände belodern sollte, erwähne ich an dieser Stelle nur pro forma; ich halte Sie, liebe Leser, für so ausgeschlafen, dass sich der Hinweis eigentlich erübrigt.

Bald darauf machte mir ein Outdoor-Freak aus meinem Bekanntenkreis ein tolles Geschenk: einen ebenso simplen wie raffinierten Spirituskocher, der von einem Hobbykonstrukteur aus einer einzigen Getränkedose gefertigt worden war. Das basteltechnische Meisterwerk im Format eines Cremedöschens hat einen Materialwert von knapp zwei Cent und funktioniert mindestens ebenso zuverlässig wie jedes Industrieprodukt.

Der Winter 2015/16 verlief ausgesprochen mild, und kaum je streikten meine Kocher wegen der Kälte. Im Zweifel blieb die Küche eben kalt, und ich stiefelte ins nächstgelegene Lokal. Im Laufe meines Experiments war dies sowieso der Normalfall, denn die einzige Forderung, die ich an mich stellte, war, draußen zu schlafen. Ein Gesetz, das die außerhäusige Nahrungsaufnahme oder gar eigenhändiges Kochen unter freiem Himmel erzwang, hatte ich nicht verabschiedet. Also nahm ich meine Campingkocher nur im Notfall in Betrieb oder wenn mir aus freien Stücken danach war.

Wie schon erwähnt, lautete eine häufig mir gestellte Frage: «Sie zelten? Auch bei Regen? Wird man denn da nicht nass?» Ein für alle Mal: Nein, wird man nicht. Denn der Sinn eines Zeltes besteht ja gerade darin, seinen Bewohner vor dem Nasswerden zu schützen. Wenn Zelte nicht vor Regen schützen müssten, könnte man ja getrost wasserdurchlässige Stoffe als Zeltplane verwenden, etwa Frottee, Netzstrümpfe oder Küchenkrepp.

Um die Wasserdichtigkeit eines Zeltes darzustellen, gibt es eine Maßeinheit, nämlich die sogenannte «Wassersäule». «Ein Meter Wassersäule» bedeutet, dass eine Zeltplane bei jenem Druck Wasser durchlässt, der in einem Meter Wassertiefe herrscht. Ein Zeltstoff mit einem Wert von 2000 mm Wassersäule wird also erst dann undicht, wenn vom Boden aus gemessen zwei Meter Wasser über dem Zelt stehen würden. Laut DIN-Norm gilt ein Stoff mit einer Wassersäule von 1300 mm als wasserdicht. Ein Netzstrumpf hat laut dieser Definition eine Wassersäule von, na ja, 0 mm, ein Hilleberg Akto laut Herstellerangaben eine Wassersäule von 5000 mm. In einem echten Walmagen, sagen wir mal im Magen eines Pottwals, wäre man natürlich noch sicherer. Ein Pottwal kann über 1000 m tief tauchen, ohne dass es zu Wassereinbrüchen kommt, seine Haut hat also eine Wassersäule von 1 000 000 mm. Pottwale sind also definitiv regendicht. Oder habe ich da etwas falsch verstanden?

Meinen ersten Starkregen verbrachte ich in großer Sorge, dass die Herstellerangaben erstunken und erlogen sein könnten. Kirschgroße Tropfen schlugen aufs Zeltdach, und ich beäugte argwöhnisch die kritischen Stellen – beim Hilleberg die beiden tiefliegenden Lüftungslöcher, deren Reißverschlüsse sich nur von außen schließen lassen – und dafür war es bereits zu spät. Der Lärm im Zeltinnern war infernalisch; ich traute meinen Ohren nicht, nahm das Getöse per Wischfon auf und schickte die Sounddatei per WhatsApp im Freundeskreis herum. Dass Regen ein echter Angstmacher sein kann, einschüchternd wie ein feuerspeiender Drache, erfährt man erst in seiner unmittelbaren Nähe. Umso schöner die Erleichterung, wenn die Urangst vor der Naturgewalt dem Gefühl weicht, dass man im Zelt tatsächlich geborgen ist. Man muss sich der zarten Konstruktion nur anvertrauen, die Augen schließen und genießen. Das Zelt wird zur Mutter, die dich umarmt und beschützt. Der gemeine Steinhausbewohner lernt beides nicht kennen, weder die Panik noch den Mutterschutzgenuss. Bei starkem Regen verspürte ich immer Mitleid mit meinen häuslichen Freunden daheim hinter Stein; ihnen entging und entgeht eines der größten Gefühlsdramen, die man als Mensch durchleben kann, mit großer Aussicht auf ein Happyend – sofern das Zelt tatsächlich wasserdicht ist und keine Blitzgefahr besteht.

Auf'm Campingplatz verbringt man ein Gewitter bekanntlich am besten im Waschhaus. Was aber tun, wenn keines in der Nähe ist? Vorab: Das Risiko, im Zelt durch Blitzschlag ums Leben zu kommen, liegt statistisch bei 1 zu 16 Millionen. Das ist ziemlich genau so wahrscheinlich, wie sechs Richtige im Lotto ohne Zusatzzahl, nämlich 1 zu 15 537 573. Diese Rechnung bezieht sich allerdings auf alle deutschen Lottospieler, die Blitz-Statistik auf alle Deutschen insgesamt. Alle jene, die ihr Leben in einem Haus mit Blitzableiter verbringen, können aufatmen: Sie werden praktisch nie vom Blitz erschlagen, anders als jene, die viel draußen sind oder gar jede Nacht im Zelt …

Bereits bei der Wahl des Zeltplatzes lässt sich die Blitzgefahr verringern, indem man exponierte Stellen und die Nähe von

Strommasten, einzelnen Bäumen und kleinen Baumgruppen meidet. Im Innern eines Waldes ist man hingegen relativ sicher. Zucken die Blitze direkt über dem Zelt, sollte man auf einer trockenen Isomatte in die Hocke gehen, die Füße geschlossen und einen möglichst großen Abstand zum Metallgestänge halten – so jedenfalls empfiehlt es die einschlägige Fachliteratur. Blöd nur, dass meine beiden Zelte kaum hoch genug sind, um darin aufrecht zu sitzen, geschweige denn zu hocken. Nur gut, dass ich während meines Experiments nur einmal von Blitzen akut bedroht wurde, nämlich gleich bei meinem ersten Campingplatzbesuch in Thalkirchen, und damals war ich so herrlich naiv, dass ich die Gefahr, in der ich mich befand, überhaupt nicht bemerkte.

Nicht nur vor Regennässe bieten Zelte Schutz, sondern auch vor Tau. Damit sich morgens Wassertropfen (der Meteorologe spricht von «Tauperlen») bilden können, muss der sogenannte Taupunkt unterschritten werden (der Meteorologe spricht von «Taupunkttemperatur»). Am Taupunkt beträgt die relative Luftfeuchtigkeit 100 % (der Meteorologe sagt dann Sachen wie: «Ich gucke mal, was das Taupunktspiegelhygrometer anzeigt»). Kühlt die Luft am Boden nun unter den Taupunkt ab, kondensiert der Wasserdampf an «bodennahen Objekten», vor allem an solchen, die eine gute Wärmeübertragung ermöglichen, zum Beispiel Grasbewuchs.

Wie nass man durch Tau werden kann, erfuhr ich im spätsommerlichen Hamburg. Einen ganzen Tag lang hatte ich mich vom formidablen YouTuber David Hain für dessen Sendung «Hainblicke» interviewen lassen. Am nächsten Morgen sollte ich einen frühen Flieger besteigen, und die Nacht davor wollte ich an einem jener Plätze biwakieren, die in Hamburg von sogenannten Plane-Spottern für ihr Hobby genutzt werden – also das Fotografieren von Flugzeugtypen. Einen Stadtplan mit den besten Aussichtspunkten fand ich im Internet, und der Blick von meinem

Schlafplatz durch ein Loch in der Hecke auf die Landebahn war dann auch tatsächlich spektakulär. Noch spektakulärer war allerdings der Lärm der wenige Meter von mir entfernt landenden Maschinen. Nun gibt's in Hamburg glücklicherweise ein Nachtflugverbot, und um 23 Uhr war Ruhe. Neben mir bevölkerten indes jugendliche Kiffer die Parkbänke und hüllten mich in süßliche Schwaden. Ich dachte an meine Managerin, die mich vor «Mord und Totschlag» gewarnt hatte, zumal in einer so sündigen Großstadt wie Hamburg. Um nicht im Schlaf von einem Joint erschlagen zu werden, suchte ich Deckung und zog ins kniehohe Dickicht eines Grünstreifens um. Die Nacht war klar und ein Zelt völlig überflüssig – dachte ich. Als mich morgens die erste Maschine weckte, waren die hohen Gräser um mich herum mit Tauperlen benetzt, die, während ich meinen Schlafsack packte, alles radikal durchfeuchteten. Kurz darauf war ich patschenass und begann bitterlich zu frieren. Ersatzkleidung hatte ich keine dabei, und so rollte ich schlotternd auf meinem Klapprad zum Terminal, eine breite Tropfenspur hinter mir herziehend. Ich schimpfte wie der berühmte Rohrspatz beziehungsweise wie Wasseramsel oder Stockerpel. Als ich's schließlich ins Flughafengebäude geschafft hatte, suchte ich schnurstracks eine Toilette, auf der Suche nach einem Handtuch. Auf Hamburger Flughafentoiletten findet man jedoch lediglich Papierhandtücher. Nach kurzer Verzweiflungslitanei gab ich mir einen Ruck, plünderte sämtliche Handtuchspender und stopfte mir die Tücher in Latz und Unterhose, in die Hemdsärmel und um die Nieren. Prall gefüttert wie ein Michelin-Männchen checkte ich anschließend ein. Die Leute von der Security guckten komisch, sagten aber nichts. Das Konzept funktionierte übrigens bestens; meine Kleidung wurde von innen trocken gesaugt, das Füllmaterial konnte ich bereits im Flugzeug entsorgen. Ja, auch meine Mitreisenden und die Stewardessen guckten irritiert, aber auch sie sparten sich alle Kommentare.

Seit meiner Nacht bei den Plane-Spottern nehme ich den Tau ernst. Tau, schau, wem. Im Zweifel schlage ich lieber ein Zelt auf. Vorsicht beim Verlassen desselben! Wenn ich beim Ausstieg am taunassen Türlappen entlangschubbere, bin ich nass, und das Zelt wurde umsonst aufgebaut – das ist mir sogar mehrfach passiert.

Während ich Regen im Zelt immer genossen habe, sieht die Sache beim Wind ganz anders aus. Bei einer steifen Brise beginnt der Bau zu zittern, zu flattern, zu rumpeln, und wird aus der Brise ein Sturm, ist's vorbei mit der Gemütlichkeit. Richtig unangenehm fand ich's zum Beispiel in einer Orkannacht an der Ostsee. Mein Zeltplatz war wunderschön, mit herrlichem Blick auf den Strand und die Insel Walfisch bei Wismar. Brutale Böen prügelten auf mein Taurus ein, und ich lag in meinem Schlafsack, hellwach und mit mulmigem Gefühl. Wie King Kong die weiße Frau packte der Sturm mein Zelt und bog es landeinwärts, immer wieder, so lange, bis um kurz vor zwei Uhr die Heringe auf der Seeseite ausgerissen waren und das Zelt zusammensackte. Ich schlüpfte in Gummistiefel und Regenjacke und zwang mich hinaus in die Nacht. Eisiger Regen und schaumige Gischt peitschten mir entgegen, und düstere Wolkenschiffe jagten durchs fahle Mondlicht wie verrostete Seelenverkäufer bei einer Höllenregatta unter der Schirmherrschaft des Leibhaftigen. Gefühlte zehn Minuten brauchte ich für die knappen zwei Meter Fußweg zur Schadensstelle. Ich packte die Heringe, schnappte nach den wie irre umherzappelnden Leinen und verankerte das Zelt ordnungsgemäß. Dann flüchtete ich wieder in den Schlafsack. Bald darauf griff der Sturm erneut nach meinen Heringen, wieder fiel mir das Dach auf den Körper, und über mir hörte ich deutlich das schadenfrohe Gelächter des Teufels. «Hahaha», lachte ich ironisch zurück, schmetterte ihm ein heroisches «Mich kriegst du nicht klein, du Anfänger!» entgegen, marschierte erneut zur Schadensstelle und steckte die Heringe dorthin, wo sie hingehören. Beim dritten Mal, es begann schon fast wieder zu dämmern, drehte ich mich jedoch einfach auf die andere Seite und schlief weiter. Man kann nämlich auch unter einem eingestürzten Zelt schlafen und dabei einigermaßen trocken bleiben – wie ich bei dieser Gelegenheit lernte.

Wenn ein Orkan ein Haus zum Einsturz bringt, laufen die Bewohner Gefahr, von den Trümmern erschlagen zu werden – so gesehen lebt es sich bei Sturm im Zelt sicherer. Umgekehrt bietet das feste Haus einen besseren Schutz vor umstürzenden Bäumen, Ästen und ähnlichem Gekröse. In Waren an der Müritz verbrachte ich einen Sturm unter einer riesigen Eiche, eine unerhört leichtsinnige Wahnsinnstat. Ich traue mich kaum zuzugeben, warum ich, fern jeder Vernunft und trotz anderslautender Vorsätze, mein Zelt ausgerechnet unter diesen Baumriesen stellte: Ich war scharf auf ein spektakuläres Zelfi im Caspar-David-Friedrich-Stil, an dessen «Abtei im Eichwald» mich das Motiv erinnerte. Nun hat dieses berühmte Ölgemälde, das in der Alten Nationalgalerie in Berlin hängt, noch einen zweiten Namen, nämlich «Mönchsbegräbnis im Eichenhain», und diesen Verweis auf den Tod hätte ich getrost ernst nehmen können. Jedenfalls wurde ich in der Nacht mehrfach von schweren Ästen verfehlt. Wären die knorrigen Totschläger nicht neben dem Taurus gelandet, sondern auf meinem Brägenkasten, hätte ich das vorliegende Buch kaum schreiben können. Glück gehabt.

Der schwerste Gegenstand, den der Wind je auf mein Zelt geworfen hat, war ein Blumentopf mit Basilikum. Der Sturmangriff geschah auf dem heimischen Gitterrost, und das Projektil glitt seitwärts am Taurus ab. Zwar riss mich der Vorfall aus dem Schlaf, der Schreck steckte mir minutenlang in den Knochen, doch der Appetit wurde mir nicht nachhaltig verdorben: Am nächsten Tag verarbeitete ich das Basilikum zu einem schmackhaften Pesto.

Auch im Hilleberg ist man nicht vor Totschlag geschützt, aber immerhin bietet es dem Sturm weniger Angriffsfläche. Im Laufe der herbstlichen Sturmsaison versuchte ich nahezu perfektionistisch, meinen Walmagen optimal in den Wind zu stellen. Beim Hilleberg ist die Platzierung perfekt, wenn der kleine Zeh des rechten Fußes in jene Richtung zeigt, aus der der Wind kommt. Dann nämlich trifft der Sturm größtenteils auf die niedrige Querseite und wird über das aerodynamische Dach abgeleitet, während sich der Eingang vollständig im Windschatten befindet. So wird's in der Apsis weniger zugig, was nicht zuletzt beim morgendlichen Kaffeekochen von Bedeutung ist.

Gewitter, Starkregen, Sturm – nach einigen Wochen Dauerzelterei hatte ich einige extreme Wetterlagen kennengelernt. Den größten Respekt hatte ich jedoch vor dem herannahenden Winter. Ihn hielt ich für die eigentliche Hürde, die entscheidende Prüfung. Bereits im Frühherbst 2015 sammelte ich Ideen, wie man mit großer Kälte umgehen sollte. Eine Weile besuchte ich den Expeditionsausrüster nahezu täglich und studierte, was mir hilfreich erschien. Zum Beispiel Taschenöfen, in denen katalytisch Feuerzeugbenzin verbrannt wird. Katalytisch bedeutet: ohne Flamme. Das klingt ja schon mal ganz günstig, wenn's um den Einsatz im Zelt geht. Aber zur Kohlenmonoxid-Gefahr konnte mir der Fachberater nichts sagen, sondern zuckte lediglich mit den Schultern, so wie damals, als ich ihn nach der Handytauglichkeit des stromerzeugenden Allesbrenners gefragt hatte. Trotzdem kaufte ich den Taschenofen und unterzog ihn todesmutig einem Praxistest. Noch war der Winter fern; es herrschte mildes Herbstwetter, und am helllichten Tage begab ich mich mit brennendem Ofen ins Zelt, argwöhnisch in mich hineinhorchend. Kohlenmonoxid ist bekanntlich ebenso geruchlos wie giftig, und ich konnte daher nicht ausschließen, nie wieder mein Schlaflabor verlassen zu können, jedenfalls nicht lebend. Eine gute Stunde lag ich im Schlafsack, starrte an die Decke und freute mich über die wohlige Wärme, die der Ofen in meiner Hand spendete. «Nur nicht einschlafen», schärfte ich mir ein, «solange du wach bist, lebst du!» Gegen Abend wurde mir die Testerei zu langwierig, ich kletterte quicklebendig ins Freie und verstaute den Ofen in einer Schublade für nicht zuzuordnende Kleinteile. Und dort liegt er bis heute.

Auch den Bau einer Zeltheizung aus einem Teelicht und darüber montierten Blumentöpfen, die als Heizkörper fungieren, erwog ich. Kerzenlicht hat natürlich im Zelt gar nichts verloren, aber angeblich reichte es, so 'n Ding in den Eingang zu stellen – jedenfalls behaupteten dies sogenannte Kenner in internetischen Fachforen. Freunde empfahlen mir sogar die Anschaffung einer elektrischen Heizdecke, die ich per Verlängerungskabel selbst auf Campingplätzen betreiben könnte. Nein, diesen Vorschlag nahm ich nie ernst; alleine der Gedanke kam mir unsportlich vor. «Ein ehrlicher Draußenschläfer tut so was nicht!», deklamierte ich mit dem Tonfall eines IOC-Vorsitzenden, wenn er Olympische Spiele für eröffnet erklärt. Ganz heimlich behielt ich jedoch auch diese Idee im Hinterkopf, für absolute Notfälle. Aber als der Winter loslegte, waren alle diese Überlegungen auf einen Schlag Makulatur. Der Winter, so lernte ich schnell, ist ganz anders. Er hat seine eigenen Gesetze.

10 > Wintereinbruch

Ersten Schneekontakt hatte ich bei einer Bergtour mit meinem Sportfreund Hannes Zacherl Mitte Oktober. Gemeinsam wanderten wir auf den Schönkahler, einen 1688 m hohen Berg im Allgäu. Die Grenze zwischen Deutschland und Österreich verläuft genau am Gipfel, und unser Zeltplatz war ein grasiges Plateau, wenige Meter unterhalb des Gipfelkreuzes. Die oberen zweihundert Höhenmeter waren mit feuchtem Schnee bedeckt, der an unserem Standplatz bis zur Schienbeinmitte reichte. Wegen übergroßen Lampenfiebers vor dieser ersten Zeltnacht mit Frau Holle war ich ausgesprochen schlecht sortiert. Beim Aufstieg hatte ich an einer Viehtränke meine Faltflasche füllen wollen, diese aber im Kuddelmuddel meines Rucksacks nicht finden können. Verlegen kichernd räumte ich den gesamten Inhalt aus und legte ihn zwischen die Kuhfladen. Dass ich döspaddeligerweise manch Stück nicht zwischen, sondern auf und in die Fladen legte, nötigte Hannes dazu, in Fremdscham zu erröten und alleine weiterzugehen. Bis zum Gipfel gelang es mir kaum, ihn wieder einzuholen. Als wir oben eintrafen, dämmerte es bereits. Hannes legte zunächst sorgfältig einen Zeltplatz fest und komprimierte den Schnee mit seinen Stiefeln. Völlig überflüssig, befand ich, der erfahrene Haudegen und große Zelt-Zampano, mit ausladender Geste. Die Angeber-Show des Doktor Megaclever endete abrupt, als es an die Verankerung meines Hillebergs im Almboden ging. Ähem. Blass und schweigend stand ich vor meinem halbaufgebauten Zelt. «Stimmt was nicht?», fragte Hannes, und ich murmelte kleinlaut: «Die Heringe.» – «Was ist mit den Heringen?» – «Ich habe sie vergessen.» Nein, Hannes lachte mich

nicht aus; in solchen Momenten beweist er seine menschliche Größe, er regte vielmehr an, das Hilleberg mit unseren Trekkingstöcken zu befestigen. Nun braucht man fürs Hilleberg 10 Heringe. Hannes' Stöcke waren einteilig, meine bestanden aus je drei Teleskop-Segmenten, die sich demontieren ließen, macht also zusammen acht, und nach kurzer Wanderung unter die Baumgrenze konnte ich meinen Heringsersatz mit zwei ausgerissenen Babyfichten komplettieren.

Schon beim ersten Testliegen im Zelt begann ich bitterlich zu frieren, was wohl vor allem damit zusammenhing, dass ich noch immer mein vom Aufstieg nassgeschwitztes Leibchen trug. Wie jeder echte Bergfex weiß, muss am Gipfelkreuz die Kleidung gewechselt werden, bevor irgendetwas anderes passiert. Nun war es jedoch bereits um meinen Wärmehaushalt geschehen: Kalte Schauer wieselten meinen Rücken rauf und runter, und auch mein bewährter Schlafsack schien plötzlich nur noch die Isolationswirkung eines Kaffeefilters zu besitzen. Aber wie sang Heinz Sielmann einst? «Ein Freund, ein guter Freund, das ist das Beste, was es gibt auf der Welt.» Hannes überließ mir eine entbehrliche Rettungsdecke, die ich als zusätzliche Isolationsschicht unter meine Luftmatratze legte – und prompt wurde mir warm. Zum Dank nahm ich meinen Gaskocher in Betrieb und erhitzte das Wasser aus der Viehtränke, mit dem ich «Mediterranen Fischtopf» in der Tüte aufgoss und auch meinem lieben Kameraden eine Portion kredenzte.

Später stieß noch Sportfreund Börni hinzu, ohne Zelt, dafür mit Biwaksack und Spirituskocher. Körperlich in der Blüte seiner jungen Jahre stehend, war er den Schönkahler im Laufschritt hinaufgaloppiert, nachdem er bereits den benachbarten Einstein unter die Füße genommen hatte. Während die Sportskanone ihren «Tangria»-Kocher montierte («die Skandinavier schwören drauf!»), dozierte er gewandt über die moderne Outdoor-Küche, und ich hing wissbegierig an den Lippen des Cracks. Als es dann darum ging, die Kocherflamme zu entzünden, tat der Schweden-liebling störrisch. Nach zweihundert Fehlzündungen gab Börni schließlich auf und biss in einen Müesliriegel. Merke: Auch Out-door-Profis kochen nur mit Wasser. Wenn überhaupt.

In der Nacht pfiff der Wind geschwind über die Alpen, zuppel-te am Zelt; ich wurde alle zwanzig Minuten wach und muss wohl diverse Male irgendetwas in der Apsis gesucht haben, jedenfalls kommentierte Börni am nächsten Morgen, dass er noch nie einen Innenzelt-Reißverschluss in einem so fordernden Dauereinsatz gehört habe wie bei mir.

Da Hannes morgens um neun seinen Füssener Fahrradladen aufschließen muss, herrschte auf dem Schönkahler schon früh Geschäftigkeit. Es war noch dunkel, als ich versuchte, die Seg-mente meiner Trekkingstöcke wieder ineinanderzuschieben, während der Gaskocher das Kaffeewasser erwärmte. Als das Wasser verdampft war, gab ich kleinlaut auf und steckte die sechs Röhren in den Rucksack. Der Schnee war über Nacht hart ge-froren und der Abriss der Zelte mühsamer, als ich's gewohnt war. Dafür hätte der grandiose Panoramablick über die Allgäuer Alpen für alle Pein entschädigt – wenn man denn irgendetwas hätte se-hen können. Aber es war ja noch dunkel wie in einem Bärenpöter. Immerhin machten wir drei schlechte Witze und erzeugten so eine gewisse innere Helligkeit. Dieses humoristische Leuchten verhinderte jedoch nicht, dass wir uns beim Abstieg vom Gipfel-plateau gehörig verirrten; desorientiert peilten wir Österreich an, nicht Deutschland. Mir egal; ich holte meinen Nachtschlaf im Gehen nach und taperte meinen Kumpels gedankenlos hinterher. Außerdem schwächelten die Batterien meiner Stirnlampe; mit meiner Funzel hätte ich zur Wegfindung eh nichts beitragen kön-nen. Bald wurde es hell, und uns dämmerte, wo wir langmussten. Beim Weiterweg ins Tal versagte dann auch noch einer meiner

Wanderstiefel den Dienst; eine Sohle löste sich vom Oberleder, klappte rückwärts weg, sodass ich sockfuß im Schnee stand. Ich zwang mich zu einem breiten Lächeln und schlurfte artig zum Wanderparkplatz.

Fazit dieser Generalprobe: Wintercamping ist eine Materialschlacht. Man kann gar nicht genug Reserven dabeihaben, um die unausweichlichen Verluste auszugleichen. Andererseits: Je mehr Klotterkram, desto notwendiger eine klare Ordnung, eine ausgefuchste Logistik. Allerdings bin ich nicht gerade das, was man sich unter einem Pedanten vorstellt. Ich neige eher zu einer gewissen Nonchalance in Ordnungsfragen. Und so schob ich die Beschäftigung mit diesem Thema erst mal auf die lange Bank und genoss den goldenen Herbst.

Einen Monat später brach ich zu einem Einkaufszettelvortrag nach Isny im Allgäu auf. Dort steckt eine lokale Brauerei ihre Moneten in Kultursponsoring und veranstaltet allerlei Events auf dem «Hofgut Farny». Oskar Farny, dies nur am Rande, war in der Weimarer Republik Abgeordneter der Zentrumspartei im Reichstag und blieb auch nach Hitlers Machtergreifung dessen Mitglied – als einziger Abgeordneter, der nicht Parteigenosse der NSDAP war. Hach, ich liebe meine Live-Tingelei, Reisen bildet.

Zum Hofgut Farny gehört neben dem Saal mit der Bühne auch ein Hotel. «Sie können zelten, wo Sie wollen, ringsum ist alles unsers, und falls es zu kalt wird, kommen Sie einfach zu uns rein – wir heizen Ihr Zimmer schon mal vor!», zwinkerte mir die Dame an der Rezeption zu. Ausnahmsweise war ich als motorisierter Selbstfahrer angereist und studierte nun die Umgebung vom Steuer meines Kleinwagens aus. Ich entschied mich für eine Obstbaumplantage am Ufer der Argen, eines munter sprudelnden Flüsschens, das in den Bodensee mündet. Über mir braute sich etwas zusammen. Schwere Wolken verklumpten wie Leukoplasten, hingen durch, lappten hinab bis in die Fichtenwipfel am anderen Ufer. Mit einer gewissen Sorge im Blick murmelte ich bedeutungsschwanger: «Schnee liegt in der Luft.»

Als ich nach Soundcheck und Abendessen im Hofgut noch einmal kurz zum Zelt fahren wollte, war es dunkel geworden, und fette Flocken umwirbelten mich. Binnen Minuten war der Schneesturm so dicht, dass ich kaum noch den Verlauf der schmalen Schotterstraße zwischen den Wiesen erahnen konnte, geschweige denn die Obstbaumplantage. Irgendwann, so versuchte ich mich zu erinnern, musst du links dem Feldweg folgen, da draußen befindet sich irgendwo die Argen, und dort müsstest du dann irgendwie das Zelt wiederfinden. Dreimal «irgend» – das klang nicht gut. Panik packte mich, mein Herz trommelte im Takt der Schneeflocken, die auf meiner Windschutzscheibe landeten. Blickte ich durch diese, sah ich nichts. Nur kristallines Gewirbel, dessen meine Scheibenwischer auch mit Höchstgeschwindigkeit nicht Herr werden konnten. Auch der Blick durchs Seitenfenster half nicht weiter. Was tun? Noch zehn Minuten bis zum Auftritt.

In gewissen Lebenslagen ist alles, was man macht, falsch. Insofern war es völlig egal, wozu ich mich entschloss; ich lenkte den PS-schwachen Kleinwagen linkerhand auf die Wiese, um querfeldein nach meinem Hilleberg zu suchen. Weit kam ich nicht. Noch war der Boden nicht gefroren, und unterm frischen Schnee lauerte eine heimtückische Matschfalle. Schnell wurde ich langsam, versackte bis an die Naben meiner Räder. Mit Bleifuß peitschte ich meine Karre, die sich jedoch nur umso tiefer in den Wiesengrund bohrte. In der Ferne hörte ich eine Kirchenglocke achtmal schlagen. Ach du grüne Neune! Showtime. Ich sprang aus dem Wagen, rannte über die Wiese zurück zum Feldweg und spurtete zum Hofgut, dessen Lichter sich am Horizont abzeichneten. Durchgeschwitzt und eingeschneit erreichte ich den Hintereingang, nahm mit einem gewaltigen Satz die Stufen zur Bühne und ließ mich vom Publikum beklatschen, während ich mir den Niederschlag aus den Kleidern klopfte. Später erzählte mir der Techniker, dass ich hierbei den Schnee auf meinen Schultern übersehen hätte, was anschließend für lange Minuten an die Epauletten eines Generals erinnert habe, nämlich an General Winter.

Nach meinem Auftritt gab ich noch ein paar Autogramme in der Lobby, dann stapfte ich hinaus in die Nacht. Der Wind hatte den Schnee inzwischen zu mächtigen Wehen geformt, und ohne Pause lieferte das emsige Gewölk Nachschub. Ich irrte durch die Landschaft, kam irgendwann an meinem halbseitig unter einer Wehe begrabenen Auto vorbei. In der Ferne hörte ich das Rauschen der Argen, stiefelte in meinen pinken Gummistiefeln in Richtung Fluss und wanderte anschließend so lange an dessen Ufer entlang, bis ich im Kegel meiner Hirabira («Hirnbirne», Allgäuer Mundart für Stirnlampe) zwischen den Obstbäumen einen skurril geformten weißen Hügel erblickte, der mir am Nachmittag nicht aufgefallen war. Erst nach langen Sekunden fiel der Groschen. Der Hügel war mein Zelt, und die skurrile Form war entstanden, weil die Schneelast das Zeltdach zu Boden gedrückt hatte; nur der Giebel hatte seine ursprüngliche Höhe halten können. Mit einem beherzten Tritt gegen das Zelt löste ich eine umfassende Dachlawine aus, was die ursprüngliche Form wiederherstellte.

Ich füßelte den Eingang frei und bugsierte meinen Körper hinein. Oh, wie ich die Neugier genoss! Mit dem breiten Lächeln des Entdeckers registrierte ich jedes Detail, jede Veränderung meines Walmagens, nun, da der Winter eingebrochen war. Wie still es plötzlich war! Kaum hatte ich mir meinen Schlafoverall angezogen und das Kopfkissen gefüllt, hing das Dach schon wieder durch, filterte der fette Schnee jeden Laut aus der Luft. Sogar die sprudelnde Argen hielt plötzlich die Klappe. Diese typische Schneestille ist für mich schon immer die größte Wohltat des

Winters gewesen, im Zelt jedoch bewirkt der Schnee zweierlei: Die sonst so hellhörige Hülle wird schallgedämmt, und zur generellen Stille gesellt sich die spezielle, sprich: Man hört gar nichts mehr, außer eben das Schweigen des Winters. In den kommenden Wochen sollten wir uns noch viele Male anschweigen, der Winter und ich.

Die zweite große Veränderung betraf den Rauminhalt meines Hillebergs. Mitten in der Nacht träumte ich, dass mich eine kalte Hand im Gesicht streicheln würde, ein Traum, der einer gewissen erotischen Note nicht entbehrte. Nachdem ich diese Streichelei mehrfach im Schlaf verspürt hatte, wollte ich die Augen aufschlagen, aber meine Wimpern stießen sogleich auf Widerstand. Nanu, was war hier los? Verpennt suchte ich meine Gedanken zu ordnen. Erst mit Verzögerung begriff ich: Es war keine kalte Schönheit, die mich da gekost hatte, sondern mir lag das Dach auf der Nase, von der mächtigen Schneelast visagenwärts gedrückt. Nur gut, dass ich nicht unter Platzangst leide, sonst hätte ich spätestens in diesem Moment befürchtet, unter den Schneemassen begraben zu werden. Mit ein paar Boxhieben wehrte ich mich, die Plane schnellte in die Ursprungsposition zurück, und ich schlief weiter. Das nächtliche Boxtraining wurde von nun an zu meinem bevorzugten Wintersport, und hätte ich jemals als professioneller Wintercamper bei Robert Lemkes «Was bin ich?» auftreten müssen, wäre der Boxhieb nach oben meine «typische Handbewegung» gewesen.

Bald lernte ich die wichtigste Winterregel für den Zeltaufbau. Sie lautet: Je höher die Abspannung, desto geringer die Schneelast. Doch auch mit maximalem Zug auf den Leinen hängt das Hilleberg irgendwann durch. Da ich mich ja aber bereits als Freund der räumlichen Enge geoutet habe, sah ich nie einen Grund zum Hadern – im Gegenteil! Meine Premierennacht jedenfalls war ein voller Erfolg, zumal ich nicht fror; der Schnee dämmte nicht nur den Schall, sondern hinderte auch meine Körperwärme am Entfleuchen. Außerdem hatte ich aus meiner Generalprobe gelernt und mir eine klappbare Extramatte zum Unterlegen zugelegt, eine nur 135 Gramm schwere «Mammut Mat UL», die laut Hersteller-Homepage auch in der Variante «bark» erhältlich ist und einen «R-Wert» von 1,2 besitzt. Was man unter einer Variante «bark» versteht, kann ich Ihnen leider nicht sagen. Vielleicht eine Matte nur für Hunde? Auch beim R-Wert muss ich leider passen. Ruhe? Rucksack? Rückerstattung? Am Morgen jedenfalls klopfte ich meiner Isomatte 1,2-mal auf die Schulter, lobte auch meinen Schlafsack und kroch gut gelaunt hinaus ins Freie. Es hatte aufgehört zu schneien, die Luft war klar, und in hundert Meter Entfernung sah ich meinen Kleinwagen auf mich warten. Ich setzte mich hinein, rangierte hin und her, besann mich auf den altbekannten Trick mit der Fußmatte unterm Rad und eiste so die Karre aus dem Schnee. Anschließend futterte ich das Frühstücksbuffet im Hofgut Farny besenrein und fuhr gen Gitterrost. Tagesfazit: Die Frage, ob ich wohl dem Winter gewachsen sein würde, konnte mit einem vorläufigen «Ja!» beantwortet werden. Nur mein olles Auto hatte nicht überzeugen können; ich beschloss, es einstweilen einzumotten und bei Gelegenheit aus dem Verkehr zu ziehen.

11 > Schlaf

Daheim in München lag kein Schnee, nicht einmal Frost ließ den Winterfreund in mir frohlocken. Die typische milde Schlabberluft der Großstadt lag über dem Taurus auf dem Gitterrost. Fast war ich sauer über das unspektakuläre Herbstwetter, sehnte mich nach Grenzerfahrungen, nach Packeis und Polarluft. Vor dem Einschlafen drohte ich Petrus: «Mach ma hinne! Sollten mir hier nicht bald die Füße abfrieren, muss ich verreisen, zum Nordpol oder wenigstens in die Richtung!»

In jener Nacht träumte ich mich in mein früheres Leben als Shetlandpony zurück. Ich stand auf einer saftigen Wiese; vor mir stürzte eine rostbraune Steilwand jäh hinab ins Nordmeer. Hohe Wellen brachen an den Klippen dort unten, und über mir kreisten kreischende Trottellummen im Wind. Die Luft war klar und meine Mähne lang. Die Zotten meines Pony-Ponys baumelten vor meinen Augen, kitzelten mich an den Nüstern. Ich konnte meine Umgebung nur in vertikal verlaufenden Streifen wahrnehmen, sah das, was mir meine Mähne an Durchblick erlaubte. Das Kitzeln an den Nüstern ließ mich niesen, alle paar Minuten. «Was für eine Scheißfrisur», schnaubte ich genervt und nieste erneut. Mit den Hufen versuchte ich ein Taschentuch aus der Jacke zu angeln, aber da war weder Jacke noch Tasche, geschweige denn ein Tuch. «Krawiee! Krawiee!» Die Trottellummen über mir lachten mich aus. Blöde Federviecher. Ich wieherte «Haut ab, ihr halben Hähnchen», woraufhin mir eine der Trottellummen schlagfertig auf die Mähne kackte. Oh, wie ich mich ärgerte. Nein, auch im Leben eines Shetlandponys ist nicht immer alles eitel Sonnenschein. Doch dann trabte im Traum eine gedrungene Stute herbei.

Unsere Köpfe berührten sich zärtlich, dann schmiegte sie ihren massigen Körper an den meinigen und wärmte mich. Mein Ärger verrauchte sogleich, und einträchtig blinzelten wir hinaus auf die raue See. Schweinswale sprangen beschwingt Pirouetten und Salti, und hinter ihnen dehnte sich ein funkelnder Regenbogen von West nach Ost. Ich schlug die Augen auf und lag – auf meinem Gitterrost.

Im Zelt träumte ich selten. Beziehungsweise: Wahrscheinlich träumte ich genauso oft, wild und wirr wie sonst auch, aber ich schien mich seltener daran zu erinnern. Gut möglich, dass man als Draußenschläfer weniger Muße hat, um den Träumen nachzuhängen, weil man sich bereits mit dem ersten zarten Erwachen auf die Umgebung konzentriert. Im Zelt analysiert das Sensorium sogleich die Geräuschkulisse, und biwakiert man gar mit freiem Blick in die Landschaft, ist die Aufmerksamkeit umso mehr nach außen gewandt. Huch? Wo bin ich hier gelandet? Für unsere Vorfahren, die auf der Jagd durch die Savanne streiften, war dieser Akzent aufs Auswärtige überlebenswichtig. Nach einem Biwak im Busch galt es, sofort zu reagieren, wenn man sich zum Beispiel am Abend vorher aus Versehen unter einen Elefanten oder auf ein Krokodil gelegt hatte. Diese morgendliche Habtachtstellung legte ich während meines Experiments nur selten ab – am ehesten gelang dies daheim im Innenhof. Vielleicht wurden unsere Vorfahren ursprünglich vor allem sesshaft, um endlich einmal in Ruhe ihren Träumen nachhängen zu können? Indem er seine Schlafstätten mit Mauern und Dächern umgab, sorgte der Mensch für längeren und tieferen Schlaf. Er war folglich erholter, hatte mehr Energie für sein Tagwerk. Außerdem lernte er seine Träume besser kennen – und die Kenntnis dessen, was unser Hirn im Schlaf beschäftigt, belustigt, verunsichert, motiviert, verängstigt, befeuert die Persönlichkeitsentwicklung des Träumenden. Eine Menschheit ohne Träume hätte sich womöglich völlig anders entwickelt. Nicht nur Ackerbau und Viehzucht hängen ursächlich mit der Sesshaftigkeit zusammen, sondern, mindestens ebenso wichtig, die Kunst der Traumdeutung. Ohne Sesshaftigkeit weder Traumfrau noch Traumhaus, weder «I have a dream» noch Schumanns «Träumerei».

Von den wenigen Träumen, an die ich mich während meines Experiments morgens erinnern konnte, fertigte ich anfangs Protokolle an. In einer Nacht im Oktober durchschwamm ich im Traum den Ärmelkanal, begleitet von einer sehr alten Hollywoodschauspielerin; ich glaube, es war Katherine Hepburn. Die Diva, im Traum schwarzweiß und einfarbig wie ein Ausriss aus einer alten Tageszeitung, feierte ihren hundertsten Geburtstag und trug zur Feier des Tages eine Nasenklammer. Diese schien aus einem großen Gehörknochen gefertigt. Auf meine Frage, von welchem Tier der Knochen stamme, antwortete sie: «Das ist der Steigbügel von King Kong.» Der Ärmelkanal glich in meinem Traum dem Bodensee, welchen ich in der Realität vor einigen Jahren durchschwommen hatte, von Friedrichshafen nach Romanshorn. Die rüstige Schauspielerin stellte in ihrem schwarzweißen Look wahrscheinlich die Ärmelkanal-Bezwingerin Gertrude Ederle dar, deren zeitgenössische Darstellungen ich kenne und die ich sehr verehre. Wasser steht in der Traumdeutung üblicherweise als Symbol für alles Weibliche, psychologisch auch für die Reinigung. «Im Traum ins Wasser zu gehen bedeutet, etwas Neues zu beginnen», behauptet mein Traumdeutungslexikon vom Grabbeltisch. Unter «Affe» las ich darin: «Er steht für die infantile, kindische und eingesperrte Seite des Träumenden», und unter Knochen: «Wenn im Traum Knochen eine Rolle spielen, verlangt dies in der Regel vom Träumenden, sich darüber Klarheit zu verschaffen, was er als seine Grundsubstanz betrachtet. Er muss zum Elementaren zurückkehren.»

Keine Ahnung, ob man Träume überhaupt in dieser Weise

deuten sollte, aber es fiel mir leicht, eine Verbindung zu meinem Leben als Dauercamper herzustellen. Womöglich fühlte sich ein Teil von mir im bisherigen Leben eingesperrt, sehnte sich nach «Reinigung» und danach, «zum Elementaren zurückzukehren» und gleichzeitig «etwas Neues zu beginnen». Ja; gut möglich, das alles. Nach einigen Wochen jedenfalls gab ich die akribische Protokollierung meiner Zeltträume auf, einfach weil ich zu selten ans Werk gehen konnte, zum andern wegen morgendlicher Schreibunlust infolge chronischer Übermüdung.

Nicht nur die permanente Habtachtstellung des Schlafzimmerverächters führt zu einer Verflachung seines Schlafs. Auch die Geräuschkulisse nimmt Einfluss. Meine ersten Sommernächte auf dem Münchener Gitterrost zum Beispiel waren vom Rattern der nahen Straßenbahn und vom Schnattern der Balkonbesatzungen geprägt, Highlight war jedoch das Gestöhne kopulierender Paare. In meiner unmittelbaren Nachbarschaft, so lernte ich, leben gleich vier lautstarke Damen – alle mit mucksmäuschenstillen Liebhabern. Durch die offenen Fenster ihrer Wohnungen schallten ihre Uhs und Ahs ins Freie und durchdrangen nach kurzem Luftweg auch meine Zeltwand. Eine der Damen jubilierte in rhapsodischen Bögen, eine andere hechelte hyperventilatorisch, sodass ich bisweilen um ihre Gesundheit bangte. Die dritte erinnerte an das Flageolett eines Kontrabasses, bei der vierten schließlich brauchte ich lange, bis ich überhaupt erst begriff, dass es sich bei ihr um einen Menschen handelte. In den ersten dieser schwülen Sommernächte meinte ich vielmehr, eine verkalkte Kaffeemaschine zu hören – Sie wissen schon, welchen Klang ich meine: Dieses typische pumpende, dampfige Gurgeln im unteren Register. Alle vier Klangemissionen schwollen im Verlaufe des Vortrags an und verebbten nach einer Weile – oder mündeten in Fortissimo, wie man's halt erwartet. Manchmal überlappten sich die Klänge sogar, sodass ein Chorgesang entstand, wie ihn Stockhausen und Berio nicht besser hätten komponieren können. Warum nie, nicht ein einziges Mal, einer der beteiligten Männer zu hören war, blieb ein spannendes Mysterium. Womöglich waren gar keine Männer beteiligt? Vielleicht handelte es sich auch gar nicht um Sex, sondern tatsächlich um eine Chorprobe oder um eine röchelnde Kaffeemaschine?

Eine andere bemerkenswerte Arie eines Elektrokleingerätes hörte ich im Garten meines engen Freundes Jürgen ... dings, äh, wie heißt er doch gleich mit Nachnamen ... Sie wissen schon, Camping-Philosoph Jürgen, der diesen tollen Satz gesagt hat: «Chaos ist nicht Begleiterscheinung, sondern der eigentliche Sinn des Campings.» Morgens um drei begann plötzlich ein Wecker zu solieren, der durch sein schnörkelloses Piep-Piep-Piep mühelos als ein Oldtimer der Marke Braun zu erkennen war. Bis kurz vor acht sang der Wecker sein Lied durch die Kölner Vorstadtgärten, einsam und bemitleidenswert wie ein aus dem Nest gefallenes Vogelkind. Zwischenzeitlich machte ich mir Sorgen um den Schläfer, der da geweckt werden sollte. War da jemand in Schwierigkeiten? Transusig, taub, tot? Sollte, musste ich einen Krankenwagen rufen? Ich war ehrlich erleichtert, als das Gepiepe endlich aufhörte, und habe seither den Garten meines lieben Freundes nicht mehr besucht.

In Hildesheim übernachtete ich auf dem Gipfel eines Müllbergs, einer ehemaligen Deponie, die man zu einer sogenannten Tubing-Anlage umgebaut hatte. Eine Tubing-Anlage dient der Freizeitgestaltung; man setzt sich auf einen LKW-Reifen und schlittert eine Rutsche runter. Der Blick von oben die weißen Rutschröhren entlang ins Ziel war herrlich sportiv, aber in der Nacht schüttelten zum einen vorlaute Böen das Zelt, zum anderen hörte ich unter mir emsige Werkgeräusche, es tropfte, schmatzte und trippeltrappelte, was mich an Trolle, Zwerge und Heinzelmännchen im Berg denken ließ. Auch Ratten oder Wühlmäuse waren als subterrane Krachmacher denkbar, oder der Grund für den leisen Krach war, ganz profan, die andauernde Zersetzung des Mülls. An Schlaf war in dieser Nacht nicht zu denken. Sehr früh am Morgen kapitulierte ich und unternahm eine ausgiebige Nacktwanderung über die Müllkippe. Angst, dass ich als Nackedei Passanten erschrecken könnte, hatte ich dort oben nicht, da der Besitzer der Tubing-Anlage die Tore hinter mir geschlossen hatte und ich mit dem Müll alleine war – von den Heinzelmännchen natürlich abgesehen. Manch einer wird sich nun am Kopf kratzen und denken: «Ei, ei, ei, jetzt hat er Halluzinationen. Hört unter sich die Trolle tanzen. Und flaniert nackt über Müllkippen. Geht's ihm nicht gut? Müssen wir uns Sorgen machen?»

Damals, in Hildesheim, war ich tatsächlich in bedenklicher Verfassung. Manche Menschen benötigen angeblich nicht mehr als vier Stunden Schlaf pro Nacht – ich gehöre definitiv nicht zu ihnen. Sechs bis acht Stunden sind für mich, wie ich bei dieser Gelegenheit lernte, langfristig unverzichtbar. Da ich aber u. a. aufgrund der ungewohnten nächtlichen Geräuschkulisse nur sehr oberflächlich und kurz schlief, machte mir die chronische Müdigkeit gerade in den ersten Wochen schwer zu schaffen, und zwar speziell bei erhöhter Reiseaktivität – etwa in Hildesheim. Neben der dunklen Beringung meiner Augen äußerte sich mein Schlafmangel in einem Hang zu grundloser Quengelei und zu spontanen Wutausbrüchen. Nach sechs Wochen im Schlafsack erlaubte ich mir in der Münchener Bahnhofshalle folgenden Fauxpas: 17 Kilogramm Rucksack auf dem Rücken, mindestens ebenso viele schlaflose Nächte auf der Lastwaage meines Nervensystems, stellte ich mich gedankenverloren auf meinen mitgebrachten Miniscooter und rollte ein Meterchen in Richtung Bahnsteig. Ein Mitarbeiter der DB machte mich in freundlichem Ton darauf aufmerksam, dass die Benutzung von Tretrollern, Fahrrädern, Skateboards in Bahnhöfen nicht gestattet sei. Nach wenigen Sekunden war ich – endlich! – hellwach, baute mich vor ihm auf wie der Hulk höchstpersönlich und begann eine scharfstimmige Tirade gegen «die Bahn, ihre Vorstände, ihre Mitarbeiter, die ganze inkompetente Sippschaft, ja! Sie gehören auch dazu, Sie … Sie … Sie Bahnbeamter, Sie! Sie schaffen es ja noch nicht einmal, die Mikrowellen in Ihren Zugrestaurants in Schuss zu halten, in denen Sie Ihr «Essen» warm machen, diese sogenannten Königsberger Klopse, Sie … Sie …» Mein Gegenüber hatte mit meiner Reaktion nicht gerechnet und streckte mir beschwichtigend die Handflächen entgegen. Er setzte an, etwas zu sagen, aber ich ließ ihn nicht, sondern redete weiter, jetzt lauter: «… und dann diese Unpünktlichkeit! Wenn's nach mir ginge, würde die verboten werden. Aber ich weiß, jetzt kommt ja der Dings, der Fuzzi aus der CDU, wie heißt der gleich, der Minister a. D., der bei euch aufräumen soll», schäumte ich und suchte nach dem Namen des neuen Bahnvorstands Ronald Pofalla. «Meinen Sie Ronald Pofalla?», half mir der freundliche Bahnbeamte, ich bejahte matt, dann schob ich meinen Roller schwer atmend den Bahnsteig hinab.

Einige Tage später bot ich einem oberbayerischen Kraftpaket sogar Prügel an, weil er mich – den Tatsachen entsprechend – auf meinen rücksichtslos eingeparkten Kleinwagen ansprach, der ihn am Weg zu seinem Auto hinderte. «Willst du dich mit mir prügeln? Sehr gerne! Komm doch her! Aber Vorsicht! Gleich kannst du deine Zähne vom Asphalt aufsammeln!», kreischte ich ihn an, woraufhin der schnauzbärtige Mittfünfziger, zwei Köpfe größer als ich und staturtechnisch dem Gallier Obelix ähnelnd, verwirrt seine weibliche Begleitung anschaute. «Was wui der von mir?» Der Dame war mein Verhalten nicht geheuer. «Komm, lass uns gehen. Mit dem stimmt was nicht», sagte sie halblaut.

Nicht nur in aggressivem Fehlverhalten, sondern auch in erschreckender Schusseligkeit äußerte sich mein Schlafmangel. Ich vergaß alles, was man vergessen kann: Zahnbürsten, Rasierer,

Kulturbeutel, Bücher, Tüten mit Schokolade, Kleidungsstücke, Heringe, Einkäufe, Namen von Politikern, Bahnvorständen, Verwandten, Kollegen, sogar Freunden. Meine Zerstreutheit nahm ein beängstigendes Ausmaß an, und von Ende September bis Ende November meinte ich ernsthaft an einer besonders aggressiven Form präseniler Demenz zu leiden – und dabei bin ich normalerweise überhaupt kein hypochondrischer Typ. Der Gedanke, bereits mit kaum 50 Jahren reif fürs Pflegeheim zu sein, peinigte mich. Ich fand mich müde, steif, alt, vergesslich, ich schämte mich meiner Wutausbrüche und hoffte dabei, dass es sich tatsächlich nur um die Folgen meines Experiments handelte.

Im November entspannte sich dann endlich die Lage, zum einen weil ich mit der komplexen Reiselogistik immer besser zurechtkam, zum anderen weil mir von einem Bekannten, der in einer Chemiefabrik als Sicherheitsbeauftragter arbeitet, ein umfangreiches Sortiment an Ohrenstöpseln zugeschickt worden war. Ich öffnete das Paket in mieser Zeterlaune, und bereits der Anblick der erstaunlich unterschiedlich geformten Schallschützer linderte meine Tristesse. Ein Paar war an einem Bügel befestigt, ein anderes per Schnur miteinander verbunden, sodass nichts verloren gehen konnte. «Wie für mich gemacht!», staunte ich. In Anbetracht meiner totalen, wesensverändernden Übermüdung fiel es mir leicht, mich an den Gebrauch von Ohrenstöpseln zu gewöhnen. Nach kurzer Irritation über das merkwürdige Echo eigener Körpergeräusche im verstöpselten Ohr schlief ich bereits in der ersten Nacht deutlich fester, und nachdem ich auf ein besonders Boning-Ohr-kompatibles Modell der Firma EAR gewechselt hatte, war das Problem endgültig gelöst. Um ja immer Ohrenstöpsel für Notfälle parat zu haben, reservierte ich die Hosentaschen meiner Overalls exklusiv für meine Durchschlafgarantie.

Nachdem die Stöpsel ihre Wirkung entfalteten, ließ meine Schusseligkeit deutlich nach. Ich ließ immer seltener meine

Brieftasche liegen und konnte mich auch an die Namen meiner Lieben wieder erinnern. Urig. Jürgen Urig. Genau. So heißt Jürgen mit Nachnamen. Wohnt in Dings, in … Köln. Sag ich doch.

Auch die Zahl meiner Wutausbrüche ist nach der Stöpsel-Revolution stark zurückgegangen und hat sich seither auf altbekanntem Niveau stabilisiert. Jetzt rege ich mich nur noch auf, wenn Werder Bremen verliert und ich aufgrund unausgegorener Disposition gar zu unregelmäßig zu essen bekomme. Auch die Pflicht zum Sortieren von Steuerunterlagen kann sich ungünstig auf meine Laune auswirken – aber das war's denn auch schon. Die Schlaflosigkeitskrise war vorbei, und auf sie folgten andere, nicht weniger malträtable.

12 > Weserstadion

Meine 100. Nacht an der frischen Luft stand bevor, und es bahnte sich Besonderes an. Ein trüber Nachmittag Ende November. Prall bepackt hastete ich am Bremer Flughafen zum Taxi und ließ mich in Richtung Osterdeich kutschieren. Nervös wechselte mein Blick zwischen Fenster und Armbanduhr hin und her. Es dämmerte, wir quälten uns durch dichten Berufsverkehr, und ich fürchtete, nicht rechtzeitig am Ziel einzutreffen. «Deine Rucksack ganz schön groß! Du Urlaub?», fragte der Taxifahrer beim Stop-and-Go auf der Weserbrücke. «Da ist meine Campingausrüstung drin. Ich übernachte heute im Zelt!» – «Aber Osterdeich nix Camping. Ist Fußballstadion!» – «Ich weiß», schmunzelte ich, und meine Stimme kippte vor Aufregung unwillkürlich ins Falsett. Meine Vorfreude war ebenso monumental wie die Befürchtung, dass im letzten Moment irgendetwas dazwischenkäme oder dass ich mich in einer meiner seltenen Zeltträumereien befände, und kurz vor knapp würde ich wach werden und enttäuscht sein. Vorsichtshalber kniff ich mich in den Arm, was ja angeblich eine brauchbare Methode ist, um den Wachzustand zu verifizieren. Aua. Ja, ich war wach. Was konnte mir jetzt noch einen Strich durch die Rechnung machen? Womöglich irgendein Veto in letzter Sekunde, etwa von der Stadtverwaltung oder dem Greenkeeper. So nennt man heutzutage den Platzwart im Profifußball, und mit ihm hatten Mitarbeiterin Kathrin vom Management und meine Freunde in der Vereinsführung bei Werder tagelang gefeilscht, weil er ursprünglich von meiner Idee nicht sonderlich viel gehalten hatte. Meine Idee: Eine Nacht auf seinem Rasen verbringen, bei «meinem» Verein: Werder Bremen.

Werder-Fan bin ich seit meiner Kindheit, immer im Clinch mit meinen beiden Cousins, die den HSV bevorzugten. Gewisse Prägungen lassen sich zeitlebens nicht ablegen, und bei mir gehört zu diesen eben die Zuneigung zum SV Werder. Seit einigen Jahren bin ich als Botschafter der Initiative «Werder bewegt» tätig, einer Initiative, die soziale Projekte ausheckt und unterstützt. Umgekehrt durfte ich mich nun über die Unterstützung des Vereins bei meiner Zeltidee freuen, und schließlich konnte auch der Platzwart zum Einlenken gebracht werden, unter der Bedingung, dass ich meine Heringe nur oberflächlich in den heiligen Grasbewuchs einsteche und die Rasenheizung nicht beschädige.

Verdammt; konnte man nicht etwas schneller vorankommen? Nachher überlegte sich's der Greenkeeper doch noch anders, und ich war ganz umsonst nach Bremen geflogen. Außerdem wollte ich doch noch ein Zelfi machen, gleich war das Licht endgültig weg, und morgen früh würde ich den Platz bis um sieben Uhr geräumt haben müssen – so war es vereinbart.

Als wir schließlich am Stadion eintrafen, war meine Erleichterung groß: Das Flutlicht brannte, die Fotosession war also schon mal gesichert. Mein Gepäck wurde von der Security durchgecheckt, ein vereinseigenes Fernsehteam nahm mich in Empfang, und meine Nervosität wich unbändiger, entfesselter Freude, die sogleich vom Team geteilt wurde. «So ein herrliches Vorhaben, so eine tolle Idee!», jubelten wir gemeinsam, und ich steigerte mein Frohlocken zu hemmungslosem Gegacker, zu glücksbesoffener Hysterie.

Auf dem Platz schoben der Greenkeeper und seine Mitarbeiter ihre Rasenpflegegeräte von Grundlinie zu Grundlinie; sie grüßten mich nur knapp. Eine wichtige Frage galt es nun zu klären: Wo aufbauen? Welches ist der beste Zeltplatz? Vielleicht im Strafraum, auf dem Elfmeterpunkt? Aber auf welchem? Ich entschied mich für den Mittelkreis und drapierte den Footprint so auf den

Rasen, dass mein Kopf im Zelt genau auf dem Anstoßpunkt zum Liegen kam. Während ich nun aufbaute, lachte ich weiter, rief «Hurra!», «Phantastisch!» und sang: «So ein Tag, so wunderschön wie heute!» Das Team filmte mich dabei, und anschließend konnte ich mich kaum wieder einkriegen, um die Fragen des Reporters von Werder TV einigermaßen verständlich zu beantworten. Die Greenkeeper hielten derweil vornehme Distanz. Man muss ja nicht alles gut finden, mochten sie denken. Ob ich meine Wertsachen einfach im Zelt lassen kann, fragte ich Tim von der Geschäftsführung. Auf jeden Fall. Nach den Terroranschlägen in Paris wurden Fußballstadien besonders gesichert, und außerdem sollte morgen das Derby gegen den HSV stattfinden. Es gebe da eine ebenso alte wie lästige Tradition, dass nämlich gewisse HSV-Fans nachts versuchten, in das Weserstadion einzubrechen. Würde aber nie klappen, weil man ja vorbereitet sei. Alle Eingänge seien die ganze Nacht über bewacht.

Anschließend besichtigte ich die Duschräume in den Katakomben. Hier könne ich mich frisch machen. Toll. Noch so ein Highlight. Wann darf man schon mal ins Gekröse eines Stadions, um sich frisch zu machen!?

Danach ging es mit dem Auto ins Bremer Parkhotel, zum großen Galadiner der Werder-Botschafter. Im Raum nebenan aß die Mannschaft zu Abend, um sich auf das morgige Derby einzustimmen. Ich gab einige Zelt-Storys zum Besten und ließ mir im Gegenzug von Marco Bode Anekdoten aus dem Leben eines Fußballprofis erzählen. Etwa jene vom Gastspiel Werder Bremens in Libyen, als noch Muammar al-Gaddafi die Zügel in der Hand hielt und dessen Sohn As-Saadi bei Al-Ahly Tripolis und in der libyschen Nationalmannschaft kickte. Der Diktatorensohn hatte beim Werder-Gastspiel seinen eigenen Fitnesstrainer mitgebracht: Ben Johnson, jenen «Wunderläufer», der 1988 in Seoul die Goldmedaille errungen hatte, dann jedoch des Dopings überführt worden war. Gaddafi junior soll, schmunzelt Bode, über eher mittelmäßiges Talent verfügt haben, was aber nicht verhinderte, dass er 2001, 2002 und 2003 zu Libyens «Fußballer des Jahres» gewählt wurde, bis auch er positiv getestet wurde. Danach spielte er sogar in der italienischen Serie A und war nebenbei Geschäftsführer einer Filmproduktionsfirma. Sein Papa Muammar al-Gaddafi war, so fiel mir an dieser Stelle ein, immerhin der letzte Potentat, der seinen Staat aus einem Zelt heraus lenkte – wenigstens wenn man seiner PR trauen darf. Sitting Bull, Gaddafi und ich sind eventuell die privilegiertesten Zeltbewohner der jüngeren Geschichte. An diesem Abend meiner Stadionübernachtung jedenfalls fühlte ich mich monströs bevorzugt. Heute, so stellte ich freudentrunken, und, ja, nach zwei Gläschen Sekt auch leicht beschwipst, fest, heute war ich von Gott geliebt, wenigstens vom Fußballgott. Sollte übrigens beim Derby Werder über den HSV triumphieren, so kündigte die Geschäftsführung an, dürfe ich damit rechnen, zukünftig vor jedem Derby im Mittelkreis wohnen zu müssen, als Glücksbringer. Sehr gerne, mit Vergnügen!

Nach dem Essen setzte mich der ehemalige Werder-Geschäftsführer Klaus-Dieter Fischer am Stadion ab, und ich meldete mich wie verabredet bei der Security. Die hatten gerade den erwarteten Einbruchversuch der Hamburger Ultras vereitelt und begleiteten mich zum Mittelkreis. Sonderlich dunkel war es im Stadion nicht; die Werbebanden waren weißlich beleuchtet, ein Speziallicht, das wohl gut für den Rasen ist, wenn ich alles richtig verstanden habe. Die Stille erstaunte mich. Nur ein zartes Brummen waberte durchs weite Oval; die üblichen Windgeräusche entfielen zwischen den hohen Tribünen.

Mit extrabreitem Grinsen bezog ich mein Hilleberg und behorchte den Boden. Ob die Rasenheizung Geräusche macht? Vielleicht kann man hier ja sogar das Gras wachsen hören, mutmaßte ich und legte mein linkes Ohr auf den Anstoßpunkt. Nein, ehrlich gesagt war da nichts. Außerdem war ich dank meiner Stöpsel inzwischen in besserer Verfassung als neulich auf dem Müllberg in Hildesheim, und so blieb ich von Halluzinationen verschont.

Dass ich nicht sogleich in den Schlaf fand, kann sich jeder Fußballfan ausmalen. Ich lag hellwach im Mittelkreis und strahlte wie das berühmte Honigkuchenpferd. Erst nach Stunden nickte ich ein, und wenig später weckte mich ein ergiebiger Landregen. Die Stöpsel ließ ich in dieser Nacht in den Overall-Taschen; kein Detail sollte mir an diesem besonderen Ort entgehen. Beseelt döste ich vor mich hin und erträumte mir einen haushohen Sieg gegen die Hamburger, um danach immer wieder in den Mittelkreis zurückzukehren, als Inventar meines Lieblingsvereins.

Um kurz nach sechs packte ich mein Zelt zusammen, rannte durch den Regen zu den Trainerbänken, stieg in die Katakomben und duschte extra lang und heiß. Es war noch dunkel, als ich das Stadion verließ, um in einer nahen Bäckerei zu kaffeesieren – ein Feuer hatte ich auf dem Rasen denn doch nicht entfachen wollen, und außerdem hätte der Regen dies eh kaum zugelassen.

Hatte ich auch wirklich alles eingepackt, nichts liegengelassen? Ich stellte mir vor, wie sich während des Spiels plötzlich ein Fußballer im Mittelkreis bückt und einen Hering aufhebt. Ungläubiges Staunen bei den Athleten und dem Schiedsrichter. Die Fernsehkamera zoomt ran, und der Kommentator sucht nach Erklärungen. Gerade das Derby zwischen dem HSV und Werder ist ja berühmt für Objekte, die eigentlich nichts auf einem Fußballplatz verloren haben. 2009 nahm eine Papierkugel Einfluss aufs Spielgeschehen, galt als verantwortlich für das Ausscheiden des HSV aus dem UEFA-Cup und wird seither im Werder-Museum aufbewahrt.

Später am Spieltag nahm ich an einer Sitzung der Werder-Botschafter teil. Am Rande des Brainstormings wurde die Idee entwickelt, den Rasen des Weserstadions gezielt als Campingplatz anzubieten, beispielsweise als exklusiven Ort für Hochzeitsnächte. Eine grün-weiße Zelthochzeit – dieses Konzept verspricht ungeahnte Vermarktungsmöglichkeiten, witzelten wir. Nach dem Gehirnsturm durfte ich mir auch noch das Spiel anschauen, das allerdings aus Bremer Sicht nicht sonderlich erfreulich verlief. Schon früh fiel das 0:1, und der HSV triumphierte. Schlimme Schuldgefühle plagten mich. Hatte meine Übernachtung etwas mit dem Spielausgang zu tun? Fußballer sind ausnahmslos abergläubisch, und weitere Übernachtungen im Weserstadion konnte ich mir abschminken. Auch was die Verwirklichung der Zelt-Hochzeitspläne angeht, bin ich eher skeptisch.

An diesem Tag wurde ich unzählige Male auf meine Nacht im Mittelkreis angesprochen. Nie zuvor habe ich etwas erlebt, wofür ich von so vielen Männern beneidet wurde wie meine Zelterei im Stadion. Und ich betone: Männer. Natürlich interessieren sich heutzutage auch viele Frauen für Fußball, aber offenbar berührte meine Nacht gewisse kindliche Sehnsüchte, die in der Vergangenheit eher von Knaben gehegt wurden. Jedenfalls blickte ich an diesem Samstag in hunderte leuchtende Männeraugen, die mir völlig unbekannten Fans gehörten oder dem Vizekanzler. Sigmar Gabriel sah sich das Spiel nämlich auch an, und in der Pause kam er auf mich zu. «Stimmt das? Sie haben auf dem Mittelkreis übernachtet?» Ich freute mich, den SPD-Chef kennenzulernen, und versuchte das Gespräch bald in Richtung Politik zu lenken; immerhin lebten und leben wir in aufregenden Zeiten. Wie geht's weiter mit Europa? Ehe er mir hierzu etwas sagen wollte, war es an mir, ausführlich die Nacht zu schildern. Vorkasse quasi. Ja, gewisse Zelterzählungen können den Charakter einer Währung annehmen – wenigstens unter Werder-Fans. Zur Politik kamen wir dann kaum noch.

Ein weiterer Herbsthöhepunkt war mein Besuch in Dangast am Jadebusen. Wann immer ich gefragt werde, welches in meinen Augen der schönste Platz der Welt sei, antworte ich, ohne zu zögern: Dangast. Das Besondere an diesem Nordseebad ist das Alte Kurhaus, ein berühmtes Ausflugslokal mit einer Bühne, auf der ich als Teenager eines meiner ersten Konzerte gegeben habe, mit der Punkjazz-Band «KIXX». Dangast war immer ein Künstlerdorf, unter anderem hatten auch Max Pechstein und Erich Heckel dort gewirkt. Vom Kurhaus gibt es ein berühmtes Ölgemälde: «Strand von Dangast mit Flugboot», gemalt von Franz Radziwill 1929 und Hauptwerk des «magischen Realismus». Und wann immer ich gefragt wurde, welches denn mein Lieblingskunstwerk sei, nannte ich dieses Bild als Antwort.

Inhaber des Alten Kurhauses war Karl-August Tapken, ein freier Geist und ungeheuer verdienstvoller Förderer der schönen Künste. Zum Kurhaus gehört auch ein Stück Sandstrand, auf dem Tapken 1984 kontrovers diskutierte Skulpturen aufstellen ließ, nämlich «den Thron von Butjatha» und den «Grenzstein» von Eckart Grenzer, einen riesigen Penis aus Granit. Immer, wenn ich meine Eltern in Oldenburg besuche und es die Zeit erlaubt, kehren wir im Alten Kurhaus ein und essen ein Stück des berühmten Rhabarberkuchens. Auf der Terrasse mischen sich Omas, Studenten und Motorradrocker, und in trautester Harmonie genießt die heterogene Kundschaft den Schlickblick übers Watt, bis auf die andere Seite des Jadebusens, zur Erdölraffinerie in Wilhelmshaven.

Nachdem ich unlängst im Kurhaus aufgetreten war, erhielt ich vom Chef die Sondererlaubnis, am Strand mein Zelt aufzuschlagen. Bei trüber, aber trockener Witterung richtete ich mich direkt neben dem Steinphallus ein und freute mich über die hohe Funktionalität meiner extrabreiten Sandheringe, die ich mir speziell für diese Gelegenheit zugelegt hatte. Bei der genauen Festlegung der Stellfläche galt es besondere Sorgfalt an den Strandtag zu legen: Einerseits wollte ich so nah an die Waterkant heran wie möglich, andererseits nicht Opfer einer unerwarteten Springflut werden. Überdies hatte ich ein altes Schwarzweißfoto mitgenommen, das einen knapp zweijährigen Buben mit einer Schippe in der Hand zeigt. Der kleine Kerl trägt einen karierten Overall und eine Pudelmütze und schaufelt ein Loch in den Sand. Sie ahnen, wer sich da mit Tiefbau beschäftigte? Der kleine Wigald, genau. Das Foto, so bestätigten meine Eltern, die mich an diesem Tag begleiteten, sei just an dieser Stelle entstanden: mittig unterhalb der Kurhaus-Terrasse.

Nachdem ich meine Eltern verabschiedet hatte, saß ich alleine im Zelt, reckte mich durch die Luke, blickte hinaus auf die See und ließ zärtlich den feinen Strandsand durch meine Finger rieseln. Eine nahezu kitschige Rührung hatte mich ergriffen, es fühlte sich an, als würde ich mit meinem Zeltbesuch jenen Ort ehren, an dem ich mich zeitlebens so wohl gefühlt hatte. Keine Ahnung, ob Orte ein Gespür dafür haben, dass jemand sie gernhat. Aber falls dies so sein sollte, müsste die Botschaft an diesem Abend angekommen sein.

Später, ich hatte schon ein Ründchen geschlafen, hörte ich von der Terrasse des Kurhauses den Gesang einer Frau. Eine klassisch geschulte Stimme sang ein mir unbekanntes Lied: eine Art Volkslied, mit einem Schuss Schubert. Die Sängerin trug offenbar Stirnlampe und beleuchtete damit mein Zelt, was sich allerdings ziemlich gruselig anfühlte. Wer mochte da singen und warum? Die Geisterstunde nahte. Sollte ich einen Blick aus dem Zelt heraus wagen? Der Gesang wurde lauter, das Licht heller. Die Frau näherte sich bis auf wenige Meter. Ich dachte an Odysseus' Sirenen, fürchtete eine Falle. Auch an die Attacke einer Psychopathin dachte ich. Quatsch, beruhigte ich mich, die geht lediglich spazieren und wundert sich über dein Zelt. Nun stand die Sängerin direkt am Eingang, und ich kroch so tief wie möglich in meinen Schlafsack. Lange Minuten sang die Dame ihr Lied und tauchte mich in helles Licht. Normalerweise ist ja die Sängerin auf der Bühne beleuchtet, und das Publikum sitzt im Dunkeln. Hier war es mal umgekehrt. So unerwartet, wie sie auftauchte, verschwand sie auch wieder. Das Licht ging plötzlich aus, der Gesang verstummte. Vielleicht hatte die Dame auf meinen Applaus gehofft und war enttäuscht, dass dieser ausblieb? Der Rest der Nacht jedenfalls verlief ruhig, und am nächsten Morgen trank ich besonders langsam meinen Esbit-Kaffee, mit Blick auf «Grenzstein» und den blanken Hans, ehe ich packte und meinen Eltern nach Oldenburg nachreiste.

Der großartige Karl-August Tapken ist inzwischen verstorben. Ihm widme ich dieses Buch.

13 > Historie

Der kleine Wigald im karierten Overall mit Pudelmütze grub nur an Wochenenden den Dangaster Strand um, in der Woche nutzte er für seine Tiefbauarbeiten die Sandkisten einer Reihenhaussiedlung im Süden Oldenburgs. Zwischen den ein- und zweistöckigen Riegeln aus Ziegelwerk lagen Gärten, die 1969, im Jahr des Einzugs, noch karg waren, im Laufe seiner Kindheit jedoch üppig bewucherten. Die Gärten dieser Siedlung waren alle gleich strukturiert: Um eine zentrale Rasenfläche legte sich ein Ring aus Beeten, Strauchwerk und Koniferen, gerne auch das zeittypische Nebeneinander von Blautanne und chilenischer Araukarie (ja, die Globalisierung war in deutschen Reihenhausgärten schon Anfang der 70er weit fortgeschritten).

In diesen Gärten spielte der kleine Wigald mit den Nachbarskindern: Hajo, Meinhard und Michael, Uta, Raute und Anja. Nachdem wir den Sandkisten entwachsen waren, entdeckten wir Kinder aus der Ottostraße das dramatische Rollenspiel, trugen Gummi-Tomahawk und Flitzebogen und stimmten jenen Kriegsgesang an, der zu hören ist, wenn man einen mit Kopfstimme vorgetragenen U-Laut durch Hiebe mit der geöffneten Hand auf die Lippen parzelliert. Wer zu dieser Lautäußerung nicht fähig war – oder sich schämte –, musste ins Cowboy-Fach wechseln und sich gegebenenfalls an den Marterpfahl binden lassen. Ein häufiges Utensil in den Kinderzimmern dieser Nachbarschaft war ein bunt bedruckter Wigwam aus Plastik, der sich auseinanderfalten ließ wie ein Regenschirm. In einem solchen Spielzelt dürfte auch ich mich bei Gelegenheit aufgehalten haben, wenngleich ich als sogenannter Brummer zu schüchtern zum Singen war, im

Spiel ausschließlich als Cowboy Verwendung fand und daher große Teile meiner frühen Kindheit am Marterpfahl verbrachte. Übernachtet wurde in diesen Falt-Wigwams selbstverständlich nicht. Dies kann ich ausschließen, weil die erste echte Übernachtung in einem Zelt ein so aufregendes Erlebnis ist, dass sich jeder Mensch an diese erinnern dürfte. Es ist nicht nur aufregend, nein, es ist nachgerade eine Initiation; man wird, wenn schon nicht erwachsen, dann doch immerhin ein «großes» Kind, man gehört nicht mehr zu den Babys, belegt seine Pfadfindertauglichkeit. Aus Spiel wird Ernst. An meinen ersten Schultag kann ich mich zum Beispiel gar nicht erinnern – an meine erste Übernachtung im Zelt selbstverständlich.

«Es war ein schöner Tag, der letzte im August, die Sonne brannte so, als hätte sie's gewusst», wie in jenen Tagen Peter … Dingsda sang, äh, Peter Maffay, den wir Reihenhauskinder damals übrigens grundsätzlich «Muffei» nannten, um uns darob köstlich zu beömmeln. Anja wohnte ganz am Ende einer der beiden Sackgassen, die von der Ottostraße abzweigten, und ihre Eltern hatten im Garten ein kleines Zwei-Personen-Zelt errichtet, in der traditionellen Hundehüttenform, aus oranger Plane. Anja hatte einen großen Bruder, der die Beatles verehrte und mich manchmal verhaute (ein Grund, warum mir die Beatles bis heute unsympathisch sind, ob ich will oder nicht). Mit ihm und anderen Kindern wurde der Nachmittag verbracht, wir spritzten uns gegenseitig mit einem Gartenschlauch nass und hüpften kreischend über ein Rasensprenggerät. Pünktlich um sechs mussten die meisten Kinder zu Hause sein, nur ich durfte bleiben; meine Eltern waren informiert, und den Moment unseres Einzugs in das Zelt habe ich lebhaft vor Augen. Im Schneidersitz schaue ich hinaus durch den Eingangsspalt, und hinter dem Strauchwerk am Gartenende leuchtet milde die Abendsonne, orange wie Zeltplane. Da dieses Strauchwerk auch das Ende der Siedlung markierte, wähnte man sich am Rande der bewohnten Welt. Hinter dem Jägerzaun begann die Terra inkognita der Burmesterstraße, die für uns Ottostraßen-Kinder ähnlich fremd war wie der brasilianische Urwald. Wer hier, so nah am Rautengitter der Demarkationslinie, nächtigte, durfte sich zu Recht als Pionier fühlen, als ein Alexander von Humboldt, Version XXS.

Die Nacht übrigens währte nur kurz. Irgendwann war uns die Sache zu unbequem oder nicht geheuer, jedenfalls zogen wir kurzerhand ins Haus um und schliefen dort weiter. Egal; der Initiationscharakter dieser Nacht stand bereits fest. Fortan waren Anja und ich keine «Babys» mehr, sondern groß. Also, relativ groß.

Umso schöner wird ein bedeutender Moment, wenn man ihn mit Freunden teilen darf, in diesem Falle mit Anja, die ich sicher seit vier Jahrzehnten nicht mehr gesehen habe und an dieser Stelle mit einem parzellierten Indianer-U herzlich grüßen möchte.

Einige Zeit später, ich war inzwischen angehender ABC-Schütze, fuhren die Bonings gemeinsam mit einer befreundeten Familie in den Campingurlaub nach Bensersiel. Wir bewohnten dort einen geliehenen Wohnwagen mit Vorzelt, und meine bürgerlichen Eltern hatten gewisse Schwierigkeiten, sich an die beengten Platzverhältnisse und an das räuberzivilistische Moment zu gewöhnen, das der Campingkultur nun einmal innewohnt. Mein Vater, der als Bankkaufmann sonst vorwiegend Herrenanzüge trug, macht auf den erhaltenen Urlaubsfotos in seinem Trainingsanzug jedenfalls einen etwas müden Eindruck. Ungewohnt schmal sind die Lidschlitze, durch die er linst, und seine Mimik verrät vollkommene Desillusionierung. Meine besonders bürgerliche Mutter ist von deutlich disziplinierterem Schlag als mein Vater und lässt sich auf den Fotos weniger anmerken. Sie lächelt eisern in die Linse der Pocketkamera, aber da ich sie ja kenne, weiß ich genau, wie sie sich in Bensersiel gefühlt haben dürfte, nämlich: fremd. Meine kleine Schwester und ich werden

den Urlaub durchaus genossen haben. Meine deutlichste Erinnerung: Den Vater der mit uns befreundeten Familie kennzeichnete ein muskulöser Unterarm, an dem wir Kinder Klimmzüge machen durften, wenn wir wollten und konnten. Auch trug er uns gerne nach Art umgehängter Damenhandtaschen durch die Gegend. Schließe ich die Augen, sehe ich mich bei Kaiserwetter am Arm des «starken Otto» hängen, blicke an einem Waschhaus vorbei auf Strand und Nordsee, und auf dem Waschhaus sehe ich die zeitgenössische Sonnenkremreklame «Delial bräunt ideal». Apropos Lesen: In Bensersiel erfreute ich mich auch eines ersten Leseerlebnisses. Nach einem Ausflug wollte mein Vater den Weg zum geparkten Auto über die Rasenfläche einer öffentlichen Grünanlage abkürzen. Auf einem Schild entzifferte ich mühsam, aber unzweideutig: «Rasen betreten verboten!» Mit Händen und Füßen wehrte ich mich anschließend gegen den von meinem Vater verlangten Regelverstoß, und bis heute weigere ich mich standhaft, Rasenbetretungsverbote zu ignorieren. Jedenfalls war dies der erste und letzte Campingurlaub der Familie Boning. Mamas Fazit in der Rückschau, vorgetragen mit einem feinen Lächeln: «Das war uns zu rustikal.»

Längere Zeit in einem Zelt verbrachte ich in der achten Schulklasse: Klassenfahrt zur Thülsfelder Talsperre. Wir waren per Fahrrad angereist, begleitet vom Geschichtslehrer Böhne, und bereits nach drei Nächten Sparschlaf war ich mit den Nerven am Ende. Am Lagerfeuer liefen Police und Ideal mit «Deine blauen Augen machen mich so sentimental»; meine Augenfarbe konnte dieses Gefühl von Sentimentalität allerdings bei niemandem hervorrufen, denn sie waren müdigkeitsbedingt schwerer zu öffnen als die Klappe eines verrosteten Müllcontainers. Irgendwann, so erinnere ich mich, schlief ich kurzerhand ein und wachte erst eine Erdumrundung später wieder auf. Oder so ähnlich. Mit Herrn Böhne jedenfalls führte ich anschließend ein Gespräch über

Schlaf und Schlaflosigkeit, und er brüstete sich damit, schon einmal 48 Stunden ohne Schlaf ausgehalten zu haben, was ihm meine ehrliche Bewunderung bescherte. Tatsächlich ist mir dies bis heute nie geglückt – aber da es sich ja bei Schlaflosigkeit um eine sportliche Disziplin handelt, in der man mit den Jahren immer besser wird, hat's auch keine Eile. Meinen persönlichen Rekord (40 Stunden) kann ich auch noch im Altersheim attackieren.

Einen Lageplan der Zelte, in denen meine Klasse an der Thülsfelder Talsperre übernachtete, zeichnete ich sorgfältig in mein Tagebuch, das ich vom 1.1.1980 bis zum 31.12.1982 führte. Ausnahmslos täglich notierte ich die Vorkommnisse des schulischen Lebens («3 in Mathe»), das gesehene Fernsehprogramm («abends Dalli-Dalli») und weiterreichende Reflexionen («Morgen muss ich zum Friseur»). Als Tagebuch nutze ich schwarz-rote Chinakladden im Großformat. In diesen Kladden gab es nur eine einzige Illustration, nämlich ebendiesen Lageplan. Was für mich die Anordnung der Zelte festhaltenswert erscheinen ließ, weiß ich nicht mehr. Vielleicht spielte die latente Amourösität, die Klassenfahrten in der Mittelstufe auszeichnet, eine Rolle; eines nachmittags etwa betrat Klassenkameradin Britta mein Zelt. Ich saß im Schneidersitz und las; sie legte sich wortlos neben mich auf ihren Bauch. An konzentrierte Lektüre war nicht mehr zu denken; immer wieder wanderte mein Blick hinüber zur stummen Besucherin. Womöglich dachte sie, ich würde denken, sie dächte, dass ich, eventuell ... – aber bevor ich diesen Gedanken zu Ende gedacht hatte, erhob sie sich auch schon wieder und verließ grußlos das Zelt.

Zu dieser Zeit entdeckte ich meine Liebe zum Jazz und verbrachte die Pfingstfeste meiner Jugend beim Jazzfestival in Moers. Auch hier war das Zelt Ort gewisser Initiationsriten – so schlief ich meinen ersten Alkoholrausch unter einem Stoffdach aus. Als ich mit 15 damit begann, selber zu konzertieren, wurden

Altsaxophon und Schlafsack meine häufigen Begleiter. Wenn es die Schule irgendwie erlaubte, tourte ich mit «KIXX» durch Deutschland, und wenn wir keinen Auftritt hatten, besuchten wir befreundete Musiker zwecks Party und Session. Geschlafen wurde im Schlafsack, zumeist auf dem Fußboden, gerne jedoch auch draußen. Auf Tour war es sogar normal, Off-Tage und Nächte nicht im Hotel zu verbringen – das hätten wir uns gar nicht leisten können –, sondern in irgendwelchen schönen Gärten, auf Waldlichtungen oder an Stränden. Typischer Ablauf (Kinder, bitte weghören): Stoned, wie sich's für Jazzmusiker damals gehörte, hingen wir nach irgendeiner Session am Strand von Kalifornien rum. Nein, nicht Amerika; so heißt ein Kaff in der Nähe von Kiel. Wahrscheinlich machte noch ein Joint die Runde, und dann wurde gepooft. Wir waren jung, die Isomatten dünn. Irgendwann in der Nacht fing es an zu regnen – also alle rein ins Auto und los. Trompeter Lars Rudolph war in der Gegend groß geworden, er wusste, wohin. Nachts um drei klingelten wir einen Freak aus dem Bett, rauchten noch einen, dann wurde weitergepennt.

Oder: Die Band auf Tour in Italien, irgendwo in den Abruzzen suchen wir ein Obdach. Finden nix. Alles stockdunkel. Hundemüde. Bassist Willy lenkt den beigen Lada steil bergauf, in strengen Serpentinen, die Straße wird zum Feldweg, der Feldweg zum Pfad. Erst mal einen bauen. Hust, hust; ganz schön stark, das Gras. Wir bleiben einfach hier. Molly Radcliffe war auch dabei, quietschbunte Punkerin aus London. Schlafen unter freiem Himmel. Am nächsten Morgen wurden wir von ungewohnten Geräuschen geweckt: Bää, bää. Wir lagen auf einer baumlosen Kuppe, und eine riesige Schafherde hatte uns umringt, so groß, dass der Schäfer nur als Pünktchen am Horizont zu sehen war. Unerwartete Aufwach-Szenarios haben mich schon damals beseelt.

Überhaupt, Berge: Die hatten es uns Norddeutschen besonders angetan. Wenn wir in München oder in der Schweiz auftraten, wurden grundsätzlich Bergtouren angehängt, nach Möglichkeit mit Biwak unterm Gipfelkreuz. Wir haben sogar eine Musikkassette aufgenommen, «Lieder der Berge», mit Chansons, die das Hochgebirge priesen. Ja, liebe Kinder, damals wurden nicht nur Vinylschallplatten aufgenommen; echte Underground-Bands haben auch Kassetten selber vervielfältigt, eigenhändig in den Kassettenladen getragen und sich vom Gewinn eine Kugel Speiseeis gekauft. Das Cover von «Lieder der Berge» bestand aus Schwarzweißkopien von Urlaubsprospekten, die ich persönlich mit Buntstift kolorierte. Schade, dass ich kein Exemplar mehr habe. Hätte ich fast so gerne zurück wie meine auf dem Sperrmüll entsorgten Tagebücher.

Im selben Sommer, ich mag 17 gewesen sein: Nach Auftritt bei Festival in Wuppertal («Postnukleare Aktionstage») bis nachts um zwölf Party in Bern, dann im Auto weiter nach Genua, wegen Konzert. Auf der Fahrt zur italienischen Grenze vernichteten wir unsere Haschisch-Vorräte, denn dort waren ja Kontrollen denkbar; bis dahin musste alles besenrein sein. An der Grenze: Anhalten, Scheibe runterkurbeln. Der Grenzer roch sofort, was los war. Alles aussteigen. Ein Schäferhund wurde besorgt, winselte aufgeregt, konnte aber nichts entdecken. Spannender als unser Auto fand der Köter Mollys Schritt, schnüffelte hektisch, und der Zöllner zog sauer am Halsband. Wir standen mit glasigen Augen daneben und kicherten. «Stop lafing, you make ze dog mad!», knurrte der Drogenfahnder und ließ uns, nachdem die Karre stundenlang inspiziert worden war, schließlich passieren. Buchstäblich hundemüde legten wir uns in Sori bei Genua wie die Orgelpfeifen an den Strand und schliefen ein. Als wir erwachten, lag ein seltsamer Duft in der Luft. Er stammte von einem Delfin mit verletzter Heckflosse. Zum Sterben hatte er sich neben uns an den Strand gelegt, genau im passenden Abstand, sodass man annehmen konnte, er gehöre zu unserer Band.

In diesem erlebnisreichen Sommer verschlug es mich auch mal wieder auf einen Campingplatz, nämlich östlich von Grado an der Adria. Auf dem wilden Lagunenstrand nebenan verbrachte ich meinen ersten Urlaub ohne Eltern, nur in Begleitung meiner Freundin Claudia. Per Anhalter waren wir angereist; unsere Reisekasse betrug 300 Mark und war schon nach kurzer Zeit auf einen betrüblich kleinen Rest zusammengeschmolzen. Wir ernährten uns von einem Schinkensandwich und zwei Cappuccino pro Tag und Nase, und für die Körperpflege kletterten wir durch ein Loch im Zaun des Campingplatzes und erschlichen uns dort Warmwasser und Toilettengänge. Als wir von zwei Belgiern angesprochen wurden, gaben wir uns als Amerikaner aus, was wegen unseres deutschen Akzents nicht ganz risikofrei war. Prompt fragten die Belgier nach, woher denn der Akzent komme, und ich antwortete: «Germantown, Pennsylvania.» Na ja; es gibt glaubwürdigere Erklärungen. Übrigens ist Biwakieren an den brackigen Lagunen der Adria nicht zu empfehlen: Nach drei Tagen waren wir von tausenden Mördermücken mit clownsnasengroßen Quaddeln versehen worden. Immerhin brachte uns dieser erschütternde Körperschmuck das Mitleid des Cafébesitzers ein, in dessen Etablissement wir unsere Schinkensandwiches futterten. Für acht Mark pro Nacht vermietete er uns ein fensterloses Kellerzimmer unter der Theke, in dem wir den Resturlaub verbrachten.

In den darauffolgenden Jahren schlief ich nur selten draußen. Mir scheint, als habe ich den Abschluss meiner Pubertät mit einer gewissen Verbürgerlichung verbunden. Ein «richtiger» Erwachsener, also einer, der seinen Lebensunterhalt verdient und Steuern zahlt, schläft im Bett. So ungefähr mochte ich mit Mitte zwanzig gedacht haben. Puh; jämmerlicher Konformismus. Aber ich bin ja nicht der Einzige, der zeitweilig den plumpen Verführungen der Wohlstandsgesellschaft zum Opfer gefallen ist und sich im warmen Mantel des Mainstreams wohl fühlte. Den Abschied vom

Rauschgift hingegen habe ich nie bereut. Davon musste ich immer so doof husten. Und heute bevorzuge ich jene Räusche, die Körper und Hirn mit ihren eigenen Mitteln ermöglichen, etwa per Liebe, Lust und Phantasie. Rückblende Ende, zurück ins Gelände. Herbst 2015.

Das Tannheimer Tal ist ein Hochtal in Tirol. Ich bin dort schon oft gewesen, meistens gemeinsam mit meinem Freund Hannes, zum Skilanglaufen, Fahrradfahren oder für opulente Frühstücke. Die dortige Hotelerie kennt sich nämlich mit überzeugenden Buffets aus. Und so startete ich den großen Tag mit einem nachgerade monströsen Schmaus in der Ortschaft Grän. Müsli, Mokka, Marmeladenbrot. Volle Energiespeicher, so mutmaßte ich, könnten heute nicht schaden, denn ich hatte mir für den freien Tag etwas vorgenommen. Mit voluminös aufgeblähtem Bauch schulterte ich anschließend den ähnlich anmutenden Rucksack und begann am Parkplatz der Liftgesellschaft Nesselwängle meinen Aufstieg auf die Krinnenspitze. Dort oben, so hatte mir Hannes empfohlen, würde ich geeignete Zeltplätze finden. Denn nicht jeder Berg der nördlichen Kalkalpen ist zum Zelten geeignet. Je schrundiger und schroffer das Gelände ist, desto schwerer wird es, ein einigermaßen ebenes Plätzchen aufzuspüren, und prägt den Berg massiver Fels, wird der Heringseintrieb zur Angelegenheit für Bohrmaschinen. Fast zwei Jahrzehnte hatte ich im Allgäu gewohnt, unzählige Bergtouren unternommen, und die meisten der von mir bevorzugten Wanderberge hatte ich als ziemlich zeltresistent kennengelernt. Dabei war der Grund, warum ich 1997 an den Alpenrand gezogen war, doch vor allem jene beschriebene Verherrlichung der Bergwelt, die auf meine Nächte unterm Gipfelkreuz als Jugendlicher zurückging. Komisch: Als ich dann dort wohnte, hatte ich nie mehr daran gedacht, mein Schlafzimmer gegen Fels und Firn einzutauschen. Aber es ist bekanntlich nie zu spät, auf den (Berg-)Pfad der Tugend zurückzukehren.

Inzwischen war es mir gelungen, meine Trekkingstöcke zu reparieren. Beim Bergwandern mit meinem Riesenrucksack hatten sich Stöcke als hilfreich erwiesen; spätestens bergab erleichterten die Stöcke das Balancieren und vermittelten das Gefühl, trittsicherer unterwegs zu sein. Außerdem, hihi, brauchte ich für alle Fälle ein Reservoir an Notheringen – und als solche hatten sich die Segmente meiner Stöcke ja durchaus bewährt.

Das Wetter war so lala, der Himmel weiß wie eine alte Raufasertapete, aber immerhin nicht vergilbt wie in Raucherhaushalten. Ruhigen Schrittes stiefelte ich einen geschotterten Forstweg empor. Natürlich war mein Schritt ruhig; auf meinem Rücken lasteten runde 18 Kilogramm – da fällt auch einer Sportskanone wie mir das sogenannte Skyrunning schwer, Sie wissen schon, das ist eine dieser trendy Long-time-endurance-Challenges, bei denen Rookies und Seniors, Mid- und Bestagers highspeed auf Mountaintops joggen. Habe ich selber schon gemacht, fiel aber derzeit aus. Der Trend, so hatte ich bereits neulich mit Hannes gewitzelt, ging bei uns eindeutig Richtung lowspeed, schon wegen des uphill zu wuchtenden Backpacks.

An einem Bachlauf legte ich ein kleines Päuschen ein. Faltflasche füllen? Ach was, das mache ich weiter oben. Der Rucksack war schwer genug, da musste ich nicht ohne Not noch eineinhalb Kilo drauflegen. Bald erreichte ich die Hänge des Skigebietes und studierte an der Bergstation des Liftes einen Schaukasten mit einer großen Wanderkarte. Hier galt es, sich zwischen «Gamsbocksteig» und «Alpenrosensteig» zu entscheiden. Schwer zu sagen, welcher dieser beiden Wege im oberen Bereich eher an flachen Flecken vorbeiführt, die als Liegestatt taugen. Ich versuchte, den Namen der Steige ihre Zelttauglichkeit abzulesen. Gamsböcke schlafen ab und an gewiss, zelten jedoch nie. Die Alpenrose kommt ohne Schlaf im engeren Sinne zurecht und zeltet darum genauso selten wie der Bock. Immerhin, und dieses Argument führte zur Entscheidung, benötigt die Alpenrose ein humöses Substrat zum Draufwachsen. Also: Wo die Alpenrosen sind, gibt es Erde, in der, theoretisch, auch Heringe verankert werden können. Ich spendierte mir ein freundliches Eigenlob für meine Ratio und wanderte weiter. Bald passierte ich den Mast eines Schlepp-liftes, auf dessen Betonfundament man auch komfortabel hätte liegen können, aber mein heutiges Ziel war klar: Wenn schon nicht direkt am Gipfelkreuz des 2000 Meter hohen Berges, dann doch wenigstens so alpin wie möglich.

Fichten säumten bald nur noch vereinzelt den Weg, Latschen-kiefern klammerten sich stattdessen an die steilen Hänge, und mit dem Überschreiten der Baumgrenze wurde ich von wolki-ger Feuchtigkeit umhüllt. Bedächtig reihte ich in diesem kalten Dampfbad meine Schritte aneinander. Nur nicht ausrutschen; der schwere Rucksack würde sich im Falle eines Falles ähnlich auswirken wie jene Betonklötze, die Mafiosi ihren Opfern an die Beine binden, ehe sie ins Wasser geworfen werden. Bald wurde der Hang zur Wand, und nur ein schmaler Tritt erlaubte das Vorankommen. Die Sichtweite betrug inzwischen kaum noch drei Meter, was jedoch vollkommen ausreichte, um den voll-kommenen Mangel an Zeltplätzen festzustellen. Skepsis machte sich in mir breit. Ich kannte wohl Fotos von Bergsteiger-Biwaks, Hängematten, die per Bohrhaken am Fels befestigt werden. Per-sönliche Erfahrungen hatte ich jedoch weder mit ernsthafter Frei-kletterei noch mit der Technik der Felswand-Möblierung. Aber der Tag war jung; sollte mich Hannes angeschwindelt haben und der Berg für mein Vorhaben ungeeignet sein, würde ich mir diese Technik eben vor Ort aneignen oder im Stehen schlafen – das geht bekanntlich immer.

Schließlich erreichte ich den Grat; links des Weges stürzte das Gelände jäh ab, rechts waren der Felswand vereinzelte Bro-cken und Felszacken vorgelagert. Hoffnung kehrte zurück, und nach einigen Minuten moderaten Bergaufs entdeckte ich eine erste Mini-Ebene, grasbewachsen, durchaus geeignet, einem Schrumpfkomiker mit angezogenen Beinen eine Schlafstatt zu bieten. Wenige Minuten später kam ich an einer weiteren Naturmatratze vorbei, größer als die erste, dafür aber leicht angeschrägt. Eine dritte Fläche war eben, groß genug, allerdings lag in ihrer Mitte ein einzelner spitzer Stein, dessen Form an eine dieser dreieckigen Milchtüten von anno dunnemals erinnerte. Ohne den: perfekt! Ich bog vom Weg ab, lehnte den Rucksack an einen Felsbrocken und kickte gegen den Störstein in der Mitte des Bettrasens. Aua! Keinen Millimeter hatte sich der ockergelbe Kegel bewegt, dafür schmerzte nun mein großer Onkel. Mit den Händen griff ich daraufhin das zu entfernende Mineral, konnte ja so schwer nicht sein. Ich versuchte daran zu ziehen, zu rütteln, zu reißen, und es bewegte sich: nichts. Sah ganz so aus, als handelte es sich lediglich um die Spitze eines Eisberges, mit sechs Siebtel Masse unter der Wasseroberfläche, nur dass das Eis nicht Eis war und das Meer nicht Meer. Sollte ich mich trotzdem hier niederlassen? Womöglich könnte ich den Solitär mit Knautschmaterial umringen, um ihn weniger spitz emporragen zu lassen; schon begann ich mein Zelt auszupacken, doch dann kam mir das Schicksal meiner havarierten Luftmatratze in den Sinn, die seinerzeit im Garten des Eschweiler Theaterleiters innerlich platzte und zur Pizza Calzone wurde. Ihre Nachfolgerin würde auf diesem Stein und unter meinem Gewicht eher nicht innerlich, wohl aber äußerlich beschädigt werden und formal anschließend weniger einer Pizza Calzone als vielmehr einer Crêpe ähneln. Nein, zu gefährlich. Weiter.

Am späten Vormittag erreichte ich den Gipfelaufbau, erklomm diesen und freute mich, wie man sich eben immer freut, wenn man dem Gipfelkreuz seine Visitenkarte in die Hand drücken darf. Als Quelle für Stolz und Seligkeit sind Gipfelankünfte nicht zu toppen. Oder? Ein Wolkenloch tat sich kurz auf, und wenige Höhenmeter unterhalb des höchsten Punktes schloss sich ein Plateau an, halbrund und in alle Richtungen jäh abstürzend. Sein Durchmesser betrug fünf Meter, die Oberfläche war eben, darauf wuchs weicher Rasen, vom Wind akkurat Richtung Westen gekämmt. Das war er, mein Zeltplatz, einen schöneren, geeigneteren Fleck hatte ich überhaupt noch nie gesehen. Auf Hannes war eben Verlass. Das Gefühl absoluter Dankbarkeit wärmte mich. Zwar verschwand der Traumort sogleich wieder in einer neuen Wolke, aber ich wusste Bescheid, durchhüpfte die paar Meter Milchsuppe und schlug mein Zelt auf. Fast handelte es sich um eine plane, neigungsfreie Fläche, wasserwagentauglich. Aber nur fast. Die minimale Restneigung berücksichtigte ich, indem ich das Zelt so errichtete, dass mein Kopf höher lag als die Füße. Dies beeinträchtigt den Schlaf wenig. Umgekehrt, wenn also das Blut die ganze Nacht über in den Brägenkasten fließt, fühlt man sich unwohl, bekommt gegebenenfalls beklemmende Kopfschmerzen und träumt fiesen Mumpitz. Darum, liebe Leser, lautet die wichtigste Bergschläferregel: Kopf hoch!

Nach dem Richtfest hatte ich Hunger und Durst, und aus dem Vorderfach meines Rucksacks angelte ich die Kulinaria-Tüte mit Kocher, Couscous und der Faltflasche. Die war, oh Schreck, leer. Heiliger Bimbam. Wasser. Vergessen. Das wollte ich doch aus dem Bach mitgenommen haben, aber eben nicht schon unten im Wald. Seit Liftstation und Krinnenalpe war ich an keinem Bachlauf, keiner Viehtränke mehr vorbeigekommen. Oje. Wieder runter, Wasser holen? Puh; keine Lust. Ob ich bis zum nächsten Morgen ohne Wasser würde auskommen können? Zwar bin ich ja, das haben Sie sicher schon bemerkt, ein Freund des gepflegten Selbstexperiments, aber da ich mich schon jetzt, kaum Mittag, ungeheuer durstig fühlte, zögerte ich. Torwartlegende Sepp Maier kam mir in den Sinn, der mir einmal erzählt hatte, dass Trinken bei Sportlern noch in den sechziger Jahren verpönt gewesen sei. Während eines DFB-Jugendlehrgangs mit striktem Trinkverbot habe es deswegen Fälle von Nierenversagen gegeben. Schließlich fiel mir einer der Lieblingssprüche meines Vaters ein, ein Zitat aus Clemens von Brentanos «Des Knaben Wunderhorn», das da lautet: «Drum höre, Knabe, was der Vater spricht: Alles kann der Deutsche tragen, nur den Durst erträgt er nicht.» Wer bin ich, an der Weisheit Clemens von Brentanos, Sepp Maiers oder gar an jener meines Vaters zu zweifeln? Ich verwarf die Idee eines Durst-Dauertests endgültig.

Wie tief würde man hier graben müssen, um auf Grundwasser zu stoßen? Vergiss es, seufzte ich mit trockener Kehle, so 'n Alpenkalk lässt sich nur schwer wegschaufeln, zumal ohne Schaufel. Im Rucksack hatte ich eine große Mülltüte dabei, als Regenschutz für alle Fälle. Man könnte, so sinnierte ich, die Tüte mit Hilfe meiner Trekkingstöcke aufspannen und damit Nebeltröpfchen einsammeln und in meinen darunterpositionierten Kochtopf ableiten. So etwas Ähnliches hatte ich, wenn mich meine Erinnerung nicht trog, als Kind in einem Buch von Rüdiger Nehberg gesehen. Aber vielleicht irrte ich auch. Krampfhaft versuchte ich mich daran zu erinnern, was ich erst vor kurzem über die Entstehung des Morgentaus gelesen hatte. Immerhin befand ich mich mitten in einer Wolke, an Luftfeuchtigkeit herrschte also kein Mangel. Ein Blick auf mein nebelnasses Zelt, und flugs nahm eine Idee Gestalt an: Ich würde Gefäße dorthin stellen, wo der vom Zeltdach perlende Niederschlag am häufigsten abtropft, und das waren, wie ich nach kurzer Begutachtung des Hillebergs feststellte, jene Dachlaschen, an denen die längsseitigen Abspannleinen gemeinsam angeknotet sind. Unter eine Lasche stellte ich nun meinen Kochtopf, unter die andere meine Kaffeetasse. Dann legte ich mich in meinen Walmagen und wartete. Tropfgeräusche auf Metall verrieten, dass ich richtig spekuliert hatte, und als ich testhalber von innen an das Zeltdach haute und kurz darauf ein hochfrequentes Plitsch-Platsch erklang, konnte ich meinen Plan als vollen Erfolg verbuchen – so voll, wie meine Gefäße sich mir wenig später präsentierten. Ich stillte meinen Durst und kochte mit dem Rest eine große Portion Couscous.

Noch während der maghrebinische Snack weich wurde, versammelten sich Alpendohlen neben meiner Kochstelle und schauten mir mit größtem Interesse bei der Arbeit zu. Durfte man hier etwa mit einer Fütterung rechnen? Nun bin ich ein glühender Verehrer dieser ebenso schlauen wie liebenswerten Rabenvögel, die sich im wilden Hochgebirge zu Hause fühlen und doch stets bereit sind, auf Kulturfolger umzuschulen. «Natürlich kriegt ihr was ab», adressierte ich meine Besucher, lobte ihr glänzend schwarzes Gefieder, ihre bananengelben Beinchen und ihre tollkühnen Flugmanöver. Die Dohlen legten den Kopf schief und warteten artig auf Verköstigung. Dann warf ich ihnen eine Portion meiner Sättigungsbeilage zu und würzte den Rest mit Cajun-Gewürzmischung, neu, aus'm Internet. Vielleicht hätte ich die Mischung erst mal daheim ausprobieren sollen, denn das Resultat schmeckte nach Arsch und Friedrich. So ein jämmerliches Essen hatte ich nie zuvor gekocht, und der Grund für mein Versagen war meine paranoide Angst vor zu viel Schlepperei. Wenigstens einen Salzstreuer hätte ich dabeihaben müssen, besser noch ein Glas Gemüsebrühe zur Veredelung des Niederschlags. Während ich also mein Gesicht verzog, waren weitere Alpendohlen eingetroffen, ein halbes Dutzend, die lautstark um Essen bettelten. Nun gut. Ich aß, was ich mir eingebrockt hatte, bis ich den gröbsten Hunger gestillt hatte, und schüttete eine weitere Handvoll den Hungervögeln vor die Füße.

Ein Wanderer erreichte den Gipfel und stellte sich als Tourist aus Dortmund vor. Nach kurzer Plauderei bot ich ihm ein wenig Couscous an, im Austausch gegen eine seiner Bananen. Wenn er mir außerdem noch seinen Riegel überlasse, würde ich ihm sogar meinen kompletten Proviant überlassen, also den Couscous und das Döschen mit der Gewürzmischung. Dankend lehnte er ab, und bald war er wieder unter mir im Wasserdampf verschwunden.

Zeit für ein Nickerchen. Ich zog meinen Overall an und tauchte in den Schlafsack ab. Draußen warteten derweil die Dohlen und trompeteten um Nachschlag. Haben Sie schon mal eine gierige Alpendohle um Essen betteln hören? Das klingt tatsächlich nach Trompete: Hart, scharf und hell, mehr Freddy Hubbard als Miles Davis, nix mit Dämpfer; volles Rohr fortissimo. Also kletterte ich wieder raus in den Nebel und überließ der Blaskapelle alles, was noch übrig war. Dann verstummten die Trompeten, und ich schlummerte ein.

Es war noch nicht einmal Nachmittag, als ich wieder erwachte. Die Vögel waren abgeflogen, hatten nicht alles verzehren können. Da ich mit weiteren Wanderern bei diesem Wetter nicht mehr rechnete, zog ich mich nicht noch einmal um, inspizierte im Schlafanzug den Gipfelaufbau und las ein wenig. Hier oben war ich im Funkloch, bekanntlich heutzutage ein unerhörter Luxus, der konzentrierte Lektüre leichter macht. Langsam und träge wälzte sich der Nachmittag dahin, und als es zu dämmern begann, nutze ich den ersten leichten Anflug von Müdigkeit und begab mich zur Nachtruhe.

Die unerhörte Stille der Bergnacht ist eines der schönsten Erlebnisse, die man als Mensch auf Erden haben kann. Zumal wenn man von Wind verschont bleibt. Die Stille war so total, dass ich mich sogar freute, wenn ab und an ein Tropfen in Topf oder Tasse landete.

Ich schlief durch, ohne eine einzige Unterbrechung. Und als ich vom ersten Dämmerlicht geweckt wurde, öffnete ich die Zeltplane und brauchte ein Weilchen, um zu begreifen, was ich dort sah: In noch dunkler Ferne zeichnete sich ein wildes Bergmassiv ab, das aus einem wattigen Wolkenmeer ragte. Von Osten wurde ebendieses Massiv nun von violett-orange meliertem Morgenlicht bejubelt; ich stimmte in den Jubel ein, schnellte aus dem Zelt, atmete tief durch, sprintete zum Gipfelkreuz und rotierte wie das Magazin eines Trommelrevolvers, um ja kein Detail der Panoramaerleuchtung zu verpassen. Und unwillkürlich geriet ich an den Abzug eben dieses Revolvers, ein feuriger Blitz durchschoss mein Schädeldach, und blanke, pure Freude explodierte, flog in alle Richtungen dieses unvergleichlich erhabenen Tagesanbruchs. Uff, ist das ein schiefes Bild, mein Kopf ist doch keine Knarre, egal; Sie werden es mir nachsehen; ich fasele schon wieder Stuss, bin eben außer Rand und Band, habe die emotionale Kontrolle verloren, wie immer, wenn ich seither an diesen Morgen denke. Besonderer I-Tupf war die Bewegung des Wolkenmeeres; majestätisch floss der Dampf auf eine bestimmte Stelle zu und deutete einen Strudel an – was an die Bewegung eines Gletschers erinnerte, aber auch an die Kreisbewegung des Wassers in einer Badewanne, wenn man den Stöpsel zieht.

An diesem Morgen trank ich nicht einen, sondern mehrere Esbit-Kaffees – Wasser hatte sich über Nacht genug gesammelt –, und dann schlenderte ich, trunken vor Freude, wieder hinab ins Tannheimer Tal.

Als Quelle für Stolz und Seligkeit sind Gipfelankünfte nicht zu toppen? Doch. Wenn nämlich auf die Gipfelankunft eine Gipfelnacht, ein Gipfelmorgen folgen – über dem Wolkenmeer.

Nachdem ich Ihnen nun so ausführlich von meiner bis dahin schönsten Nacht an der frischen Luft erzählt habe, kommen wir nun zur hässlichsten Nacht des Jahres 2015. Oder treffender: zur unangenehmsten. Falls Sie also durch die Lektüre des vorangehenden Kapitels von unangenehmen Neidgefühlen ereilt worden sind, kann ich Ihnen mit den folgenden Zeilen Erleichterung versprechen.

Köln. Der Herbst präsentierte sich nochmals sommerlich warm, und ich hatte den Tag mit Dreharbeiten für eine hübsche WDR-Comedyshow verbracht, nämlich «Die unwahrscheinlichen Ereignisse im Leben von». Man hatte für mich ein Zimmer gebucht, und zwar im Hotel Savoy, der gerade in Star- und Sternchenkreisen beliebten Nobelherberge mit dem großen Plüsch-Plus. Ein kuscheligeres Domizil kenne ich nicht, und die durch mein Experiment bei paralleler Buchung auftretende Zimmerverschwendung hielt ich für ethisch bedenklich. Vielleicht, so geisterte mir ein feiner Gedanke im Kopf herum, vielleicht würde ich einen Bedürftigen finden, einen Obdachlosen, dem ich mein Zimmer für eine Nacht übereignen könnte? Edel sei der Mensch, hilfreich und gut, zumal es draußen an der frischen Luft eh schon allerlei Gründe für verringerte Schlafqualität gibt; ein schlechtes Gewissen brauchte ich da nicht obendrein.

Mit meinem Klapprad rollte ich nach Drehende und Abendessen vom Hotel Savoy hinunter zum Rhein. Im Rucksack hatte ich Schlafsack und Isomatte dabei, außerdem einen alten Biwaksack, den ich mir vor vielen Jahren zugelegt, dann aber nie benutzt hatte, ein billiges Modell, luftundurchlässig, aus dessen Hülle schwarz auf rot der Kopf eines Mannes abgebildet ist, welcher dem berühmten Schnauzbart-Schauspieler Tom Selleck («Magnum») verblüffend ähnlich sieht.

Kaum hatte ich den Rhein erreicht, setzte infernalischer Starkregen ein, der mich binnen Sekunden vollständig durchnässte. Ich hätte auch genauso gut geradeaus weiterfahren können, nämlich in den Rhein hinein; die Vollständigkeit meiner Wässerung (und die meines Rucksacks) wäre die gleiche gewesen. Mit Höchstgeschwindigkeit sprintete ich in Richtung Zoobrücke, kam aber bereits als nasser Tropf unter dieser an und überlegte, was zu tun sei. Zurück ins Hotel? Kommt nicht in Frage, beschied ich zitternd, ich bin doch nicht aus Zucker. Unter der Brücke bleiben? Hm. Zum Wasser führte eine grobgepflasterte Böschung bergab, als Liegestatt offerierte diese Brücke nur wenige Möglichkeiten, die ich nun inspizierte. Wahrscheinlich gab es eine gewisse Belästigungsgefahr durch Ratten, ungünstig erschien mir auch die Tatsache, dass praktisch jeder Passant am Rhein den unter der Brücke Schlafenden, also mich, eingehend studieren konnte; Sichtschutzfaktor null. Schließlich veranlasste mich der penetrante Uringeruch weiterzufahren – zumal der Starkregen nachließ und feinem Niesel wich.

An der Mülheimer Brücke stieg ich erneut vom Klapprad; inzwischen fror ich erbärmlich und war gewillt, schnellstmöglich irgendwo in meinen Schlafsack zu steigen. Dass ein nasser Schlafsack nicht ganz so gut wärmt wie ein trockener, hatte ich mir in diesem Moment noch nicht so recht klargemacht, wahrscheinlich verdrängt, innerlich schöngeredet. Ich schob mein Rad durch die Au, zu jenem Brückenpfeiler, der Vater Rhein am nächsten steht. Hier konnte man immerhin nicht mehr von Passanten beäugt werden. Dies war sicher vorteilhaft, zumal bekanntlich nicht alle Passanten lupenreine Philanthropen sind, es gibt unter ihnen auch Schurken, Gauner und Halunken.

Offenbar war ich nicht der Erste, der auf die Idee kam, hier zu übernachten. In der Mitte des Brückenpfeilers war ein älterer Herr mit verwittertem Gesicht damit beschäftigt, seinen Hausstand zu ordnen, der aus einem Einkaufswagen und dutzenden Plastiktüten bestand. Auf dem Boden lag eine altertümliche Isomatte, darauf ein fleckiger Schlafsack aus dem letzten Jahrtausend. Die Frisur des Mannes ähnelte jener Albert Einsteins auf dem berühmten Foto, auf dem er die Zunge rausstreckt, und die dürren Beinchen des Zausels steckten in einer ausgeleierten Doppelripp-Unterhose. Er drehte sich zu mir um, musterte mich kurz, dann wendete er sich wieder seinen Aufräumarbeiten zu. Ganz in der Nähe raschelte es im Gras. Eine Ratte? Mittlerweile dämmerte es kräftig, und die düstere Szenerie lud nicht dazu ein, für anziehend, heimelig oder gar romantisch gehalten zu werden à la «Der lachende Vagabund». Nein, der wohnte hier nicht. Ich stand zehn Meter entfernt und nahm all meinen Mut zusammen. «Hallo?» Keine Antwort. Ich räusperte mich und rief ein erneutes Hallo, ohne genau zu wissen, warum. Vielleicht weil ich ihn fragen wollte, ob er meine nächtliche Anwesenheit – in angemessener Entfernung, versteht sich – gestatten würde, denn ich spürte, dass es sich bei diesem verwitterten Mann um den Hausherrn handelte; die Mülheimer Brücke war die seine oder doch wenigstens dieser Pfeiler. Vielleicht würde ich ihm aber auch mein Zimmer im Savoy anbieten, also tauschen, zumindest trug ich diese Idee mit mir herum, aber jetzt, vor Ort, kam sie mir verwegen vor, auch etwas dégoûtant, vielleicht hatte ich sie nicht genug durchdacht, vielleicht doch, jedenfalls markierte dieser Schlafplatz einen Außenposten der Zivilisation, und das Hotel Savoy einen anderen. «Hallo?!», rief ich noch mal mit heiserer Stimme, aber der Mann ignorierte mich weiter, sortierte seine Tüten und streckte mir, vornübergebeugt, sein Hinterteil entgegen. Vielleicht war er schwerhörig. Oder der aufdringlichen Menschen überdrüssig.

Unsicher, was zu tun sei, schaute ich ihm noch ein paar Sekunden beim Aufräumen zu, dann trieb mich meine Schüchternheit in die Flucht, stadteinwärts, zum nächsten Brückenpfeiler.

Die Mülheimer Brücke verfügt über mehrere «Wohnräume». Das dem Rhein nächstgelegene Kompartiment scheint eher unbeliebt, wird lediglich von jenem schwerhörigen Albert Einstein bewohnt, den ich (nicht) kennengelernt hatte. Wesentlich mehr Betrieb herrschte auf der anderen Seite des Rheinuferweges, neben einer kleinen Skating-Anlage. Hier hausten mehrere Parteien, jung und alt, vier Männer, eine Frau. Auffällig war die umfangreiche Möblierung: Drei Bettgestelle schmiegten sich an die Wand des Brückenpfeilers, zwei aus heller Kiefer, Jugendherbergsqualität, daneben ein Metallbett ohne Matratze, auf dessen blankem Federwerk ein Schlafender im Sack lag. Zwischen den Betten: Reisegepäck, ein Wohnzimmertisch, darauf ein umfangreiches Kaffeeservice, darunter Tüten, Tüten, Tüten. Lampenfiebrig näherte ich mich den Bewohnern. Zunächst blieb ich unbeachtet, als ich jedoch meinen Rucksack abnahm, schmetterte mir die Frau ein unmissverständliches «Hau ab!» zu. Sie mochte vierzig Jahre alt sein, ihre Stimme klang wie die von Bonnie Tyler, Sie wissen schon, «It's a heartache», die mit der Schmirgelstimme. Auch ihre Haare hatten etwas Tylereskes, waren hochtoupiert, weniger showgeschäftig wirkte hingegen ihr Arm, der mit einem grotesk verdreckten Streifen Mull verbunden war. Der junge Mann im Hiphop-Trainingsanzug neben ihr war verbindlicher, ergänzte den Bescheid seiner Freundin um ein erklärendes «Hier ist schon voll!», vorgebracht in freundlichem Ton, fast ein wenig mitleidig. Auf Anhieb erkannte ich hinter ihm mehrere vorzügliche Plätze, unter anderem auf halbhohen Emporen aus Beton, aber vielleicht waren deren Bewohner nur gerade nicht zu Hause? Einerseits hätte ich mir Reservierungssystem und Hausordnung der hiesigen Liegenschaft gerne erklären lassen, andererseits war ich noch immer unangenehm durchfeuchtet, fror und hatte zudem keine Lust, mich zu streiten. Also lud ich den Rucksack wieder auf die Schultern und suchte weiter.

Im nächsten Brückensegment, an der Rückseite des angeblich ausgebuchten Brückenpfeilers, herrschte gähnende Leere. Keine Isomatte, keine leere Flasche, nicht einmal Scherben. Nichts. Auf den T-Trägern an der Decke gurrten die Tauben. Hier hätte man gewiss trocken schlafen können, und es gab offenbar niemanden, der mich verscheuchte. Aber irgendetwas stimmte nicht. Es musste doch einen Grund geben, warum nebenan die Hütte voll war, hier jedoch nicht. War hier Gefahr im Verzug? Taubenkacke? Rattengift? Schutzgelderpressung? Ich konnte mir keinen Reim auf die bedrohliche Leere machen, aber dass ich hier nicht übernachten durfte, verriet mir mein Bauchgefühl. Besser erschienen mir da schon die von den Tauben bewohnten Nischen an der Unterseite der Brücke. Dort oben wäre man vor eventuellen Messerstechern sicher, aber leider hatte ich keine Leiter dabei. Und Ohrenstöpsel hätten gegen den Lärm dort oben, an der Unterseite von Fahrbahn und Tramschienen, kaum geholfen. Womöglich wäre ich schwerhörig geworden wie der Albert Einstein in der Nachbarschaft.

Ganz in der Nähe der Mülheimer Brücke durchstreifte ich eine Parkanlage. Im Licht einer Straßenlaterne erkannte ich einen Kinderspielplatz, den der Starkregen geflutet hatte, und am Rande der Sandkiste standen zwei Parkbänke. Genug gesucht. Ich schloss mein Rad an den benachbarten Mülleimer an, pustete meine Luftmatratze auf und legte mich, nass, wie ich war, in den ebenfalls feuchten Schlafsack. Immerhin hatte es aufgehört zu regnen, die Sterne am Himmel verhießen eine klare Nacht, und außerdem hatte ich ja meinen Biwaksack. Dass wasserdichte Biwaksäcke zwar Nässe von außen nicht reinlassen, aber innere Nässe auch nicht raus, konnte und wollte ich in diesem Moment gar nicht erst zu Ende bedenken. Eine Alternative hatte ich sowieso nicht. Also schlüpfte ich mitsamt Schlafsack in die Tom-Selleck-Pelle und wartete, dass mir endlich warm wurde. Und wartete. Und wartete.

Von den anschließenden Rasenflächen beobachteten mich dutzende Augenpaare, deren Netzhäute das Licht meiner Stirnlampe reflektierten. Verkrampft umklammerte ich eine Spraydose mit CS-Gas, zu deren Kauf mich am Nachmittag Kathrin gezwungen hatte, die langjährige, allzeit um mich besorgte Mitarbeiterin meines Managements. Ich hatte die Anschaffung für überflüssig gehalten, denn im Schlaf würde mir die chemische Keule kaum nützen, wenn man mir nämlich zuvor eine Holzkeule aufs Schädeldach zimmern würde. Immerhin erschien mir Reizgas in meiner Lage weit besser als, sagen wir mal, ein Samurai-Schwert, mit dem ich mich in meinem Schlafsack sicher hätte schwerer verletzen können als den Angreifer. Nach längerer Grundsatzdiskussion hatte ich mich breitschlagen lassen, also von Kathrin, das Reizgas mitzunehmen. Zum einen um ihr ein gutes Gefühl zu vermitteln (ich nenne sie schließlich seit vielen Jahren zärtlich meinen «Bodyguard»), zum anderen weil mir das Design der Dose behagte: Beim Modell «Sabre red» handelte es sich offenbar um eine Damenwaffe; sie war wie ein Lippenstift gestaltet. Hier, auf meiner Parkbank, war ich nun ganz froh über meine Wehrtüchtigkeit. Die mich anstarrenden Augen gehörten jedoch mitnichten zu gedungenen Mördern, sondern vielmehr zu hoppelnden Nagern.

Wie reich der Kölner Rheinuferpark an Kaninchen ist, wurde mir an diesem Abend bewusst, aber auch wie ungemütlich das Dasein eines Obdachlosen sein kann. Mumpitz, alles freiwillig, rügte ich mich; du wirst doch nicht ernsthaft deine selbstgewählte Malaise in irgendeinen Zusammenhang mit dem Leben eines Obdachlosen stellen, zumal du im Besitz einer Zimmerkarte für das Hotel Savoy bist. Also halte gefälligst die Schnauze, du dekadenter Schnösel, und genieße den Vollmond. Der Mond, das hatte ich im Verlaufe meines bisherigen Experiments gelernt, ist ein verlässlicher Begleiter, verlässlicher noch als ein Freund, sogar als ein Hund. Der Blick zum Mond spendet in jeder Lebenslage Trost und macht auch die feuchtfieseste Nacht erträglicher. In Anbetracht der Weiten des Alls kann der Mensch die Selbstüberschätzung, zu der er nun einmal neigt, erkennen. Vor dem Hintergrund der Dimension unserer Milchstraße, der Galaxien, des Universums, wird die innere Feuchte eines Tom-Selleck-Biwaksacks auf einer Parkbank im Kölner Rheinuferpark vergleichsweise nebensächlich. Dies, so ganz grob, waren meine Gedanken, ehe ich schließlich schlotternd in den Schlaf fiel.

Mehrfach erwachte ich in der Nacht, entweder vor Kälte oder weil meine Luftmatratze seitwärts weggerutscht und ich auf dem blanken Metallgitter zum Liegen gekommen war. Dann hieß es raus aus der feuchten Ummantelung und das Bett richten, ungnädig beleuchtet vom gelben Licht der Laterne und beobachtet von den genauso gelb leuchtenden Kaninchenaugen. Die anschließenden Momente des Wieder-in-den-Magnum-Sack-Gleitens waren auf verstörende Weise ungemütlich. Warum verbrachte ich meine wertvolle Lebenszeit auf derartig unerquickliche Weise? Was versprach ich mir von meinem Tun, außer einer schweren Erkältung? Warum hatte ich mich nicht einfach zu den Brückenbewohnern gelegt? Besaßen sie das Hausrecht? Wohl kaum. Warum hatte ich ihnen nicht meine Zimmerkarte zugeworfen oder radelte wenigstens selber hotelwärts und legte mich ins Bett, so wie jeder vernünftige Mensch? Doch bevor ich auch nur die einfachsten Antworten formulieren konnte, war ich schon wieder in einen oberflächlichen Schlaf gefallen.

Am Morgen schien die Sonne mit Wucht, konnte ich mich endlich aufwärmen. Ich packte zusammen, trat in die Pedale und klappradelte mich warm. Anschließend schlich ich ins Savoy und ließ mich von den netten Damen an der Rezeption etwas misstrauisch begrüßen («Oh! Schon so früh sportlich unterwegs?»). Nach einer heißen Dusche ließ ich mich zum Set der Show chauffieren, die, wie gesagt, «Die unwahrscheinlichen Ereignisse im Leben von» hieß. Die Ereignisse der zurückliegenden Nacht verheimlichte ich dem Team, insbesondere den Autoren. Originelle Ideen hatten die, keine Frage, und ich möchte ihre Arbeit keineswegs herabwürdigen, aber: Manchmal schlägt die Realität jede Fiktion.

Was habe ich aus dieser Nacht gelernt? 1. Feuchtigkeit ist unter allen Umständen zu vermeiden, auch bei milden Temperaturen. Ein feuchtes Haus kann die Gesundheit seiner Bewohner ruinieren, aber ein nasser Schlafsack erledigt dies deutlich schneller. Schon eine einzige Nacht kann tödlich sein. 2. Tom Selleck hat einen wunderbaren Schnauzbart, er erhielt die Auszeichnungen «God's Gift to Women» und «Sexiest Man of America». Er erfreute sich mehrerer Kinoerfolge und war als «Dr. Richard Burke» sogar für einen Emmy nominiert. Kurz: Er ist und kann weit mehr als nur «Magnum». Biwaksäcke jedoch sind nicht sein Ding. Finger weg von Säcken mit seinem Konterfei. Dann lieber ein paar Mülltüten übereinanderziehen – das atmet auch nicht, ist aber billiger. 3. Die Bilder meines Wasserbettes auf der Kölner Parkbank lösten in einem Teil meines Bekanntenkreises blankes Entsetzen aus. Einige Zeit nutzte ich das Foto als Profilbild bei WhatsApp, und ich erhielt daraufhin wunderbar warmherzige Elektropost: Leute, die mich lange nicht gesehen hatten, machten mir Mut und boten mir ihre Unterstützung an, auch finanziell. Andere wiederum wendeten sich von mir ab, entfreundeten sich und verbreiteten mit gespieltem Mitleid, ich schlafe neuerdings «unter der Brücke». Nein, dort schlief ich nicht, denn da war ja angeblich alles besetzt. Leider.

Manch Leser mag sich fragen, ob man sich in Deutschland überhaupt auf irgendwelche Parkbänke legen darf, um dort die Nacht zu verbringen – oder gar unter irgendwelchen Gipfelkreuzen sein Zelt aufschlagen kann. Letzteres lässt sich leicht beantworten: Nein, wildes Zelten ist in Deutschland verboten, so wie fast überall in Europa. Nur im Baltikum, in Norwegen und Schweden, in Irland sowie in Spanien und Teilen Schottlands darf man wild campieren, wobei die Größe des Zeltes keine Rolle spielt. Oft wird allerdings zwischen einer und mehreren Nächten an einem Ort unterschieden; in Schweden etwa darf man sich nach dem sogenannten Allemansrätten (Jedermannrecht) niederlassen, wo man will, auch auf Privatgrundstücken – allerdings nur für eine Nacht. Die zweite Einschränkung: Man darf nicht von einem Haus aus gesehen werden können, und offenes Feuer ist tabu. In Dänemark laden vierzig extra hierfür ausgewiesene Wälder zum Wildzelten ein. In Polen wiederum ist dies de jure verboten, wurde aber in den letzten Jahrzehnten stillschweigend toleriert. In der Schweiz und in Österreich – also auch unterm Gipfelkreuz der Krinnenspitze – ist Campieren verboten, wobei es in einigen Schweizer Kantonen Sonderregelungen gibt. Ein Merksatz, der weltweit gilt, lautet: Unbehelligt zeltet, wer sich nicht dabei erwischen lässt. Mein knallrotes Hilleberg ist hierzu natürlich weniger geeignet als etwa mein Taurus; aber mit ausreichend Astwerk lässt sich praktisch jedes Zelt tarnen, wenn man nicht gerade am Strand, vorm Kölner Dom oder dem Berliner Reichstag campiert. (Dass man auch und gerade als Wildcamper alles genau so hinterlässt, wie man es vorgefunden

hat, und seinen Müll restlos entsorgt, sollte so selbstverständlich sein, dass es in diesem Buch gar nicht erst erwähnt werden muss.)

Beim Biwakieren sieht die Rechtslage völlig anders aus. Ein Biwak ist ein Notlager, das nur für eine Nacht errichtet wird und dessen Zweck die Wiederherstellung der körperlichen Leistungsfähigkeit ist – der rechtliche Richtwert beträgt zehn Stunden. Man kann natürlich wunderbar darüber streiten, wann die Voraussetzungen für ein solches Notlager erfüllt sind und was neben dem Liegen der Wiederherstellung der Körperkraft dient. Ich zum Beispiel halte das Leben als solches mit all seinen Zellteilungen und Stoffwechselprozessen für einen ungeheuer ermüdenden Prozess, der jederzeit ein Nickerchen rechtfertigt, und ich kenne Leute, denen bei der Wiederherstellung ihrer Körperkraft ein, zwei oder auch drei Bierchen wichtiger sind als die Horizontale. Sich hinlegen und einschlafen darf man überall dort, wo «freies Betretungs- und Lagerrecht» besteht – also selbstverständlich auch auf einer Parkbank. Sogar auf Regenschutz muss der Biwakierende nicht verzichten: So wenig wie Regenschirme sind auch «Tarps» verboten, also Zeltplanen, die der Draußenschläfer als offenes Schutzdach aufspannt. Einziges Problem: Manch Förster, manch pensionierter Hilfspolizist ist mit derlei rechtlichen Feinheiten nicht vertraut und will gleichzeitig demonstrieren, dass ihm «Recht und Ordnung» lieb sind. Dann könnte es helfen, die entsprechenden Gesetzestexte parat zu haben. In Deutschland verweist das Bundesnaturschutzgesetz auf die Landesnaturschutzgesetze, wobei in einzelnen Gemeinden wiederum Sonderregelungen gelten. Für den versierten Suchmaschinisten sollte es ein Leichtes sein, entweder die passende Regelung zu finden oder einen Knäuel sich widersprechender Regelungen anzuführen, die den Ordnungshüter hinhalten, verwirren oder ihn, bei ausreichend langem Vortrag in komplexem Paragraphendeutsch, um Gnade flehen lassen.

Campern, die die fällige Geldbuße wegen verbotenen Wildzeltens sparen möchten, empfehle ich die Ausrufung eines eigenen Staatsgebietes, in welchem nur die vom Zeltherrn verabschiedeten Gesetze Gültigkeit haben. Die Niederländer Yoshi Livo und Rene van Reenen steckten 2015 das Areal um ihre Wohnwagen mit Fähnchen ab, erklärten ihren Campingplatz im deutsch-niederländischen Grenzgebiet für unabhängig und nannten ihren Staat fortan «Wonderland». Ziel, so erläuterten die Staatsgründer, sei ein Gegenmodell zu bisherigen Lebensformen, mit nur ganz wenigen Gesetzen – ein Wildzeltverbot gehört wahrscheinlich nicht dazu. Eine diplomatische Anerkennung des «Wonderland» war bis Redaktionsschluss dieses Buches allerdings nicht erfolgt.

Auf den Widerstand der Behörden stößt auch der Engländer Stuart Hill, der seit 2001 in einem Kleinzelt auf der Insel Forvik in der Nordsee haust und seine Insel zum Kerngebiet eines zukünftigen Shetland-Staates erklärt hat. Die Shetland-Inseln seien nämlich, so argumentiert Hill, 1649 vom norwegischen König Christian an den schottischen König James III. verpfändet worden, ohne zeitliche Begrenzung. Also seien die Shetlands weiterhin nur eine Pfandgabe, kein Eigentum der britischen Krone. «Das macht doch alles mächtig viel Spaß – so etwas sollte jeder Rentner mal machen», erzählte der betagte Stuart Hill dem «Stern» unlängst vergnügt.

Bisher habe ich mich übrigens nicht ein einziges Mal erwischen lassen, weder beim Wildzelten noch beim Staatsgründen. Aber ich bin ja auch noch kein Rentner. Wenn keine ausdrückliche Erlaubnis vorlag (Dangast, Werder), achtete ich recht akribisch darauf, möglichst nicht von meinen lieben Mitmenschen gesehen zu werden – allerdings weniger aus rechtlichen Gründen, sondern weil ich ungern nachts von irgendwelchen fremden Leuten geweckt werde.

Am Berliner Flughafen Tegel verbrachte ich eine Nacht im Unterholz des Jungfernheideparks. Ursprünglich hielt ich die Idee für gut, weil ich nämlich am nächsten Morgen ein Flugzeug besteigen wollte, aber kaum war die Sonne untergegangen, belebte sich das Areal. Ein Pensionär mit Pepitahütchen führte seinen Pudel aus, ein neugieriges, schnüffelwütiges Tier, das mich sogleich hinter meiner Totholz-Pyramide erschnupperte und meine aus dem Schlafsack ragende Nase ableckte. «Ja, wer bist denn du? Du bist ja ein feines Hundchen!», begrüßte ich den lockigen Lumpi, sagte, was man eben sagt, wenn einem fremde Wesen mit der Zunge im Gesicht herumwischen. Dann jedoch kläffte der Köter mir lauthals ins Gesicht, was mir noch weniger gefiel als die buchstäblich distanzlose Schleckerei. Da haben wir's mal wieder. Appeasement, so analysierte ich die Situation, führt manchmal zur Befriedung, wird oft aber auch als Einladung zu Rabiatesse und Rauditum missverstanden, zumal von pampigen Pudeln. Immerhin pfiff der Pepitamann seinen Wauwau sogleich zur Ordnung, der daraufhin prompt von mir abließ. Dem Herrchen war der Grund für das Gebell offenbar entgangen; hätte er gewusst, dass ich mithörte, hätte er sich das folgende Selbstgespräch eventuell erspart: «Keinen Sou kriegt der mehr von mir … Wenn er glaubt, er kann mich veräppeln, hat er sich geschnitten … der Blödi … hat mir damals schon Infinion empfohlen … toller Tipp.» Ah! Ich ahnte, worum es ging: Aktien. Da schien jemand unglücklich mit der Kursentwicklung seines Depots. Und während Herr und Hund abtraten, bestaunte ich einmal mehr das voyeuristische Potenzial des Im-Unterholz-Herumlungerns. Wie ein richtiger Geheimagent fühlte ich mich, allerdings mit zufällig wechselnden Zielobjekten. Später bevölkerten düstere Gestalten die Grünfläche nebenan, man begrüßte sich mit Rapper-Handschlag und dealte in exotischen Dialekten mit Kristallmett und Jahreswagen.

Knapp vor seiner Enttarnung stand Spion ooBoning im sächsischen Plauen. An einem Samstag im Dezember besuchte ich meine dort lebende liebe Theaterkollegin Anne Rathsfeld, hatte ihr Spiel im Plauener Theater bejubelt und anschließend einem Umtrunk beigewohnt. Sodann hatte ich mich von ihr auf einer Schrebergarten-Parzelle einquartieren lassen, die von einem Theater-Kollektiv gepachtet ist (ja, so was gibt es noch; schön). In der Nacht belauschte ich besoffene Nazi-Knallköppe bei ihrem «Kontrollgang» durchs angrenzende Plattenbau-Viertel (ja, so was gibt es noch; leider). Dass es sich um Nazi-Knallköppe handelte, meinte ich ihren Dialogen zu entnehmen, deren Refrain in der Aufforderung «Stirb, du Jude!» bestand, was in seiner alkoholisierten Schrillität den Klang quietschender Kreide auf einer Schultafel sogar noch übertraf. Vorsichtshalber verdunkelte ich mein Wischfon und stellte mich tot. Eigentlich falsch, dachte ich. Man müsste hingehen und den Schwachmaten die Stirn bieten oder doch wenigstens die Polizei verständigen. Bis auf zehn Meter näherte sich das Pack meinem Rucksack, zertrümmerte eine Bierflasche, danach kehrte Ruhe ein.

Nein, weder Blockwarte noch andere Ordnungshüter konnten mich je erwischen, und von Mord und Totschlag blieb ich verschont. Auch wurde mir nie etwas aus dem Zelt gestohlen. Am Anfang meines Experiments hatte ich ein eher ungutes Gefühl, wenn ich meinen Rucksack tagsüber im Zelt ließ, selbst auf Campingplätzen. Um mich zu beruhigen, verwendete ich zunächst ein kleines Fahrradschloss, um meine Habe am Zelt zu befestigen – und den Reißverschluss der Zeltluke gleich mit. Diese Schlosserei hatte aber höchstens symbolische Bedeutung, zum einen weil der Reißverschluss meiner Zelttür von beiden Enden geöffnet werden kann; gibt's unten ein Problem, nimmt Mister Langfinger eben den oberen Nupsi. Zum anderen: Um meinen Monster-Rucksack mit seinen unübersehbaren Nebenfächern restlos vor allen denkbaren Zugriffen zu sichern, bräuchte ich einen zweiten Extraruck-sack nur für die notwendigen Schlösser und außerdem noch ein Schloss, um dann diesen Extrarucksack zu sichern. Und selbst wenn ich all diese Maßnahmen ergriffe: Ein moderner Dieb setzt auf Hightech. Sogar mit der Schere weiß manch gewiefter Gauner umzugehen. Meine Walmägen mögen Regen, Schnee und Stür-men trotzen – einer Schere sind sie wehrlos ausgeliefert. Wie also verfahren?

Ich durchstöberte das Internet nach Zeltalarmanlagen, stieß aber nur auf Geräte, die eigentlich für Wohnmobile oder Wohn-wagen konzipiert waren, einen 12-Volt-Strom-Anschluss benötig-ten und so viel Geld kosteten, dass sie der teuerste Gegenstand im Zelt gewesen wären – also sozusagen jenes Juwel, das die Diebe erst anlockt. Dann erfuhr ich von der Existenz sogenannter Handtaschenalarme, bei denen es sich um mobile Kleingeräte handelt, preislich einem Mittagessen vergleichbar, die aktiviert werden, wenn eine Alarmschlaufe aus dem Apparat gezogen wird. Folge: Es erklingt eine Sirene mit 100 Dezibel Schalldruck, außerdem beleuchtet ein Dauersignalblitz den Tatort. Nach reiflicher Überlegung habe ich mir dieses Gerät nicht zugelegt. Warum? Vor einigen Jahren habe ich mich von einem versierten Kenner der Stadtgeschichte Venedigs durch die Kanalmetropole führen lassen. «Fällt Ihnen etwas auf?», fragte er mich auf dem Markusplatz, und ich wusste nicht so recht, worauf er hinaus-wollte. «In dieser Stadt fehlt etwas, was in keiner anderen euro-päischen Stadt des Mittelalters fehlt.» Ich verstand noch immer nicht. «Die Stadtbefestigung! Venedig hat keine Stadtmauer, keine Wehrtürme, nichts, was Piraten daran hindern könnte, die Stadt zu attackieren.» – «Aha; stimmt. Aber warum? Reichte die Lagunenlage als Schutz?» – «Die Dogen haben sich mehrfach mit dem Thema befasst, sich dann jedoch ganz bewusst gegen eine Befestigung entschieden. «Unsere Macht ist so groß, dass eh keiner wagt, uns anzugreifen. Und diese Macht demonstrieren wir, indem wir auf eine Mauer verzichten.» So in etwa mögen die Venezianer gedacht haben, wenn ich dem Stadtführer trauen darf. Gewisse Zweifel an dessen Vortrag kann ich nicht verhehlen; kühn finde ich die Überlegung allemal. So kühn wollte ich auch sein und entschied mich zu einer Politik der offenen Zeltluke. Mir kann keener, kommt ruhig rein, liebe Langfinger, ihr werdet schon sehen, was ihr davon habt. Denn ich bin Wigald Boning, der Mann mit der Brille. Mein Motto ist: Hereinspaziert! Wenn ihr euch traut, dann klaut!

Eine Woche später wurde mein Fahrrad gestohlen, nachts, in Berlin-Neukölln, ganz klassisch. Normalerweise habe ich keine besonders enge Beziehung zu Sachen, schon gar nicht zu technischen Geräten – bei diesem Rad war die Sachlage völlig anders. Mit meinem «Birdy» war ich erst im gerade vergangenen Sommer über die Alpen geradelt, von Garmisch-Partenkirchen via Brenner und Passo Manghen nach Venedig, nonstop in 25 Stunden. Da es sich um einen der heißesten Tage des Jahres handelte, hatte ich mich fast ausschließlich von Spaghettieis ernährt, wobei der Hauptgrund hierfür die Tatsache war, dass die italienischen Eisdielen über wunderbar starke Klimaanlagen verfügen. Nach zwei Stunden Aufenthalt in Venedig hatten Klappi und ich den Nachtzug in Richtung München bestiegen und einträchtig ein Schlafwagenabteil miteinander geteilt. Jeder versteht, dass derartige Erlebnisse verbinden. Klappi und ich – wir gehörten zusammen, waren fortan ein Paar. Zum Dank kaufte ich mir fünf weiße Eddings und bemalte das Rad mit tausenden weißen stecknadelkopfgroßen Pünktchen. Es dauerte eine Woche, bis ich mein Werk vollendet hatte. Mein Rad war nun ein Unikat, mehr noch als ich. Und eben dieses Kunstwerk wurde schnöde gestohlen, trotz Fahrradschloss. Nachdem ich ein Weilchen getrauert hatte, beschloss ich: Jetzt erst recht. In Venedig waren wir glücklich, und Venedig soll mein Vorbild sein. Ab sofort kann mir jeder alles nehmen, zumal der einzige Gegenstand, der mir wirklich etwas bedeutet, ja bereits gestohlen ist. Schlimmer wird's nimmer. Von diesem Punkt an beschränkte sich meine Vorsorge nur noch darauf, Gaunern möglichst wenig zu bieten, Geldbörse und Handy am Mann zu tragen und im Zweifel abgelegen zu campieren. Auf Campingplätzen heißt das: im hintersten Winkel, in maximaler Distanz zu allen Nachbarn. Der gemeine Dieb, so mutmaße ich, ist lauffaul. Er wandert ungern, denn Wandern ist ein ehrliches Handwerk: Ein Schritt kommt vor den anderen, ganz ohne Schmu. Also ist man an abgelegenen Plätzen, die nach Möglichkeit nur zu Fuß zu erreichen sind, relativ sicher. Zum Beispiel unterm Gipfelkreuz der Krinnenspitze. Da waren, so behaupte ich jetzt einfach mal, erst selten Taschendiebe am Werk. Diese Taktik gilt aber nicht nur im Hochgebirge, sondern auch in der Großstadt: Im «City Camp 2» in Berlin dürfte sich der sicherste Platz an der Spitze der Landzunge zwischen Hohenzollernkanal und Saatwinkler Damm befinden. Zum nächsten Waschhaus braucht man einen halben Tag. Na ja, fast. Dass ich mich in diesem Waschhaus eh nur verlaufe, habe ich Ihnen ja bereits erzählt, also kann mir die Distanz getrost egal sein.

In der Werkzeugtasche meines geklauten Klapprads befand sich übrigens auch mein CS-Gas im Lippenstiftdesign. Ich kaufte mir keine weitere Spraydose, auch kein Samurai-Schwert, keinen Flitzebogen, keine Panzerfaust. Hoffentlich liest Bodyguard Kathrin nie dieses Buch, denn sonst würde sie an dieser Stelle erfahren, dass ich mein Zeltexperiment größtenteils unbewaffnet durchgeführt habe. Bitte verzeih mir, liebe Kathrin.

Merke: Wer glaubwürdig ausstrahlt, dass bei ihm nichts zu holen ist, wird selten ausgeraubt. Wer jedoch gar nichts *hat*, *kann* gar nicht bestohlen werden – das ist eine Frage der Logik. Und wer das kleinste Zelt auf dem Campingplatz bewohnt, also das untere Ende der Gesellschaft markiert, ist für Ganoven wahrscheinlich weniger interessant als der Typ vom Riesenwohnmobil mit der Satellitenschüssel. Aber das sind alles Mutmaßungen. Womöglich werden mir, während ich dies tippe, die Heringe vom Zelt geklaut.

Nach dem ersten Wintereinbruch im November hatte sich eine zähe Milde etabliert, die keinerlei besondere Kälteschutzmaßnahmen erforderte. Vorsichtshalber nahm ich meine ultraleichte Klappmatte zum Unters-Lager-Legen mit auf Reisen, außerdem Handschuhe und Pudelmütze, aber dringend notwendig waren diese selten.

Anfang Dezember gastierte ich mit meinem Einkaufszettelvortrag in Rudolstadt / Thüringen und übernachtete auf historischem Boden, nämlich im Garten einer Villa, in der sich heute ein Auktionshaus befindet. Der Chef des Betriebs führte mich durch den verwunschenen Garten, vorbei an Teich, Putten und Pavillon, bis zu einer Pan-Skulptur, halb Mensch, halb Ziegenbock. «Genau an dieser Stelle», erklärte mir der stolze Hausherr, «genau hier ist Goethe Schiller das erste Mal begegnet.» Nanu; irgendwo hatte ich mal aufgeschnappt, dass deren erste Begegnung in einem Hörsaal stattgefunden haben sollte, aber der Auktionator machte einen überaus gebildeten, zudem überzeugenden Eindruck, und so beschloss ich umgehend, ihm zu glauben. «Der Garten», so führte mein Gastgeber weiter aus, «war früher Teil des Anwesens derer von Lengefeld, und mit den Schwestern Charlotte und Caroline von Lengefeld unterhielt Friedrich Schiller ein, nun ja, wie soll man's nennen, vielleicht, hm, ein Techtelmechtel. Jedenfalls verbrachte Schiller mit den Mädchen hier im Garten viel Zeit, bis es der Mutter von Lengefeld zu bunt wurde und sie dem Treiben ein Ende machte.» Schiller schrieb auch einiges in Rudolstadt, etwa die «Geschichte des Abfalls der vereinigten Niederlande von der spanischen Regierung». Begeis-

tert blickte ich auf die Panskulptur und die Parkbank daneben und freute mich auf die Nacht.

Nach meinem Auftritt im Soziokulturellen Zentrum (geiler Name – sollte ich jemals Diskothekenbesitzer werden, nenne ich mein Etablissement auch so) schlich ich mich durch die Gartenpforte, näherte mich nicht ohne Ehrfurcht Pan und Parkbank und legte mich drauf. Auf ein Zelt konnte ich im Lengefeld'schen Garten verzichten, die Nacht blieb trocken und frostfrei. Beim Einschlafen phantasierte ich Schwestern auf Schaukeln herbei, mit Reifröcken im Sommerwind, ferner den ernsten Schönling Schiller. Jedenfalls stellte ich ihn mir so vor, eitel, etwas gespreizt, mit intensivem Blick, so eine Art Richard David Precht mit Schillerlocken. Goethe sah ich auch, aber in Alt, mit Bauchansatz und Hohlkreuz, er stand drüben am Teich und schaute schmunzelnd den schaukelnden Schwestern zu. Dann legte die verlebte Geistesgröße Gehrock, Kummerbund und Schnallenschuhe ab und ging eine Runde schwimmen. Als ich morgens erwachte, wähnte ich sie alle neben mir im Gras auf einer Campingdecke; die Schwestern hatten Schiller in ihre Mitte genommen, und Goethe schnarchte laut wie ein Handtaschenalarm, mit 100 Dezibel.

Dies ist, so entdeckte ich, eine interessante Methode, sich mit Geschichte zu beschäftigen: Man schläft drüber, und zwar vor Ort. Schlummerdidaktik. Und als wenige Tage später die Planungen für eine Fernsehsendung namens «Die Geschichtsjäger» auf HISTORY begannen, in der Outdoor-YouTuber Friedrich Meinecke und ich verlassene Orte besuchen, war uns klar, wie wir die Nächte zwischen den Drehtagen verbringen würden, nämlich: vor Ort, im Schlafsack. Die erste Folge wurde in Ballenstedt am Harz gedreht, und auch dort bezog ich für mehrere Nächte eine bequeme Parkbank, nämlich auf dem Exerzierplatz der ehemaligen «Nationalpolitischen Erziehungsanstalt», kurz «Napola». Tagsüber interviewte ich für die Sendung einen ehemaligen Schüler der NS-Eliteschule, und seine erschütternden Schilderungen folgten mir bis in den Schlaf.

Nikolaus verbrachte ich auf dem heimischen Gitterrost. Aus Daffke hängte ich eine Socke an den Zeltgiebel, aber am nächsten Morgen war das Ergebnis enttäuschend: keine Süßigkeiten, dafür war die Socke von Tau durchtränkt. Immerhin begann ich nun, mich mit den Planungen für ein gelungenes Weihnachtsfest zu beschäftigen: Im Gartencenter erwarb ich die kleinste Konifere, ein winziges Fichtenbaby im Ziertopf, außerdem auf dem Weihnachtsmarkt am Münchener Marienplatz einen zum Minibaum passenden Satz albernen Christbaumschmucks, bestehend aus je einem miniaturisierten Hot Dog, Handy, Stöckelschuh, Königspudel, Gurke und Filmdose. Besonders die Filmdose ließ mich rätseln: Was in Knecht Ruprechts Namen war der Symbolgehalt einer Filmdose, warum wurde sie als Christbaumschmuck angeboten? Mir fiel keine schlüssige Erklärung ein, aber bekanntlich handelt es sich ja auch bei der Geburt Jesu Christi um ein Mysterium – insofern passte auch die Filmdose. Vorfreudig plante ich meine erste Zeltweihnacht, schnitzte mir eine Krippe aus Ästen, die ich im Englischen Garten zusammentrug, und überlegte, welches Weihnachtsmenü ich zubereiten könnte. Ein Truthahn im Hilleberg schied aus, schon aufgrund seiner Größe. «Karpfen im Walmagen» klang zwar kulinarisch schlüssig, aber ich fürchtete die olfaktorische Dominanz des Fisches im Zelt. Unkomplizierter erschien mir die musikalische Komponente: Ich würde, so beschloss ich, ein Querflötenkonzert geben, nur für mich alleine. Nicht weil ich etwas gegen Besuch hätte, sondern weil, wie eine erste Flötenprobe vor Ort ergab, das Zelt mit mir und meiner Flöte vollständig gefüllt war und ich aufpassen musste, beim Spielen nicht ständig an die Wände zu stoßen – für Konzertgäste, selbst für ganz kleine, war also kein Platz.

Ein wenig bedrückend fand ich die Aussicht, Weihnachten alleine im Zelt zu verbringen, durchaus, und ich erwog den Besuch eines Campingplatzes. Ideal erschien mir «Märchencamping», das ist so eine Art bewohnbarer Themenpark in Stuhr vor den Toren Bremens, den ich in meiner 101. Nacht an der frischen Luft kennengelernt hatte. Zwischen allerlei Plaste-Skulpturen und Streicheltiergehegen wäre man dort in der Heiligen Nacht nicht gar so alleine, außerdem bot die Platzleitung ein gemeinsames Essen im «Räuberhaus» mit anschließender Weihnachtswanderung an. Saisonale Veranstaltungen sind eine besondere Spezialität des «Märchencamping»-Platzes, die Highlights des Jahres 2016 waren beispielsweise: Osterfeuer, Maibaum-Schmücken und Maibowle angießen, Schwimmbaderöffnung, «Der Hasenacker-Express fährt wieder», Muttertags-Sektfrühstück (mit kleinen Häppchen), «Wir suchen den Pfingstochsen und feiern ihn im Räuberhaus», «Public Viewing im Haus des Reiters (Vorraum)», Highland-Games («Über traditionell gekleidete Schottinnen und Schotten würden wir uns freuen»), Sommeranfangsparty mit Hexenschnodder aus dem Slushyboy, Märchen- und Gruselparty für Groß und Klein, Tombola und Campingrallye, Flutlichtspringen, Wegetaufe (bitte die Namens- und Taufwünsche rechtzeitig anmelden!), Oktoberfest und Abcampen. Wohlgemerkt: Diese Liste ist keineswegs vollständig, unter anderem habe ich auf die Erwähnung sämtlicher Poolpartys verzichtet. Auch in Zukunft jagt hier ein Termin den anderen; wer also immer schon mal wissen wollte, wie sich Hexenschnodder aus dem Slushiboy anfühlt oder wohin der Hasenexpress denn überhaupt fährt, der lasse alles stehen und liegen und verbringe den Rest seines Lebens beim «Märchencamping» in Stuhr.

Ich jedoch scheute den Weg in den Norden, war zu reisefaul, und am Heiligen Abend legte ich mich schlicht und einsam auf eine Wiese am 1055 Meter hohen Auerberg, just auf der Grenze zwischen Oberbayern und Allgäu. Ein Zelt brauchte ich in dieser trockenen Weihnacht nicht, mir reichten Schlaf- und Biwaksack. Mit Blick auf Stall, Krippe und Alpenpanorama spielte ich auf der Flöte, was mir an Weihnachtsliedern in den Sinn kam, dann betrachtete ich versonnen meinen Freund, den Mond, und schmauste ein paar Butterkekse. Meinen Weihnachtsbaum positionierte ich seitlich neben dem Kopfende meiner Isomatte und genoss den festlichen Glanz von Hot Dog, Handy und Damenschuh im Lichtkegel meiner Stirnlampe. Anschließend lauschte ich konzentriert den Kirchenglocken in Nah und Fern, versank in stiller Andacht und schlief ein.

Am nächsten Morgen wurde ich zeitig geweckt. Es war noch dunkel; ein Wanderer wünschte mir ein frohes Fest und empfahl mir, meine Augen aufzuschlagen, wenn ich den Sonnenaufgang nicht verpassen wollte. Die Wiese war mit Raureif gezuckert, mein Esbit-Kaffee schwarz. Bald war die Alpenkette in violettes Licht getunkt, und am Fuße des Säulings machte ich Füssen, den Forggensee und das Schloss Neuschwanstein aus – ein herrliches Panorama. Keine Frage; ich habe schon weniger angenehme Weihnachtsfeste erlebt. Wer die Weihnacht alleine verbringt, feiert, um noch einmal auf Friedrich Schiller zurückzukommen, ohne Kabale und Liebe – und das ist immerhin die zweitbeste Lösung.

Den Jahreswechsel verbrachte ich in einem Tanzlokal in meiner Nachbarschaft, dem «Buenavista». Der Club ist ein Treffpunkt der Südamerikaner in München, und der dort bevorzugte Tanzstil heißt «Bachata». Dieser Paartanz ist nicht sonderlich kompliziert: Drei rechts, Knie hoch, drei links, Knie hoch, mit Hüftschwung und Stop & Co. Ich lernte schnell und tanzte, wie man es von einem Herrn erwartet, der die letzten Monate allein in einem Kleinzelt zugebracht hat: vielleicht ein bisserl steif im Gebälk, aber dafür hemmungslos ekstatisch. An diesem letzten Abend des Jahres lernte ich einen Haufen interessanter Leute kennen, etwa eine

Tierärztin, die sich auf Greifvögel spezialisiert hat und sich in den Vereinigten Arabischen Emiraten einen goldenen Schnabel verdient. In den Tanzpausen berichtete sie von einer cremefarbenen Wanderfalken-Neuzüchtung und Röntgengeräten, die auch für narkotisierte Steinadler geeignet sind. Dann war da Thorben, der sich eine zukunftsträchtige App ausgedacht hat, so 'ne Art Tinder für Tierhalter, für Leute, die ihr Pferd als Deckhengst anbieten wollen oder ihren Pudel. Sein Kumpel hieß Ralf, außerdem war da noch eine Rettungsschwimmerin aus Costa Rica. Eigentlich ist Silvester überhaupt nicht mein Fest; in den letzten Jahren habe ich normalerweise eher ungeduldig auf das Anstoßen gewartet, um mich sofort danach in die Heia abzumelden – und den Jahrtausendwechsel habe ich gleich ganz verpennt. Dieses Mal war alles anders, was mit jener Armut an Sozialkontakten zu tun haben kann, die das dauerhafte Ausharren im Walmagen mit sich bringt. Der Mensch sehnt sich bekanntlich nach dem Gegenteil dessen, was er gerade hat – sicher eine Triebfeder der Evolution.

Als die Veterinärin nach zünftiger Feierei schließlich ihre Fahruntüchtigkeit feststellte, lud ich alle, auch Thorben und Ralf, kurzerhand in meine Wohnung ein, verteilte Bettzeug und verkroch mich im Zelt. Noch lange klingelten Telefon und Türglocke, baten beschwipste Tanzbeinschwinger um Einlass, um ebenfalls in meiner Wohnung übernachten zu dürfen – aber da schlief ich schon lange auf meinem Gitterrost. Die Bude war am nächsten Morgen übrigens völlig okay. Kann gerne wiederholt werden.

Meinen 49. Geburtstag feierte ich dann wieder alleine, im Taurus auf den Shetland-Inseln. Jaja, auf den Shetland-Inseln, ich werde hiervon noch gesondert erzählen. Die Zeltzeremonie zu meinen Ehren verlief folgendermaßen: Aus dem Rucksack holte ich am späten Vorabend eine eigens für diesen Anlass mitgebrachte Probepackung «Mon Chéri» und befestigte auf ihrer Oberseite eine kleine Kerze. Pünktlich um null Uhr verstieß ich vorsätzlich gegen die Regel, im Zelt kein offenes Feuer zu entzünden, blickte beglückt ins Kerzenlicht und sang mir ein Geburtstagsständchen, und zwar von Stevie Wonder: «Happy Birthday to me, happy Birthday!» Auf «me» schloss ich beide Hände zu Fäusten und zeigte mit den ausgestreckten «Like»-Daumen auf meine Brust, während ich gleichzeitig ein Auge schloss, um mir selber anerkennend zuzuzwinkern. Ja, es ist mir bewusst, dass dieser Art der Huldigung eine gewisse Komik, aber auch eine gewisse Traurigkeit innewohnt, und nein, ich bin Ihnen nicht böse, wenn Sie bei mir aufgrund dieser Schilderung den Anflug einer narzisstischen Persönlichkeitsstörung diagnostizieren.

18 > Fouls

Der Klügere kippt nach» mit Hella von Sinnen, Hugo Egon Balder und mir wurde montagabends live von der Hamburger Reeperbahn übertragen, jedenfalls bevor Tele 5 die Sendung absetzte: Man hatte wohl aufgrund mauer Quoten kalte Füße bekommen. Dieses Gefühl wiederum kam mir vertraut vor, verbrachte ich doch meine Nächte nach den Sendungen auf dem schmalen Austritt des Hotels «Hafen Hamburg» mit bonfortionösem Blick auf die St.-Pauli-Landungsbrücken. Eigentlich hatte ich mich in die Grünanlage am Bismarck-Denkmal legen wollen, im Schatten der Sündigen Meile, aber Management und Produktionsfirma flehten mich geradezu an, von dieser Idee Abstand zu nehmen – die Sicherheitslage sei dort gar zu dubios. Also ließ ich mich maulend ins Hotel verlegen beziehungsweise auf den luftigen Gitterrost. Diesen konnte ich vom mir zugewiesenen Zimmer aus betreten; er war einen knappen Meter breit und befand sich direkt über der Hamburger U-Bahn-Linie 3 vor ihrer Einfahrt in den Bahnhof Landungsbrücken, was für eine regelmäßige, verlässliche und wirksame Lärmbelästigung sorgte. Im Zweifel sind Plätze neben den Rollbahnen deutscher Flughäfen diesem Austritt vorzuziehen, wegen des gnadenreichen Nachtflugverbots, welches U-Bahnen bekanntlich nicht betrifft, da diese ja nicht fliegen (Der Begriff «Hochbahn» ist irreführend). Auch meine leistungsstärksten Ohrenstöpsel wurden von der Linie 3 an ihr Limit gebracht, und ich kann mich an keine einzige «Der Klügere kippt nach»-Sendung erinnern, nach der ich auch nur einigermaßen geschlafen hätte. Während mich in der ersten Staffel meine persönlichen Unzulänglichkeiten als Besuffski-Bändiger um den

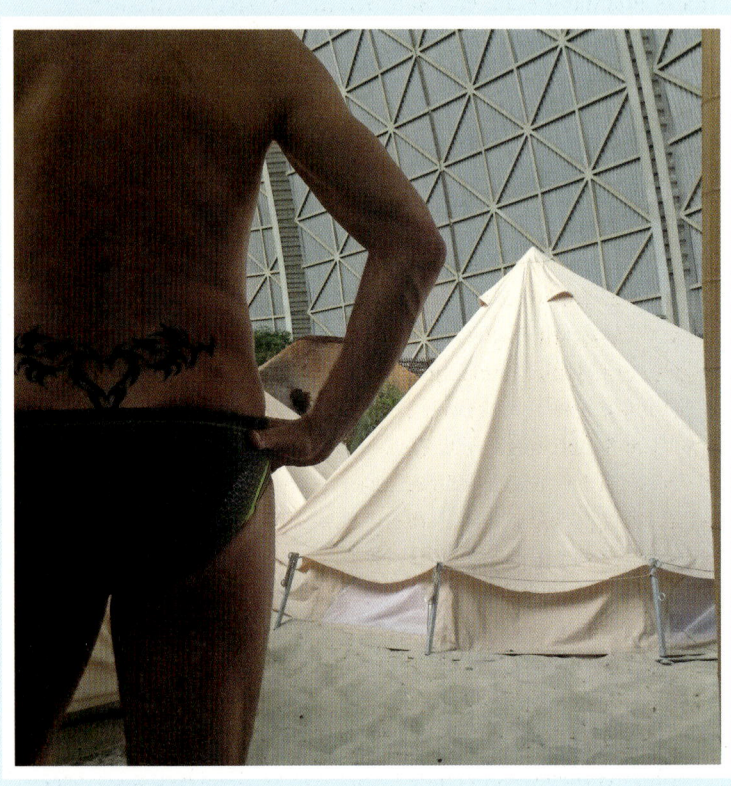

Schlaf gebracht hatten, waren es hier die exponierte Lage, der Lärm und das Wetter. Fast hätte ich … gemogelt. Aber nur fast.

Es war kurz vor drei Uhr morgens, meine erste Nacht im «Hafen Hamburg». Ich wähnte mich in einem bitterbösen Traum. Aber ich war wach, kein Zweifel. Am Morgen zuvor hatte ich mit meinem Vater einen Oldenburger Baumarkt besucht, denn der Wetterbericht hatte nichts Gutes verheißen. Da der Austritt des Hotels keinen Platz für ein Zelt bot und ich keinen Biwaksack im Gepäck hatte, brauchte ich eine anderweitige Regenschutzlösung. «Prima», redete ich mir die Lage schön, «dann kann ich ja mal ein neues Kapitel aufschlagen und meine Ausrüstung simplifizieren. Schluss mit Hightech, all dem teuren Schnickschnack, pah, alles, was der Mensch braucht, ist neben Matte und Schlafsack ein Schutz gegen das Wetter. Und um den zu gewährleisten, muss man keine Reichtümer investieren, zumal wenn's um nur eine einzige Nacht geht, sondern da reicht auch eine einfache Abdeckplane aus dem Baumarkt.» Mein Vater hörte meinem Gedankengang zu, zog dann eine Augenbraue nach oben und zeigte mir sehr langsam und eindringlich einen Vogel. Papa fand mein ganzes Experiment von Anfang an völlig bescheuert, und seine Zweifel am Geisteszustand seines Sohnes waren nicht kleiner geworden, als ihm klarwurde, dass ich tatsächlich Schlafzimmer mied, also auch wenn gerade keiner guckte. Und jetzt auch noch das: Klarsichtfolie für 1,95 €. Die billigste Malerware, vier mal fünf Meter. Als ich vorsichtshalber außerdem noch die bessere Gewebeplane für 4,95 € in den Einkaufswagen legte, unkte mein Papa: «Das ist ja der Gipfel der Inkonsequenz!»

Mittags war ich per Bahn nach Hamburg gefahren, hatte im Hotel eingecheckt und beide Planen parat gelegt. Der Wetterbericht war unmissverständlich: Unwetter über Hamburg in der Nacht. Die blaue Gewebeplane war deutlich griffiger als ihre billige Schwester und besaß Ösen, um sie am Geländer des Austritts zu befestigen, allerdings hatte ich auf die Schnelle keine Schnur parat und vertagte die Vertäuung. Die Klarsichtfolie riss bedrohlich schnell, wenn man sie straff spannen wollte, eigentlich war mir von Anfang an klar, dass sie bei Regen nicht helfen würde. Aber erst mal ging's rüber auf die Reeperbahn zu «Der Klügere kippt nach». Wie immer versuchte ich wacker, den mehr oder weniger verlallten Wortbeiträgen meiner Talkgäste Struktur zu verpassen und Hella, wenn ihr lautes Organ gar zu dominant wurde, zum Schweigen zu bringen (völlig erfolglos natürlich). Nach der Live-Show und kurzer Manöverkritik im Hinterzimmer des «Zwick» ging ich zu Fuß zum Hotel. Sprühregen hatte eingesetzt, der von starken Böen aus wechselnder Richtung in die Waagerechte gezwungen wurde; ein Regenschirm war bei diesem Wetter ein völlig nutzloses Utensil.

Bang öffnete ich die Tür zum Austritt; kalte Tröpfchen peitschten mir entgegen wie die Pranke einer neurotischen Hauskatze. Schnell machte ich die Tür wieder zu und wischte mir den Regen aus dem Gesicht. Schluck. Langsam war es Zeit, sich eine Schlaftaktik zu überlegen. Erst mal runter zur Rezeption. «Haben Sie Bindfaden?» Der Nachtportier blickte auf die Uhr; es war knapp vor 12. Kurze Suche, dann überreichte er mir ein paar Meter Strickwolle von jener Trikotagen-Arbeit, mit der er sich offenbar in seiner Freizeit beschäftigte. Mit diesem Faden gedachte ich nun die blaue Gewebeplane am Geländer zu befestigen, und zwar so, dass auch das Geländer selbst verpackt wurde, um die Böen daran zu hindern, den Regen von der Seite unter meine Plane zu blasen. Nach wenigen Minuten Bastelarbeit im Freien hatte ich zwar die Ösen der Plane an einer passenden Strebe befestigt, aber das blaue Tuch maß zwei mal drei Meter, war für meinen Zweck also viel zu groß, und außerdem fand ich keine Befestigungsmöglichkeit für die Ösen an der anderen Seite. Ersatzhalber legte ich mich auf die überstehende Plane, umständlich bugsierte ich mich in den Schlafsack, und bereits während dieses Manövers musste ich den totalen Misserfolg meines Vorgehens einräumen: Ein Windstoß drang von der Seite in meine Notunterkunft; ruckartig beulte er die Plane aus. Nun lag ich in einer halbrunden Röhre, es pfiff und fauchte, die inzwischen durchweichten Wollfäden rissen, und mein Dach flatterte im Wind wie eine Flagge am Mast eines Segelboots. Vom Hafen drang das dumpfe Tuten eines Schiffshorns herüber; es klang wie ein gehässiger Kommentar. «Sehr witzig», zischte ich, dann krabbelte ich aus dem Schlafsack und versuchte, die nasse Plane am Davonfliegen zu hindern und erneut zu befestigen. Nicht nur die Plane war nass, sondern auch alles andere, inklusive ich. Nach langem, fruchtlosem Hantieren wickelte ich mich im Schlafsack in die Plane ein, so wie man auf dem nahen Fischmarkt Aale in Zeitung einwickelt. Vor meiner Selbsteinwicklung erhaschte ich noch einen Blick durch die bis zum Boden reichende Fensterscheibe auf mein Hotelbett, frisch bezogen und einladend aufgeschlagen. Mit einem gebrochenen Seufzer verstöpselte ich meine Ohren und döste, aber nicht lange. Meine Blase meldete sich, lautstark wie Hella von Sinnen bei «DKkn». «Nix da, jetzt wird ausgeharrt bis zum Morgen», befahl ich rüde, aber meine Blase füllte sich mehr und mehr, druckvoll wie Zolas «J'accuse» brachte sie meinen Plan ins Wanken und schließlich, um kurz nach zwei, zum Implodieren. Ich wickelte mich aus, stieß beim Aufstehen mit dem Kopf ans Geländer, verlor meine Contenance und fluchte wie ein Krabbenfischer. Dann durchquerte ich mein Hotelzimmer und besuchte das Bad. Als ich auf meinem Rückweg nach draußen das lockende Hotelbett passierte, verlangsamte ich meine Schritte … setzte mich auf die Bettkante … ließ den Oberkörper nach hinten sinken … schloss die Augen – und öffnete sie sogleich wieder. Ich klopfte mir gedanklich auf die Finger, gab mir einen inneren Fußtritt, wenn denn derlei innere Züchtigungen psychophysiologisch möglich sind, zwang mich ins Schmuddelwetter und wickelte mich wieder in meine Plane ein. Eine Stunde lag ich dort im Halbschlaf, zwischen Hafen und Hader, dann war es kurz nach drei, und ich erklärte meine Nachtruhe für beendet. Mit Wonne stieg ich in die Wanne und genoss ein heißes Vollbad. Anschließend zog ich meine Tageskleidung an. Auf in den Tag. Es war kurz vor vier, und bis zum Frühstück würde ich noch ein Weilchen warten müssen. Für einen Morgenspaziergang war das Wetter zu schlecht, und so legte ich mich mit einem Buch aufs Bett und – schlief ein. Oh Schreck! Als ich erwachte, meldete sich umgehend mein schlechtes Gewissen: Hatte ich gegen die eine Regel verstoßen, die ich mir auferlegt hatte? War meine bisher makellose Übernachtungsbilanz nunmehr befleckt, hatte ich gar mein eigenes Werk zerstört? Gewiss, einen erheblichen Teil der Nacht hatte ich draußen zugebracht, nämlich drei Stunden. Jetzt war es sechs Uhr dreißig, was bedeutete, dass ich zweieinhalb Stunden auf dem Hotelbett geschlafen hatte. «Du mieser Betrüger», schalt mich eine innere Stimme, jene Stimme, die mir zuvor auch innerlich auf die Finger geklopft und einen Fußtritt verpasst hatte, aber eine andere innere Stimme sagte: «Erstens warst du länger draußen als drinnen, zweitens liegst du hier bekleidet und liest, gehst also einer typischen Tagestätigkeit nach. Außerdem bist du gar nicht zugedeckt. Der Fall ist also klar – die Nacht verlief regelkonform».

Das schlechte Gewissen begleitete mich bis mittags, dann dämpfte bleierne Müdigkeit das Ringen der inneren Stimmen und brachte sie schließlich zum Schweigen. Einreißen, das war jedoch klar, sollte diese wachsweiche Regelauslegung auf keinen Fall.

Einen echten Regelverstoß gestattete ich mir einige Wochen später, im Januar, und zwar völlig planmäßig. Bereits in den ersten Tagen meines Experiments hatte ich beschlossen, eine Nacht im «Tropical Islands» zu verbringen, 80 Kilometer südlich von

Berlin. Zu Zeiten des «Neuen Marktes», Ende der 90er, hatte man dort eine riesige Halle für die Montage sogenannter Cargolifter errichtet, Zeppeline zum Transport schwerer Lasten. Nachdem der Neue Markt zusammengebrochen und die Cargolifter-Firma pleitegegangen war, hatte ein malaysischer Investor diese größte freitragende Halle der Welt gekauft und zu einem überdachten Freizeitpark umgebaut. Als ich das gigantische Spaßbad vor einigen Jahren besuchte, hatten mich vor allem die Indoor-Zeltplätze belustigt, und das erfrischend absurde Bild der auf Sand errichteten Tipis unter der futuristischen Gebäudedecke war mir sogleich wieder in den Sinn gekommen, als ich mich im August 2015 meinem Experiment verschrieben hatte. Regeln hin oder her – eine Nacht im «Tropical Islands» war obligatorisch

Es war ein frostiger Samstag, als ich mittags durch schmutzige Schneereste zur Cargolifter-Halle stolperte, an der Rezeption eincheckte und meinen Riesenrucksack im Spind verstaute. Erster Eindruck: Hier herrscht dicke Luft, chlorgesättigt und von süßlicher Wärme. Solche Luft war ich Frischluftadept nach fünf Monaten nicht mehr gewohnt. Kurz wurde mir blümerant, dann riss ich mich zusammen und nahm ein Begrüßungsbad in der «Blue Lagoon», dem zentralen Badegewässer. Zweiter Eindruck: An diesem Ort war fast jeder tätowiert, und ich rätselte, was das Geheimnis dieser unerhörten Tattoo-Dichte sein könnte. Handelte es sich um eine brandenburgische Eigenart, ein Dissertationsthema für Ethnologen? Oder geht elaborierte Badekultur, dessen Kapitale das «TI», wie wir Insider sagen, unzweifelhaft ist, mit opulentem Körperschmuck einher, da man ja in einem Spaßbad nur wenig Möglichkeiten hat, seine Persönlichkeit in Äußerlichkeiten auszudrücken, von Stringtanga und Bermudashorts einmal abgesehen? Die häufigste Tätowierung war das klassische Arschgeweih, außerdem gab es Kobras, Herzen und Schmetterlinge zu bestaunen. Wer hier dazugehören wollte, sollte sich tunlichst tätowieren lassen, und zu meiner großen Erleichterung gab es in einer südostasiatisch anmutenden Siedlung zwischen Palmen und Boutiquen einen kleinen Shop, in dem man sich Airbrush-Tattoos aufmalen lassen konnte. Flugs trank ich mir mit einem «Sex on the Beach» Mut an, dann ließ ich mir das wesentliche Erkennungszeichen der Eingeborenen über die Ritze pinnen. Jetzt war ich einer von ihnen, hurra!

Anschließend bezog ich mein Zelt, es hatte die Nummer 1046, befand sich im sogenannten «Rainforest Camp» und war ein geräumiger Wigwam für vier Personen, mit dünnen Matten und einem Rauchmelder im Giebel. Die Suche nach dem richtigen Zelt verbrauchte einen Gutteil des Nachmittags, was jedoch völlig okay war, weil man so die unwirkliche Grandezza dieser Truman-Show für Fußgänger erst so richtig zu würdigen lernte. Meine Nachbarschaft bestand hauptsächlich aus polnischen Familien, die, darauf deutete ihr umfangreicher Hausrat hin, offenbar länger blieben als nur eine Nacht; ich tippte auf zwei Wochen und grüßte schüchtern in die Runde.

Eine digitale Temperaturanzeige am Eingang zum «Alcantara Canyon» verkündete stolze 31 Grad Celsius. Die Windstille des Ortes erinnerte mich an das Death Valley in der Sierra Nevada, wobei ich gerne gestehe, noch nie im Tal des Todes gewesen zu sein. Ich orientierte mich an meinen polnischen Nachbarn und führte mein Arschgeweih in den «Elefanta Temple» aus, dessen Name zwar auf eine Kultstätte für Vishnu oder Orangenlimo hindeutete, in Wirklichkeit jedoch nur ein Schwitzbad war. Direkt nebenan befand sich die «Trimurti-Kristallwelt», gegenüber vom «Guruwari-Blütendampfbad», also beim «Kinabulu Eisbrunnen», ganz in der Nähe der «Gunung Mulu Salzgrotte» und des «Ganges Fußsprudelbeckens». Drei Saunagänge und der anspruchsvolle Lesestoff auf den Wegschildern machten mich müde, und so kehrte ich in der «Sambesi-Bar» ein, um mich zu stärken. Nach einem weiteren «Sex on the Beach» hatte ich das Dach über mir völlig vergessen und nahm auch den Chlorgeruch nicht mehr wahr. Dafür freute ich mich über den Gesang der Zikaden und der Aras. Am Ufer der «Blue Lagoon» meinte ich ein kapitales Nilkrokodil zu erspähen, bei dem es sich allerdings bei genauerem Hinschauen nur um einen Schrubber handelte. Ob ich mir noch einen «Tequila Sunrise» gönnen sollte? «Nein», beschied die strengere meiner beiden inneren Stimmen barsch, «denn dann findest du den Weg zum Zelt nicht mehr oder verbaselst dein Armband» – jene elektronische Finanzfessel, ohne die kein Mensch diese sonderbare Parallelwelt betreten und erst recht nicht verlassen durfte.

Die Nacht verlief völlig unerwartet. Ich hatte mich wochenlang auf diesen Regelverstoß gefreut, diese Mogelei mit Arschgeweih – zumal in den ersten Tagen des jungen Jahres die Temperaturen frisch geworden waren. Im «Tropical Islands», so hatte ich mir versprochen, ist es nachts sicher wunderbar warm, da kannst du deinen Overall zu Hause lassen und dich erholen. Von wegen. Die Temperaturen sanken nach Betriebsschluss abrupt, und als Zudecke lagen in den Zelten lediglich dünne Laken parat. Wenn ich nachts erwachte, fror ich wie der berühmte Schneider. Und ich erwachte oft. Zum einen hörte ich Schreie, nicht allzu weit weg. Da hatte jemand Koliken, Sex oder Albträume. Oder beim Nilkrokodil hatte es sich mitnichten um einen Schrubber gehandelt, sondern um ein leibhaftiges Krokodil – in Parallelwelten wie der Truman-Show ist bekanntlich alles möglich. Zum anderen rangierten Kehrmaschinen wiederholt an der Rückwand des Zeltes entlang, lauter noch als die U3 vor ihrer Einfahrt in den Bahnhof St.-Pauli-Landungsbrücken. Und meine Ohrenstöpsel befanden sich in den Hosentaschen jenes Overalls, den ich, ganz bewusst, daheimgelassen hatte. Nach 145 Nächten an der frischen Luft musste ich hier so richtig schwer bibbern – diese

Strafe, so schmunzelte ich mit blauem Näschen, hatte ich mir für meinen vorsätzlichen Betrug redlich verdient.

Am nächsten Morgen schlurfte ich schwer gerädert zum Frühstück und gelobte beim heiligen Elefanta, nie wieder zu schummeln. Es lohnt sich einfach nicht.

Wenige Wochen später lud mich ein befreundeter Bergführer zur abendlichen Brotzeit in sein Haus nahe München ein. Auf der Tischplatte standen Butterbrez'n, halbe Hendl, Nudelsalat, Wurstsalat, Gurkensalat, Fleischsalat und Brotsalat, außerdem Speck, geräucherter Schinken, gekochter Schinken, Käseplatte, Semmeln mit eingebackenen Kartoffelquadern, kalter Braten und Tafelspitz. Der massive Eichentisch bog sich unter der Last des Schmauses; als guter Gast ließ ich mich nicht lumpen, aß alles ratzeputz auf und spülte mit einem Liter Weißbier nach. Anschließend hatte ich den Leibesumfang einer Litfaßsäule und war nicht mehr in der Lage, meinen vorgerückten Bauchnabel zu betrachten. Alle meine Kräfte, auch meine Willenskraft, waren mit der Verdauung beschäftigt, anders ist nicht zu erklären, dass ich die Frage des Gastgebers, ob er mir zur Übernachtung sein Gewächshaus anbieten dürfe, bejahte. Ich rollte mich apathisch durch den Garten und meine Isomatte in der verglasten Hütte aus. Gewiss: Das Haus war unbeheizt und die Verglasung einfach, die Luft zweifellos frisch und der Komfort zwischen Kompost und Kohlrabi bescheiden – aber streng genommen befand ich mich hier in einem festen Bau, einer Immobilie, so wie es sich beim «TI» ja ebenfalls um ein großes Gewächshaus gehandelt hatte. Auch in dieser Nacht wurde ich für meine mangelnde Regeltreue bestraft, und zwar durch Hunderte kleiner Nacktschnecken, die meine Schlafstatt bevölkerten. Sie drangen, vielleicht auf der Suche nach warmer Feuchtigkeit, auch in das Innere meines Schlafsacks ein und sorgten dort für eine Spezialbeschichtung aus zähem Schleim. Völlig bewegungsunfähig sah ich mich außerstande, mit den schmierigen Gastropoden in einen Dialog zu treten oder ihnen gar einen Platzverweis zu erteilen. Gut nur, dass keines der Tiere durch den geöffneten Schnarchmund in mein Inneres eindrang – ich wäre sofort geplatzt.

Als die Nacktschnecken mich einschleimten, reagierte ich mit einem Gleichmut, den ich selber noch ein halbes Jahr zuvor für unmöglich gehalten hatte. Er war das Resultat einer kontinuierlichen Abstumpfung, mehr noch: Mir waren Weichtiere und andere Mitgeschöpfe, denen die meisten Menschen bekanntlich eher skeptisch gegenüberstehen, nicht egal, nein, im Gegenteil, sie waren mir ans Herz gewachsen.

Gleich zu Beginn meines Experiments, auf der Boning-Insel in der Isar, hatte ich mich in ungewohnt enger Gesellschaft mit allerlei Getier befunden: Die springenden Salmoniden hatten noch vornehme Distanz gewahrt – im Gegensatz zu jenen Myriaden winziger Fliegen, die mich dort umschwirrt und begutachtet hatten, ganz abgesehen von jenem Humpen Isarwasser, der meiner ersten Wildkaffeezubereitung als Grundlage diente und in dem ich mindestens ein Viertelpfund Steinfliegenlarven gleichsam als Fleischeinlage mitgekocht hatte.

Bei meinem ersten spätsommerlichen Besuch im Berliner «City Camp 2» zahlte ich meine Schulden an Mutter Natur zurück: In einem Spandauer Supermarkt hatte ich mir eine Rolle Cracker als eiserne Reserve zugelegt und lagerte das Salzgebäck in der Apsis meines Hillebergs. Eines Abends kam ich vom Auftritt im Schlossparktheater zurück zum Zelt und verspürte spät ein jähes Hüngerchen. Also griff ich aus dem Innenzelt heraus in die Apsis und freute mich auf die Nachtmahlzeit. Das Wasser lief mir bereits im Munde zusammen – aber ach, bereits das Anheben der Packung sorgte für großes Hallo, denn: Sie war leer. An ihrer Rückseite entdeckte ich ein verblüffend kleines Loch, durch das sich sehr gelenkige Kostgänger hatten zwängen müssen, um an die begehrten Snacks zu gelangen. Krümel oder sonstige Rückstände waren nicht vorhanden, und so tippte ich auf Mäuse. Für Kleinnager ist die Apsis eines Kleinzelts spielend leicht zu erobern: Man zwängt sich durch den Spalt am Boden, und schon geht's ran an den Speck. Im Innenzelt hatte sich's derweil eine Spinne bequem gemacht, eine elegante Schönheit mit nussbraunem Korpus und eher bescheidenen handwerklichen Fähigkeiten. Ihr karges Netz bestand aus nur wenigen Fäden, vermeintlich planlos aneinandergeklebt. Typisch Berlin, witzelte ich, arm, aber sexy, wahrscheinlich befestigst du deine Fäden mit Hartz IV an meiner Zeltwand. Die Spinne guckte cool und tat so, als hätte sie meine herablassende Bemerkung nicht gehört. Morgens schlief sie lange, wie es in der Hauptstadt eben üblich ist; wurde sie wach, seilte sie sich auf meine Nasenspitze ab und kuschelte sich an mich. Die Spinne und ich, wir verbrachten eine einträchtige Woche miteinander; ich erzählte ihr vorm Einschlafen, wie es mir tagsüber ergangen war, und sie zeigte mir dankbar ihre Tracheen. Wir kamen uns immer näher, und nach ein paar Tagen Kennenlernen brachte ich aus der Garderobe des Schlossparktheaters sogar eine eigenhändig erlegte Mücke mit ins Zelt und servierte sie meiner langbeinigen Freundin mundgerecht im Netz. Ich war einerseits enttäuscht, als sie mein Geschenk verschmähte, andererseits hatte ich Verständnis dafür, dass sie sich nicht vollends von mir abhängig machen wollte, nun, da sie doch schon bei mir eingezogen war. Mit Bauchgrimmen dachte ich an meine bevorstehende Abreise. Sollte ich sie mitnehmen, in einer kleinen Schatulle? Als der traurige Morgen unseres Abschieds gekommen war, hatte sich die Spinne bereits aus dem Staub gemacht. Vielleicht wollte sie mir zuvorkommen, bevor ich sie sitzenließ, oder der Altersunterschied zwischen uns war einfach zu groß – ich werde den Grund unserer Trennung nie erfahren.

Ein weiteres Tier, das mit meiner Zelterkarriere eng verbunden ist, trägt den Namen Miss Flauschig. Miss Flauschig war einst der Bernbeurer Schulkater, lebte von den Pausenbrotresten der Grundschüler, und als der Winter bevorstand, wurde ihm von meinem Sohn Leander Asyl gewährt. Seinen Namen trägt er, weil dieser von meinem Filius festgelegt wurde, bevor sein Geschlecht ermittelt worden war. Bei Familienbesuchen im Allgäu campierte ich hinterm Haus, und als ich gleich in der ersten Woche meines Experiments erstmals mein Hilleberg im Garten aufbaute, war Miss Flauschigs Neugier groß: Zunächst strich der Schleichjäger etwas misstrauisch um den Walmagen herum, dann näherte er sich spiralisierend. Schließlich legte er sich auf die Lauer, so, als handelte es sich um eine fette Beute, eine rote Riesenmaus, hüpfte aufs Dach und erschrak, weil dieses unter seinem Gewicht nachgab. Er rutschte seitwärts ab, und um Halt zu finden, fuhr er die Krallen aus und punktierte die Zeltplane. Ich hatte dem Treiben bis dahin mit Sympathie beigewohnt, lungerte ein paar Meter weiter im spätsommerlich besonnten Gras herum. Die Lochung meiner brandneuen Wohnstatt – ich hatte sie gerade zwei Tage zuvor gekauft – riss mich aus meiner Lethargie. «Weg da!», schrie ich im schrillsten Diskant, und Miss Flauschig sprintete davon. Mit zittrigen Händen begutachtete ich die Krallen-Male und haderte mit ihm und mir, nicht zuletzt weil ich das liebe Tier erschreckt und verjagt hatte, anstatt ihm Anerkennung zu zollen, so wie man es mit jedem Zeitgenossen tun sollte, der sich erkennbar und ehrlich darum bemüht, die Welt zu begreifen. Und kaum hatte ich diesen Gedanken gedacht, sprang Miss Flauschig erneut aufs Hilleberg und fügte ihm weitere Beschädigungen zu. «Vandalismus! Gewalt gegen Sachen! Schluss damit!», schrie ich entsetzt, in blanker Angst um meine zukünftige Regensicherheit. Miss Flauschig flüchtete erneut – und hat seitdem nie wieder versucht, mein Zelt zu bespringen. Die Löcher stopfte ich zunächst mit Patextröpfchen, und ein paar Tage später legte ich mir speziellen Zeltkleber auf Silikonbasis zu. Noch am selben Tage vertrugen sich Miss Flauschig und ich wieder – wie das Foto auf Seite acht beweist. Später, als Miss Flauschig sich an mein Hilleberg gewöhnt hatte, brachte sie mir sogar Liebesgaben ins Zelt, etwa eine stark beschädigte Maus. Das kopflose Tier lag eines Abends in der Kapuze meines Schlafsacks. Bekanntlich muss man Katzen, die derlei Kostbarkeiten verschenken, loben, jede andere Reaktion begünstigt die Entwicklung von Neurosen beim Schleichjäger. Ich knuddelte meinen Gönner also herzlich und beschloss, das Innenzelt zukünftig noch sorgfältiger zu verschließen.

Als auffallend katzenreichen Campingplatz lernte ich «El Masnou» bei Barcelona kennen. In den ersten Tagen glaubte ich an ein konfliktfreies Miteinander, war ich doch schließlich den Umgang mit Katzen gewohnt. Dann bemerkte ich einen glänzenden, zähen Belag an der Außenhaut meines Taurus, optisch in etwa zwischen Klarlack und Haarspray. Ich verdächtigte den Mandarinenbaum, unter dem mein Zelt stand, als Quelle. Vielleicht der Saft einer am Baum ausgelaufenen Zitrusfrucht? Ja gibt es denn so was überhaupt: Faule Früchte, die am Ast Saft verlieren wie inkontinente Senioren? Letzteres brachte mich auf die richtige Fährte: Ich schnupperte vorsichtig an der Lackschicht – und verzog das Gesicht. Es handelte sich ganz eindeutig um Katzenpisse. Mit Maximalamplitude schüttelte ich den Kopf, stammelte ein empörtes «Un-er-hört!» und machte mich auf die Suche nach dem Sprayer. Bereits wenige Meter vom Tatort entfernt aalte sich ein Verdächtiger in der katalanischen Wintersonne. Als ich mich bis auf Streicheldistanz genähert hatte, flüchtete die Katze, was sie natürlich nur noch verdächtiger werden ließ. Dass sich aber auch andere Tiere meinem Verhör durch Flucht entzogen, schien auf mehrere Täter hinzudeuten. Ich vermutete organisierte Kriminalität, tippte auf das Komplott einer Urin-Bande. Argwöhnisch studierte ich potenzielle Mittäter, ihre Mimik, ihre Laufwege, versuchte, sie per Harnprobe zu überführen, aber ohne Erfolg.

Immerhin treten Katzen zwar manchmal als Struller und Gönner, selten jedoch als Diebe in Erscheinung.

Campingplatz Wöllishofen am Zürichsee, mitten im Winter. Schnee hatte mein Hilleberg gepudert, die Temperatur im Innenzelt betrug minus zwei Grad. Ich schnorchelte selig vor mich hin, als mich plötzlich ein Geräusch aus dem Schlaf riss. Ein kurzes Streifen am Stoff, nichts Spektakuläres, aber doch völlig anders als die gewohnten Wind- und Wetterklänge. Unwillkürlich riss ich meinen Oberkörper in die Aufrechte und schlug mit dem Kopf ans schneebedingt durchhängende Dach, was sogleich eine 360-Grad-Lawine auslöste. Mein Herz raste, und mit vor Entsetzen geweiteten Augen horchte ich in die Nacht hinein. Nichts war zu hören außer winterlicher Stille und in der Ferne die klappernde Takelage eines im Zürichsee vor Anker liegenden Segelbootes. Eine ganze Minute saß ich so da und suchte nach Erklärungen für das ungewohnte Geräusch. War da ein Seegespenst ans Ufer gekommen? Das Ungeheuer von Loch Zürich? Oder suchten mich Papparazzi heim? Per Drohne mit Nachtflugbefähigung? Oder war dies gar, oh Schreck, der kalte Atem des Todes und ich womöglich gar nicht mehr am Leben? Da mir nichts Plausibles einfiel, legte ich mich wieder hin und schlief weiter.

Es war bereits hell, als ich am Morgen erwachte. Ein erster Blick durch die Luke verhieß einen trüben, ungemütlichen Wintertag. Ohne Enthusiasmus zwängte ich meinen Leib in die klammen Klamotten, griff nach meinen Sportschuhen, die ich in der Apsis auf dem liegenden Rucksack deponiert hatte und – erschrak. Ein Schuh fehlte. Nanu. Wer klaut denn nachts aus Zelten Schuhe? Ein einbeiniger Bandit? Die Sache war insofern ärgerlich, als ich kein Ersatzpaar dabeihatte und der Boden mit einer fetten

Lage feuchten Neuschnees bedeckte war. Ich schlüpfte in die verbliebene Pusche und hinkte hinaus in den Schneeregen. In unmittelbarer Zeltnähe deutete nichts auf ein Eigentumsdelikt hin; etwaige Spuren waren nicht zu sehen. In einigen Meter Entfernung jedoch konnte ich auf der Winterwiese einen Huckel erkennen, der mit etwas Phantasie als eingeschneiter Schuh gedeutet werden konnte. Ich irrte nicht und konnte schon bald mein Fußkleid komplettieren. Mit detektivischem Spürsinn rekonstruierte ich den Tathergang; der Schlawiner musste durch den Spalt zwischen Außenzelt und Footprint gelinst (geschnuppert?), den Schuh dort entdeckt und stibitzt und ihn, als ich per Kopfstoß die Dachlawine auslöste, vor Schreck fallen gelassen haben. Nun nahm ich das Interieur der Apsis unter die Lupe. Ich vermisste das Futteral für meine Zeltstangen, aber das war eher unwichtig; Hauptsache, ich konnte beschuht durch den Tag schreiten, der übrigens lang zu werden versprach, da ich mich für Dreharbeiten zu «Rock the Classic» in Zürich aufhielt. Am Set erzählte ich später von meinem mit knapper Not abgewendeten Kostüm-GAU, und der Regisseur gab mir den entscheidenden Tipp. Füchse, so wusste er zu berichten, sind bereits mehrfach als Schuhdiebe identifiziert worden. Im rheinland-pfälzischen Föhren etwa wurden im Bau eines Rotfuchses (Vulpes vulpes) 250 unterschiedliche Modelle gefunden, vom Gummistiefel bis zu Pumps, und über ähnliche Sammlungen berichteten Lokalzeitungen in Mössingen (Baden-Württemberg) und im Würmtal bei München. Über die Motivation der Füchse gibt es derzeit mehrere Theorien: Am wahrscheinlichsten erscheint die These, dass sie den Salzgeschmack der duftintensiven Treter mögen, denkbar ist aber auch, dass Füchsinnen die Schuhe sammeln, um ihren Nachwuchs mit Spielzeug zu versorgen. Eher unwahrscheinlich sind Erklärungsmodelle, die auf Schuhtick und -fetischismus basieren.

Über meine Kontakte mit neugierigen Hunden und Alpendohlen habe ich ja schon berichtet. Andere Vögel, denen ich bei meiner Zelterei begegnete, waren Eichelhäher, Nebelkrähen, Lach-, Silber- und Raubmöwen, Hauben- und Schwanzmeisen, Nymphensittiche (in Köln, eine Folge des Klimawandels) und zweimal auch Eulen: Auf dem Campingplatz am Schweriner See nördlich der Landeshauptstadt erfreute ich mich eine ganze Nacht lang gruseliger Huhus. Ein investigativer Spaziergang zur nahen Baumgruppe, in der ich den Huhu-Uhu vermutete, musste jedoch wegen Lichtmangels ohne Ergebnis abgebrochen werden. In München hingegen hatte ich mehr Glück und konnte nach einer mit unzähligen Huhus beschallten Nacht im Englischen Garten die Sänger in Augenschein nehmen, allerdings gemeinsam mit einem Dutzend anderer Passanten, Hobby- und Pressefotografen. Zwei hellgraue Eulen saßen, nunmehr verstummt und mit Schlafzimmerblick, einträchtig nebeneinander in zehn Meter Höhe und ließen sich bereitwillig knipsen. Bei den Mäusejäger-Models handelte es sich, wie ich später in einem Ornithologen-Blog erfuhr, um Waldkäuze, die nach einiger Zeit sogar Nachwuchs zur Welt brachten.

Ähnlich spektakulär verlief die Begegnung mit einem kapitalen Hirsch. Diese geschah bei meiner Übernachtung auf der Parkbank am Rande des Exerzierplatzes der ehemaligen Napola in Ballenstedt / Harz. Die Nazi-Großbauten standen leer, die Freiflächen verwilderten, das gesamte einschüchternde Ensemble lag in mondloser Dunkelheit. Zwar ist das große Gelände umzäunt und für die Öffentlichkeit unzugänglich, aber es schien Löcher im Zaun zu geben – jedenfalls wollte ich mich lediglich in meinem Schlafsack auf die andere Seite drehen, und diese Bewegung schockte den neben mir äsenden Rothirsch. Ein zwei Meter hoher Vierzehnender, der in einer Geweihlänge Entfernung startet, um sodann mit Höchstgeschwindigkeit über den Schotter zu galoppieren – das ist fürwahr ein erquickendes, um nicht zu sagen erweckendes Erlebnis. Dass es sich um einen Rothirsch handelte, erfuhr ich am darauffolgenden Drehtag vom waidbewanderten Hausmeister der Anlage, als ich ihm von meinem nächtlichen Tête-à-Tête erzählte.

Gerne würde ich Sie auch mit der Geschichte von dem riesigen Braunbären fesseln, der sich eines Morgens per Prankenhieb Zugang zu meinem Zelt verschaffte. Geistesgegenwärtig ergriff ich Meister Petz am Winkeärmchen und zog ihm meinen Pullover über den Kopf, sodass er mich nicht mehr sehen konnte. Dann vertäute ich ihn mit Abspannleinen, wickelte ihn in mein Hilleberg und übergab ihn noch am Vormittag dem Amtstierarzt. Allein, diese Geschichte zu erzählen, hieße: Ihnen einen Bären aufzubinden.

So war denn der Harzer Hirsch das größte Säugetier, das ich während meines Experiments kennenlernte, und die Kuh auf der Wiese neben Miss Flauschigs Garten das zweitgrößte. Mit ihr unterhielt ich mich regelmäßig beim Esbit-Kaffee über die Krise der europäischen Institutionen, digitale Demenz, warum so viele berühmte Kühe «Elsa» heißen und ähnliche Themen – Schnack übern Gartenzaun halt.

Auf alle Insektenarten gesondert einzugehen, die mit mir mein Zelt bevölkerten, ist aus Platzgründen nicht möglich. Generell fiel der Großteil meiner Begegnungen in die Frühphase meines Experiments, und mit dem ersten Frost ließ die Kerbtierdichte deutlich nach. Dies ist ein wichtiger Hinweis für Campingfreunde mit Angst vor Spinnen, mit Bienengift-Allergie und all jene, denen Ohrenkneifer unangenehm sind, zumal im Ohr: Probieren Sie Wintercamping! Klar, der Winter hat gewisse Nachteile, zumal für die Frierkatzen unter uns, aber vor Mücken & Co bleibt man verschont. Ich jedenfalls kann mich an Probleme mit Mückenstichen nicht erinnern.

Als eher unangenehm empfand ich hingegen die Ratten. Der Gitterrost im heimischen Innenhof befindet sich in unmittelbarer Nähe zu den Mülltonnen, und Nacht für Nacht hört man es zwischen den Tüten rascheln. Meine ersten Sommernächte verbrachte ich ebenerdig, bis ich eine Ratte dabei beobachtete, wie sie mich mit verschlagenem Blick beim Beobachten beobachtete, bereit, mir die Nase abzubeißen, sobald ich eingeschlafen sein würde. Keine drei Minuten später hatte ich eine Hängematte aufgespannt, in der Hoffnung, dort meine Nase behalten zu dürfen. Die Hoffnung trog nicht, der Abstumpfungsprozess setzte ein, und spätestens mit Installation meines Taurus auf dem Gitterrost hatte sich das Thema für mich erledigt. Heute macht mir die Nähe der allzu oft pauschal verunglimpften Ratten überhaupt nichts mehr aus. Meine Nase ist weiterhin ganz, und ich kann mir gut vorstellen, eines Tages als Ratte reinkarniert zu werden, so wie ich mir problemlos vorstellen kann, ich erwähnte es bereits, ein Leben als Shetlandpony verbracht zu haben, auf einem Eiland im Nordmeer, vor langer, langer Zeit.

20 > Langeweile

Im Januar 2016, als der Winter in unseren Breiten mit suppiger Wärme enttäuschte, war meine anfängliche Begeisterung für die Draußenschläferei dahin. Das Gefühl des Aufbruchs war dem einer lästigen Pflichtübung gewichen. War ich in München, so schlüpfte ich abends in meinen Overall, verstöpselte meine Ohren und bugsierte mich ins Taurus. Der Einstieg, für den ich mich früher umständlich hatte verrenken müssen, gelang inzwischen meisterlich. Auf allen vieren hoppelte ich durch die Luke, um mich im Innenraum mit der Souplesse eines Olympiaturners in Sitzposition zu begeben. Entweder führte ich hierzu meine Beine durch die beidseitig als Stützpfeiler fungierenden Arme, oder ich ließ es so richtig krachen und stützte mich nur auf einem Arm ab, verlagerte mein Gewicht in dessen Richtung und führte beide Beine nach Art eines Breakdancers in die Endposition. An besonders guten Tagen ergänzte ich dieses Manöver noch um eine zweifache Pirouette und einen Handstand mit angezogenen Beinen – sie wissen schon, wegen der fehlenden Raumhöhe. Sitzend knipste ich anschließend die Zeltlampe an und stieg in meinen Schlafsack. Zum Lesen fehlte mir in diesen Tagen oftmals die Lust; ich war etwas antriebslos, und so rückte ich lediglich mein Kopfkissen zurecht und starrte noch eine Weile an die Zeltdecke und lauschte der Straßenbahn auf ihrem Weg zwischen Müllerstraße und Isartor. Doch selbst jenes knirschige Rumpeln, das mich noch in meinen ersten Nächten hier draußen in helle Begeisterung versetzt hatte, ließ mich inzwischen kalt. Immer häufiger hörte ich mich jammerlappig seufzen, trug ich einen magenkranken Ausdruck im Gesicht, obwohl mir organisch nichts fehlte. Kein Zweifel: Ich war in eine Phase der Stagnation eingetreten, oder wie man in Norddeutschland sagt: Ich war brägenklöterig.

Mittlerweile war mir der Gitterrost so vertraut, dass ich auch wieder träumte beziehungsweise diese Träume wahrnahm, und oft spielte Häuslichkeit in diesen Träumen eine große Rolle. Ich rekelte mich in einem riesigen Himmelbett mit voluminösen Daunendecken, seidig bezogen und dezent parfümiert. Unzählige kleine Samtkissen mit Bordüre unterstützten mein Wohlbefinden, und das i-Tüpfelchen war eine Nackenrolle im Dackeldesign, farblich abgestimmt mit den schweren Brokattapeten des riesigen Schlafzimmers. In der Tapete befand sich eine Geheimtür, die sich beizeiten öffnete. Ein livrierter Lakai mit gepuderter Perücke trat heraus, trug ein Silbertablett ans Himmelbett und servierte mir einen Esbit-Kaffee, allerdings nicht in einer Titantasse mit Klappgriff, sondern in einem Service, welches per Bourbonenlilie als Produkt der königlich französischen Porzellanmanufaktur gekennzeichnet war. Während ich den Kaffee schlürfte, trat Kardinal Richelieu an mein Bett; wir erledigten ein paar Amtsgeschäfte, und ich verfügte den Ankauf eines neuen Reichweitenverlängerers, nachdem ich mein Zelturinal neulich peinlicherweise im Gewächshaus des Bergführers vergessen hatte. Richelieu trug die Züge Hugo Egon Balders und notierte alles in einem goldenen iPad. Später gesellten sich die Minister Bernhard Hoëcker, Managerin Steffi, Bodyguard Kathrin, Busfahrer, Beichtväter und diverse Mätressen an meinem Bett, und mein Freund Roberto Di Gioia spielte auf einem übergroßen Cembalo Hits von Bach, Bananarama und den Flippers. Ja, in diesem Traum war ich König Ludwig XIV., der Sonnenkönig, und genoss im Schloss Versailles die Freuden des Absolutismus.

In der Realität drömelte ich melancholisch vor mich hin und versuchte, dem Geruch feuchter Daunen etwas Positives abzugewinnen, der mich durch diesen Winter begleitete. Meine Tristesse mag auch damit zu tun gehabt haben, dass sich die strengere meiner beiden inneren Stimmen um das erhoffte Wintererlebnis betrogen fühlte. Sie hatte bereits im frühen Stadium meines Experiments das Ziel formuliert, nämlich wenigstens eine kalte Jahreszeit hindurch zu zelten, mit Betonung auf «kalt». Bis zum Januar 2016 hatte dieser Winter jedoch weder mit strengem Dauerfrost punkten können noch mit Schneechaos, nicht einmal mit zugefrorenen Feuerwehrteichen. Die strengere meiner inneren Stimmen war stinksauer, ihre laxere Schwester sah die Sache ganz anders: «Du hast Riesenglück», erklärte sie, «stell dir vor, du läufst Weltrekord über 100 Meter, weil du starken Rückenwind hast. Stark, aber eben nicht zu stark. Der Rekord geht in die Annalen ein, nicht die Umstände, unter denen er erzielt wurde. Und so wird es auch mit deiner Zelt-Epoche sein. Im Altersheim wirst du dir und den staunenden Enkeln erzählen können, dass du einen ganzen Winter durchgezeltet hast. Das ist doch eine großartige Sache, und niemand wird fragen, ob der Winter denn auch ordentlich hart gewesen sei oder nicht.» Die strengere Stimme grummelte, dass es ihr um den Anekdotenwert zu allerletzt ginge, beendete dann aber ihr Gezeter, weil sie einsah, dass wir Menschen eh keinen Einfluss aufs Wetter haben und die ganze Jammerei daher ebenso grotesk wie undankbar war. Einstweilen galt es doch zu bejubeln, dass wir, also ich und meine beiden inneren Stimmen, es überhaupt bis hier geschafft hatten, oder?

Der Jubel fiel leise aus. Ich war nicht aufbrausend wie in der Frühphase meiner Campingkarriere, als mir Schlaflosigkeit und Nervenschwäche zusetzten, ich drohte auch niemandem Prügel an, sondern ich wurde still und stiller. Ergriffen von pampiger Melancholie, verbrachte ich meine Tage damit, auf die Abende zu warten. Ich klopfte stundenlang mit den Fingerkuppen meiner rechten Hand leise auf Tischplatten herum, während ich mit der linken meinen Räuberbart kraulte. Ich kaufte mir auf dem Trödel das Gesamtwerk des Tenors Peter Schreier auf Vinyl, ohne diese Schallplatten jemals anzuhören. Ich buk Brote mit vermeintlich originellen Rezepten, etwa einen Laib, dessen Teig im Wesentlichen aus Dinkelmehl, Hefe und Coca-Cola bestand, um jedoch nach dem ersten Testbiss lediglich gelangweilt mit den Schultern zu zucken. Ich las einen riesigen Stapel Bücher, allerdings jeweils nur die ersten zwei bis fünf Seiten, bis ich angeödet den Schmöker durch den nächsten ersetzte. Sogar meine Vortragsreisen sorgten nur für kurzzeitige Belebung, und Campingplätze hatte ich dick. Lästige Logistik. Immer dieses Anziehen, um zur Dusche im Waschhaus zu gelangen. Dort wieder ausziehen. Nach der Dusche wieder anziehen. Im Zelt wieder umziehen – das war doch alles grober Unfug. Nicht einmal die Begrüßungsgeschenke der Campingplatzbetreiber wärmten mein Herz so, wie sich's gehört hätte. Schlüsselanhänger schenkten sie mir, T-Shirts mit Werbeaufdruck, mehrbändige Campingführer, Sanddornlikör, Umhängetaschen, Zeltlaternen. Ich war King of Camping und beschwerte mich über das Gewicht der Aufmerksamkeiten, die ich mit nach Hause nehmen durfte – klassische Luxusprobleme. Ich schämte mich meiner Undankbarkeit und beschloss, dass sich etwas ändern müsste. So konnte, so durfte es nicht weitergehen.

Die laxere meiner beiden inneren Stimmen schlug vor, das Experiment abzubrechen. Ich hätte bereits mehrfach bewiesen, dass ich auch unter widrigen Umständen durchhalten würde, etwa im Hamburger Schmuddelwetter, als ich immerhin einen Großteil der Nacht unter meiner Gewebeplane im Sprühregen ausgeharrt hätte. Nun, da ich mich langweile, könne ich die Zelte an den Nagel hängen und mich anderen Leidenschaften zuwenden: Fernsehsendungen konzipieren, Klavier üben, Charity, was auch immer. Außerdem sei völlig unklar, was ich mit meinem Camping-Spleen eigentlich bezwecke. Die strengere der inneren

Stimmen machte einen Gegenvorschlag. Meine depressive Langeweile, so analysierte sie, sei das Ergebnis einer Gewöhnung. Der Sportmediziner spräche von «Homöostase», wenn sich ein Körper an ein Training adaptiert hat und keine Fortschritte mehr erzielt werden. Dann müssten neue Trainingsreize gesetzt werden, und in meinem Fall sei die Sache so ähnlich. Ich müsse die Sache halt wieder spannend machen, sodann kehrten die Lebensgeister zurück. «Aha. Was genau meinst du mit ‹spannend machen›?», fragte die laxere meiner inneren Stimmen bang. Die Antwort erklang im diabolischen Flüsterton. «Deine Luftmatratze ist zu dick.»

Am darauffolgenden Nachmittag mottete ich meine bewährte Exped-Matratze ein und klappte die graue Mammut Alpine Mat UL auseinander. Ich hatte die nur wenige Millimeter dicke Schicht aus sogenanntem geschlossenzelligem Schaum bisher lediglich als Unterlage für mein Luftbett verwendet, als zusätzlichen Wärmeschutz und um Beschädigungen der Luftkammern zu vermeiden. Jetzt würde ich, so lautete mein Plan, so lange auf dieser Matte schlafen, bis sie mir ebenso komfortabel erschien wie meine Luftmatratze, und nach erfolgter Gewöhnung ganz auf eine Unterlage verzichten. Vielleicht, so dachte ich heimlich im Hinterstübchen, würde es mir sogar gelingen, auch den Schlafsack wegzulassen, eventuell sogar den Schlafanzug, sodass ich am Ende meiner Abhärtung nackt übernachten könnte, überall, ohne Unterlage, auf Stein, Sand, Eis, im Sommer wie im Winter. Ja, diese Idee gefiel mir. Und sie war so wunderbar einfach zu verwirklichen, ohne Kosten, ohne Zeitaufwand, einfach weglassen und hinlegen. Und durchhalten. Lauter positive Nebeneffekte fielen mir ein: Je weniger Ausrüstung ich brauchte, desto weniger hätte ich zu schleppen, desto unkomplizierter wäre meine Reiselogistik. Ein herrlich einfaches Leben zeigte sich am Horizont: nackt im Wind, lediglich mit einer Zahnbürste auf Reisen, höchstens.

Es war 22 Uhr, die Temperatur im Zelt betrug knappe fünf Grad, als ich mich vorfreudig zu meiner ersten Nacht auf die Klappmatte begab. Schlafbesackt legte ich mich auf den Rücken und entspannte, atmete tief ein und aus. Am Po und an den Schulterblättern konnte ich deutlich das Karomuster des Gitterrostes erspüren. Mein Hohlkreuz hing in der Luft, und mein Eigengewicht lastete ungewohnt auf der Wirbelsäule. Die Temperatur war okay, und wenn man den Schlafsack gewissenhaft drapierte, schien die Liegeposition akzeptabel. Nun bin ich aber kein Rückenschläfer, sondern fühle mich nachts vor allem auf meinen Flanken zu Hause. Also rollte ich mich zu einem ersten Test auf die rechte Seite. Beziehungsweise: Ich klappte mich seitwärts, denn auf dem beinharten Boden war eine Rollbewegung nicht durchführbar, vielmehr wirkten Hüftknochen und Schultergelenk wie Scharniere, über die mein Rumpf von Position A in Position B klappte. Ich fühlte mich wie eine schwere Falltür, die aufgestoßen worden war, und prompt nahm ich bei meinem Lagenwechsel zurück in Position A Fahrt auf, plumpste gleichsam auf meine Hauptkontaktfläche, den Allerwertesten. Linksseitig verlief der Test ähnlich, festhalten konnte ich jedoch auch, dass lediglich der Wechsel von A zu B (rechts) bzw. B$_2$ (links) hölzern verlief, das bewegungslose Liegen, welches ja bekanntlich einen Großteil der Nachtruhe charakterisiert, mir jedoch wenig Opferbereitschaft abverlangte. Zügig schlief ich ein, erwachte nicht häufiger als in anderen Gitterrost-Nächten und konnte am nächsten Morgen zweierlei vermelden: Ich fühlte mich weniger gemartert als erwartet, und das Projekt «Mit der Brechstange in die totale Askese» hatte meine Laune deutlich verbessert. Gewiss: Leben ist auch ohne Ziele möglich, macht mir aber deutlich weniger Spaß.

Auch die zweite Nacht verlief zufriedenstellend, in der dritten Nacht jedoch klappte ich offenbar irgendwann von der Matte herunter und kam daneben zum Liegen, vom Gitterrost nur durch den dünnen Zeltboden getrennt. Am nächsten Morgen zierten Druckstellen meine linke Seite, hellrote Karos, und jene Müdigkeit kehrte zurück, die ich in den ersten Wochen meiner Draußenschläferei kennengelernt und überwunden geglaubt hatte. «Nur nicht ins Bockshorn jagen lassen und durchhalten!», feuerte mich die strengere meiner inneren Stimmen an; von der laxeren waren lediglich Schnarchgeräusche zu vernehmen. Mit immer dunkleren Augenringen hängte ich Nacht an Nacht, mein Nervenkostüm franste aus. So wie in den Anfangswochen mutierte ich mehrfach täglich vom lieben Wigald zum Scheusal, motzte den Postboten an, beschimpfte zwei Taxifahrer, trat meinem Klavierstimmer auf den Fuß und stritt mich mit meiner Managerin Steffi (sie behauptete semischerzhaft, ich ließe sie nicht ausreden, was mich umgehend zur gänzlich humorfreien Atomexplosion brachte): In freien Momenten schrieb ich in wahlloser Aggression herabwürdigende Kommentare bei Facebook und strich aus meiner dortigen Freundesliste, wer auf meine Beleidigungen auch nur «Piep» zu sagen wagte.

So weit, so ungut. Nach wenigen Tagen waren die meisten meiner Freunde abgerückt – jedenfalls alle, mit denen ich in den letzten Jahren Umgang gepflegt hatte. Aber, so tröstete ich mich: Hat jemand, der sich anschickt, nackt und ohne Bett seine Nächte zu verbringen, Freunde überhaupt nötig? In der direkten Abwägung Matratze/Mensch entschied ich mich gegen beide – jedenfalls in diesen Tagen der akuten nervlichen Zerrüttung.

Der Winter kam zurück, und die Quecksilbersäule sank unter die Null-Grad-Marke. Meine dünne Klappmatte erwies sich als nur bedingt wintertauglich: Auf dem heimischen Gitterrost fror ich weiterhin kaum, aber als ich meine siebte Askese-Nacht bei Miss Flauschig auf dem Steinboden der Bernbeurer Gartenterrasse verbrachte, musste ich böse bibbern, so sehr, dass sogar meine Zähne klapperten. Ich klappte mich in Position B_2 und zog meine

Beine zur Embryonalstellung in Rumpfnähe. Mir war, als werde flüssiger Stickstoff durch eine Düse im Steinboden via Tankstutzen direkt in meinen hohlen Hüftknochen geleitet und breite sich von dort durch das Kanalsystem meiner Röhrenknochen aus. Panik ergriff mich; meine Hände versuchte ich in den Achselhöhlen zu wärmen; wie ich jedoch meine Füße vor Frostschäden schützen konnte, wusste ich nicht. Bald hatte der flüssige Stickstoff von meinem Skelettinnern Besitz ergriffen. Als «Clever»-Moderator habe ich einst gelernt: Taucht man eine Banane in Stickstoff, wird diese so hart, dass man mit ihr Nägel in die Wand schlagen kann. Wie eine solche Banane fühlte ich mich, ebenso kalt, hart und gekrümmt, allerdings nicht gelb, sondern blau.

Es war sechs Uhr dreißig, als mich meine Söhne weckten. Ich wollte mit ihnen frühstücken, sie zur Schule begleiten, aber mein Körper streikte. Mit der Geschmeidigkeit einer Wäschespinne stelzte ich unter die Dusche, ließ einen gefühlten Kubikmeter heißes Wasser über meinen Körper laufen, aber mir wurde und wurde nicht warm. Dafür jagten mir eisige Schauer über den Rücken, aufwärts, abwärts, mit zunehmender Frequenz. Bereits um zehn Uhr morgens trank ich meinen ersten Grog, mit extra viel Zucker, mästete mich mit Vitaminpräparaten und Umckalabao oder wie das Zeug heißt. Gegen Mittag stieg ich auf Meditonsin um, und wir drei, meine inneren Stimmen und ich, beschlossen ohne weitere Diskussion, den Gang in die totale Askese auf der Stelle zu beenden. Bald wurde mir heiß, bald kalt, und ich wankte zum Schrank, um meine eingemottete Luftmatratze wieder in Betrieb zu nehmen. Kurz darauf nieste ich, die Rüttelei im Nacken wurde von stechendem Kopfschmerz begleitet, und wenig später quoll dunkelgelber Schleim aus meiner Nase. Schönreden konnte man da nichts mehr. Ich war krank. Und jetzt?

I ch bin selten krank. Von ernsthaften Malaisen bin ich bisher komplett verschont geblieben; im Krankenhaus war ich letztmals als Kind zur Mandeloperation, später noch einmal wegen eines Fahrradunfalls. Erkältungskrankheiten ereilen mich etwa zweimal pro Saison, fiebrig verlaufen diese jedoch nur einmal pro Jahrzehnt. Jetzt schienen wieder zehn Jahre vergangen. Die letzten beiden Male hatte ich meine grippalen Infekte als Leseurlaube genutzt, mit Büchern von Leon de Winter. Die ließen sich auch mit hoher Temperatur noch angenehm lesen, wobei ich Ihnen nicht mehr erzählen könnte, worum es in seinen Büchern geht. Eigentlich hatte ich mir vorgenommen, auch weiterhin bei Fieber auf diesen Autor zu setzen, aber nach Lesen war mir diesmal nicht zumute. Ich verbrachte den Nachmittag schniefend auf der Couch und blickte ins Leere. Durfte, würde ich mir Sonderkonditionen gewähren, krankheitsbedingt im Bettchen schlafen? War es nicht Wahnsinn, mein bereits im gesunden Zustand dubioses Unterfangen auch jetzt noch, bei Fieber, fortzuführen? Nein, diese Gedanken dachte ich gar nicht erst. Denken strengte mich an jenem Nachmittag viel zu sehr an; ich war im kranksten Sinne gedankenlos. Als es draußen dämmerte, dämmerte auch ich, folgte intuitiv und automatisch meinen aktuellen Tagesendgewohnheiten, putzte bündig meine Zähne, manövrierte meinen bereits bei Heizungsluft schlotternden Körper in den Overall und schleppte mich hinaus gen Gitterrost. An ein Lesebuch dachte ich gar nicht erst, dafür hatte ich eine Küchenrolle als ergiebige Schnäuzhilfe dabei und meine vormals verstaute Luftmatratze, die ich nun mit langsamen Luftstößen aufpustete. Hustenanfälle

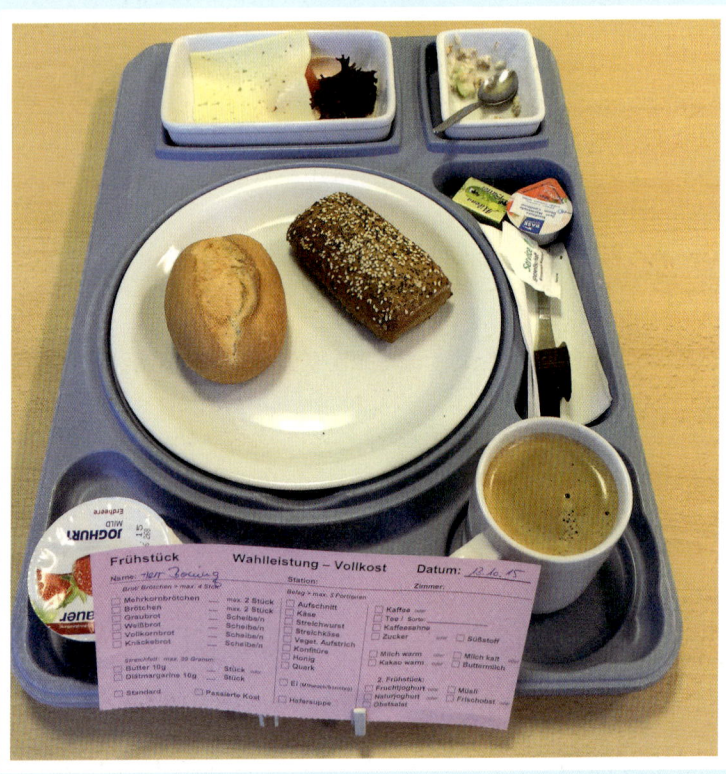

unterbrachen die Befüllung mehrfach, die in meiner Lunge zu bedenklichem Bronchial-Aua führten. Mein Lungenvolumen schien eingeschränkt, ich pustete und hustete, musste mehrfach Pausen einlegen, wankte unschlüssig; selbst zum Fluchen fehlte mir die Energie – nur für kleinlautes Selbstmitleid reichte es noch. Als die Matratze leidlich prall war, beugte ich mich unter Gliederschmerzen nach vorne, ging mit müdem «Uff» auf die Knie und schob die Matte ins Taurus.

Das Betreten des Zeltes sah diesmal nicht nach Breakdance aus, dafür nach Bruchtanz, ganz hölzern, in Zeitlupe. Mühsam fädelte ich meine Füße in den Schlafsack. Ich trug meine dicksten Heike-Zucker-Wollsocken, Spezialanfertigung für Holzschuhe, und dennoch fröstelte ich, vom großen Onkel bis zum Schädeldach, während mir gleichzeitig der Schweiß von der Stirn suppte und ins Kapuzenfutter ablief.

Überlaut erschien mir diesmal die Straßenbahn, wie ein stählernes Schlachtross, ihr Klang ließ mich die Augen zusammenpressen, und hastig holte ich die Stöpsel aus den Hosentaschen. Nur schnell schlafen und gesund werden. Die kühle Winterluft behagte mir, sie linderte das entzündliche Gefühl in den Lungen, und nachdem ich die Nacht durchschlief und zwar verschnoddert, aber erquickt erwachte, war ich drauf und dran, dem Schlaf an der frischen Luft therapeutischen Wert einzuräumen, à la «Ich zelte mich gesund!». Theoretisch hatte ich diesen Gedanken schon einmal entwickelt, fast bis zur Konzeptreife, sogar zusammen mit echten Profis. Das kam so: Gleich zu Beginn meiner Zelterei absolvierte ich einen Auftritt als Festredner zum 100. Geburtstag des Krankenhauses «Waldfriede» in Berlin. Dort hatte ich dem Klinikchef, Herrn Quoß, von meinem Experiment erzählt und war eingeladen worden. Auf der Suche nach einem Zeltplatz in Berlin sei ich jederzeit willkommen. Das hatte ich mir nicht zweimal sagen lassen. Im Oktober hatte es eine Woche lang «Die

Selbstanzeige» am Steglitzer Schlossparktheater gegeben, im Südwesten Berlins, nicht allzu weit weg vom Krankenhaus – eine passende Gelegenheit.

Die oberste Etage eines Klinikgebäudes stand kurz vor der Renovierung, sämtliches Mobiliar hatte man bereits ausgeräumt, und zu dieser Station gehörte auch eine geräumige Dachterrasse. «Früher sind hier lungenkranke Patienten in ihren Rollbetten an die frische Luft geschoben worden, wie in Thomas Manns Zauberberg», erklärte mir die freundliche Dame von der Klinikleitung, der es oblag, mir meinen Zeltplatz zuzuweisen. Anschließend zeigte sie mir den Weg zum stillen Örtchen und zur «Inneren» – auf der Station könne ich morgens frühstücken. «Und sollten Sie Lust haben», fügte sie hinzu, «morgen Nachmittag trifft sich die Schachgruppe, Mittwoch ist ‹Fortbildung Hygiene›, und am Donnerstag können Sie gerne am Pilates-Kurs teilnehmen.» Als Dreckspatz und Dauercamper hätte mich natürlich vor allem die Hygiene interessiert, aber ich war bereits verplant, und so turnte ich eben beim Pilates-Kurs mit, als einer von zwei Männern unter lauter Damen und als jüngster Teilnehmer, mit zwei Jahrzehnten Abstand.

Die Dachterrasse mit herrlichem Blick in den gepflegten Park war mit Gehwegplatten belegt, ich befestigte mein Taurus mit Schaschlikspießen in den Fugen und besichtigte anschließend dankbar die Flure mit den leeren Patientenzimmern. Gründlich studierte ich alle alten Türschilder, Beschriftungen, alle verbliebenen Details dieses vorläufigen «Lost Place», bevor ich zur Wiederaufnahmeprobe ins Theater rollerte.

Nach der Vorstellung hatte ich den netten Pförtner begrüßt (er war instruiert worden, den kleinen Mann mit den pinken Gummistiefeln jederzeit passieren zu lassen), war im großen Bettenaufzug bis unters Dach gefahren und hatte mich in mein Penthouse gelegt. Durch das benachbarte Gebläse der Klinik-

Klimaanlage konnte man sich spielend ausmalen, man campiere auf dem Sonnendeck eines Kreuzfahrtschiffes und tuckere geradewegs über den Atlantik.

Am nächsten Morgen ging ich dann verabredungsgemäß auf Station drei, staunte ob des Trubels, der vielen wuseligen Ärzte und befürchtete zunächst, im Wege zu stehen. Dann wurde ich in einen sogenannten Tagesraum geleitet, mit hellem Holzmobiliar und üppigem Zimmerpflanzenbesatz, wo man mir ein typisches Krankenhausfrühstück servierte, auf Spezialtablett mit passendem Prägerelief für einen Teller, eine Tasse sowie zwei viereckige Schälchen, alles streng normiert. Seitlich war per Klammer ein Formular befestigt, Überschrift «Wahlleistung – Vollkost», Name: Herr Boning, Station, Datum etc. Nur eine einzige Extrawurst wurde mir gebraten: Zwinkernd ersetzte ein junger Assistenzarzt meinen Klinikkaffee durch ein offenbar hochwertigeres Heißgetränk aus dem Vollautomaten.

Am zweiten Tag gesellte sich Herr Quoß zu mir, und der Klinikchef erläuterte mir Geschichte und Eigenarten «seines» Hauses. Das Krankenhaus «Waldfriede» wird von der Glaubensgemeinschaft der Adventisten betrieben, die von William Miller aus Pittsfield, Massachusetts, gegründet wurde. Aus apokalyptischen Zeitangaben des Buches Daniel meinte Miller die Wiederkehr Jesu Christi für 1843 vorhersagen zu können. Als das freudige Ereignis ausblieb, verschob er es auf 1844, dann nochmals auf 1845. Hierüber kann man natürlich denken, was man will, fest steht jedoch, dass es sich beim Krankenhaus «Waldfriede» um ein erstklassiges Hospital handelt: 2000 wurde hier die weltweit erste Babyklappe installiert – oder «Babywiege», wie man hier zu sagen pflegt, und jüngst wurde das «Desert Flower Center» eröffnet, eine Abteilung, die ein umfassendes Konzept zur Behandlung von Genitalverstümmelungen anbietet. «Viele haben geunkt, dieses Angebot sei unwirtschaftlich», schmunzelt Herr Quoß.

«Und was passierte? Viele Patientinnen kamen aus London und Paris, sind emanzipierte Geschäftsfrauen, in der Regel gut betucht. Damit hatte niemand gerechnet.» Beim zweiten Brötchen brainstormen wir ein Rundchen zum Thema «medizinische Anwendungen des Dauercampings», und es fällt der Begriff «Tentorioltherapie». «Im Grunde», so erläutert Herr Quoß, «funktionierten ja schon die Luftkuren der Zauberberg-Zeit nicht anders, früher die Standardtherapie bei Lungentuberkulose.» Neben den psychosomatischen Effekten des Aufenthaltes an schönen Orten ist die Abhärtung bedeutsam, zumal beim Wintercamping. Durch Kältereize wird das Immunsystem gestärkt. Gesundheitsförderlich seien auch Zeltauf- und abbau, körperliche Betätigungen an der frischen Luft, welche die Rumpfmuskulatur, Sehnen, Gelenke und das kardiovaskuläre System moderat belasten – ähnlich wie Gartenarbeit. Der Transport des Zeltes im Rucksack trainiert schonend die aerobe Ausdauer und last but not least: Regenwetter ist gut für den Teint, die Idee also auch dermatologisch von Interesse. Herr Quoß fand die Idee putzig, und ich versprach ihm eine Kooperation, sollte ich jemals eine praktische Nutzanwendung ins Auge fassen, eine klinische Studie oder gar eine kommerzielle Nutzung.

Nun endlich hatte ich Gelegenheit, diese Tentoriol-Therapie im akuten Krankheitsfall zu testen. Wie gesagt, mein Befinden war an diesem Morgen durchwachsen: Meine Atemwege waren verschleimt, ich hustete feucht. Gleichwohl fühlte ich mich erfrischt, vielleicht weil die kalte Nachtluft weniger trocken war als ihre häusliche Schwester. «Nachts ist es kälter als draußen», wie wir Kinder zu sagen pflegten, wenigstens in jener Ära, in der wir auch von «Peter Muffei» sprachen und Klein-Erna-Witze erzählten, wahlweise auch Ostfriesenwitze. Klar; «Nachts ist es kälter als draußen» ist eigentlich ein Ulk, ein Unsinnssatz, aber als ich die Luke des Taurus öffnete und nach mühsamem Aufrichten des

Oberkörpers zu den Mülltonnen und zum Altpapiercontainer hinüberspähte, meinte ich, in diesem Satz eine höhere medizinische Wahrheit zu erkennen, einen Lehrsatz à la «An apple a day keeps the doctor away!». Verschwommen sah ich vor meinem geistigen Auge Faltblätter mit ebendieser Überschrift, Werbung für eine Woche Tentoriol-Therapie inklusive Barbecue und Musik am Lagerfeuer. Die Flyer waren bunt bebildert, und im Zentrum eines aus Tipis bestehenden Kreises sah ich, neben der Feuerstelle und per Drohne fotografiert, einen Herrn im weißen Kittel. Und auf dem Namensschild des Zeltmediziners stand «Dr. Boning». Mein Herz pochte – leider weniger vor Begeisterung als wegen der Mühsal des emporgereckten Oberkörpers. Und so ließ ich mich wieder aufs Kissen sinken und kontrollierte per Handprobe an der Stirn meine eigene Körpertemperatur. Ja, ich hatte weiterhin Fieber. Und fiel erneut in tiefen Schlaf.

Gegen Mittag erwachte ich wieder, und zunächst meinte ich, mein Zeltdach sei defekt und es hätte reingeregnet. Aber nein, das Zelt war okay, und geregnet hatte es auch nicht. Mein Schlafsack war lediglich nassgeschwitzt, und das ganze Zelt klamm und feucht. Im Durchgang vom Vorder- zum Hinterhaus plauschten die Nachbarn miteinander; die Spanierin von gegenüber verabredete sich am Telefon zum Skifahren in Garmisch, und Frau Kelly fragte ihre Tochter am offenen Fenster nach einem Salatrezept. Als die Luft rein schien, wuchtete ich mich niesend ins Haus. Zu einem Einkauf sah ich mich außerstande, aber ich schaffte es immerhin, mir aus Buchstabennudeln eine warme Mahlzeit zuzubereiten. Beim anschließenden Suppenscrabble legte ich mir selbst ein tröstliches «KUT B SS RUNK» (Die Buchstaben E und G schienen wie vom Tellerboden verschluckt). Frisch gestärkt erledigte ich ein paar dringende Telefonate, bis der über die Heizung gelegte Schlafsack einigermaßen trocken war und einer Rückkehr ins Zelt nichts mehr im Wege stand. Mit einer Thermoskanne voll

Fencheltee und allem, was die Hausapotheke hergab, verschwand ich dann wieder im Walmagen und döste weiter.

Am darauffolgenden Tag ging es mir wesentlich besser. Zwar spuckte ich weiterhin Rotz in schillernden Farben, wie Ätna und Stromboli – aber das Fieber war weg. Bereits am dritten Tag ging ich wieder meinen alltäglichen Beschäftigungen nach. Wenn man die gängige Erkältungsthese zugrunde legt, dass eine solche Erkrankung mit Medikamenten sieben Tage dauert, ohne jedoch eine Woche, so konnte ich im Selbstversuch belegen, dass die Unterbringung des Kranken bei Temperaturen knapp über null Grad in einem Schlafsack im Vergleich zu einem beheizten Schlafzimmer keine signifikante Beschleunigung des Heilungsprozesses bewirkt – aber auch keine Verlangsamung. Allerdings sind Krankenbesuche im Taurus ausgesprochen umständlich, was jedoch insofern egal war, als dass mich eh niemand besuchen wollte, da ich ja in Folge proaktiver Zerwürfnisbestrebungen meinerseits kaum noch über Freunde verfügte und die Konsultation eines Hausarztes überflüssig erschien.

Im Nachhinein war ich mit meiner fiebrigen Erkältung ausgesprochen gut bedient: Zum einen gibt es bekanntlich schlimmere Leiden, zum anderen lernte ich bei dieser Gelegenheit, dass gewisse Grundbedürfnisse des Menschen nicht ohne weiteres ignoriert werden dürfen, etwa das Bedürfnis nach Wärme. Askese als Selbstzweck, so begriff ich, ist Kokolores. Das hätten Sie mir auch gleich sagen können? Meinen Sie? Ich habe eher den Eindruck, dass wir Wohlstandsmenschen genau dieses Gespür verloren haben: zu entscheiden, welche Bedürfnisse notwendigerweise erfüllt werden müssen und welche nicht. Ich habe zum Beispiel mehrfach Leute kennengelernt, die Wasser nur dann trinken, wenn es im Getränkemarkt für teuer Geld gekauft wurde. Leitungswasser verschmähen sie. So weit nichts Besonderes. Aber es gibt noch eine Steigerung: Manche Menschen behaupten steif und fest, *warmes* Wasser sei ungenießbar, egal ob aus Flasche oder Leitung. Sie behaupten, warmes Wasser löse bei ihnen Übelkeit aus, und wahrscheinlich haben sie sogar recht, da der Körper eventuell genau so reagiert, wie sie es von ihm erwarten. Anders sähe die Sache natürlich aus, wenn die Person echten, starken, lebensbedrohlichen Durst hätte – aber diese Art Durst ist in Europa heutzutage sehr selten.

Außer meiner Erkältung kann ich keinerlei Gesundheitsprobleme vermelden. Rückenprobleme, wie man sie nach monatelangem Liegen auf flachen, relativ harten Matten vermuten könnte, hatte ich nicht. Womöglich ist das Kleinzelt mit seiner fehlenden Standhöhe sogar ein Krafttrainingsgerät speziell für die Rumpfmuskulatur; zum Einstieg sind tiefes Bücken und Vierfüßlerstand unverzichtbar, und wer aus der Rückenlage die am Zeltdach befestigte Lampe erreichen möchte, um diese aus- oder anzuknipsen, muss seinen Oberkörper anheben, also die vorderen geraden Bauchmuskeln sowie den Pyramidenmuskel anspannen. Wendet man sich zur Seite, um in der Apsis nach etwas zu suchen, werden die seitlichen Bauchwandmuskeln gefordert. Jede dieser Bewegungen ist für sich genommen noch kein ernstzunehmendes Krafttraining. Da aber durch die unwillkürliche Überforderung namentlich des Neulings ständig irgendetwas vergessen wird, muss im Normalfall vorm Einschlafen mehrfach das Licht an- und ausgeknipst, der Reißverschluss des Innenzeltes mehrfach geöffnet und geschlossen werden. Aus der Sicht des Tentoriol-Therapeuten sind Stirnlampen kontraproduktiv, da diese das Bauchmuskeltraining durch Deckenlampennutzung verhindern.

Manche Menschen bekannten mir gegenüber, nachdem ich ihnen von meinem Tun erzählte: «Früher habe ich gerne gezeltet, aber dafür bin ich jetzt zu alt.» Glauben Sie mir: Diese Einschätzung ist falsch. Wenn man das Draußenschlafen überhaupt als eine sportliche Herausforderung ansehen will, dann handelt es sich um eine Disziplin für jedes Lebensalter. Womöglich ist der Senior mit seinem verringerten Schlafbedürfnis sogar gegenüber dem Jungspund im Vorteil. Aber muss man denn jedes Tun unter Wettbewerbsgesichtspunkten begreifen? Nun ja; einerseits ist Wettschlafen natürlich Quatsch mit Soße, andererseits wären interessante Fernsehbilder garantiert: «Wer schläft am besten?», live von den Olympischen Spielen, Pflicht und Kür, A- und B-Note, Einzel-, Doppel- und Mannschaftszelten.

Bald war ich wieder ganz gesund, und neuer Taten-
drang erfüllte mich. Nichtsdestotrotz empfand ich die
Zelterei nicht mehr als Pionierleistung, sondern als Alltag, der
sich von meinem früheren vor allem durch erhöhten Aufwand
unterschied – so tauchte inzwischen nahezu täglich das leidige
Feuchtigkeitsproblem auf: Wie und wo kann ich meinen klammen Schlafsack trocknen und auslüften? Der Duft feuchter Daunen gehört nicht gerade zu den angenehmsten Nebenaspekten
des Wintercampings. Daheim konnte ich das Ding notfalls über
den Heizkörper hängen, auf Reisen ging dies nicht immer. Die
Garderobenräume der Bühnen, auf denen ich meine Einkaufs-
zettelvorträge hielt, widmete ich regelmäßig Trocknungszwe-
cken und hängte meine Habe über eine Wäscheleine, die ich im
Nebenfach meines Rucksacks mitführte. Nicht nur der Rucksack
hing dann in der Heizungsluft, sondern gegebenenfalls auch das
Zelt, und der örtliche Veranstalter bekam einen Schreck, wenn er
mich in der Garderobe besuchte und die Geruchsbelastung wahrnahm. Gute Trocknungsmöglichkeiten bieten auch Autofahrten.
Am besten geeignet sind Kombis, in denen alles, was nass ist, im
hinteren Wagenteil über die Hutablage gehängt werden kann.
Ansonsten gilt es, die warme Luft aus den Lüftungsschlitzen
kreativ in Schlafsack & Co umzuleiten. Auch Zugabteile habe ich
schon zu mobilen Trocknern umgebaut, was zu interessanten
Fachgesprächen mit dem Zugpersonal führte. Darf man das?
Einfach eine Wäscheleine an der Gepäckablage befestigen, quer
durchs Abteil spannen und Zelt, Sack und Socken drüberhängen?
Kommt darauf an, wie Mitreisende und Fahrkartenkontrolleure

ticken. Ich kann vorwiegend von guten Erfahrungen berichten. Ein mir schräg gegenübersitzender Herr reckte anerkennend den Daumen und erzählte anschließend, dass er schwul sei und seit zwanzig Jahren mit seinem Freund in eheähnlichen Verhältnissen lebe. Sein Freund stamme aus einer ungewöhnlich camping-begeisterten Familie, und seine Schwiegereltern habe er denn auch bei «Camping Berger» in Köln-Rodenkirchen kennenge-lernt. Er selber konnte Camping ursprünglich gar nichts abge-winnen, was sich aber im Laufe der Jahre grundlegend geändert habe. Seit einiger Zeit verbringe er mit seinem Freund sogar jede freie Minute in einem eigens gepachteten Wohnwagen in Grömitz an der Ostsee. «Das war mein spätes Coming-out», schmunzelte er. Interessiert hakte ich nach. «So 'n Campingplatz ist doch eher ein konservatives Soziotop, oder?» – «Durchaus. Am Anfang gab es denn auch kaum Kontakt zu den anderen Campern. Ganz lang-sam änderte sich dies aber, und heute sind wir in die Nachbar-schaft bestens integriert. Übrigens sind nicht alle Campingplätze ‹konservative Soziotope› – denken Sie nur ans FKK-Camping in der DDR, manche von den alten Plätzen wurden zu Treffpunkten der Schwulenszene.» Wieder was gelernt.

Genesen und tatendurstig beschloss ich, meiner Zelterei einen neuen Impuls zu geben, abseits von Gitterrost und Künst-lergarderobe. Mit dem Ziel, meinem tierischen Vorleben auf den Grund zu gehen, besuchte ich ein Reisebüro am Münchener Vik-tualienmarkt. Mit den Worten «Grüß Gott, ich war in meinem vorigen Leben ein Shetlandpony und würde mir gerne mal meine Heimat anschauen» stellte ich mich vor, und die Reisekauffrau schaute betont professionell. «Gerne. Wann möchten Sie reisen? Ich kann Ihnen den Sommer empfehlen, dann dürfte das Wetter einigermaßen erträglich sein.» – «Nein, ich möchte bald auf-brechen. Am liebsten so schnell wie möglich!» – «Oha», sagte die Reisekauffrau anerkennend, «Sie sind aber hartgesotten. Die

Shetland-Inseln sind für ihre nasskalten Winter berühmt. An was für eine Unterkunft dachten Sie? Hotel, Pension?» – «Nicht nötig, ich brauche nur ein Flugticket. Ein Zelt habe ich im Rucksack dabei. Gibt's auf den Shetlands Campingplätze, die im Winter geöffnet haben?» – Der erfahrenen Reisekauffrau schien mein Vorhaben Spaß zu machen. Endlich mal etwas anderes als zwo Wochen Malle an Pauschaltouristen verkloppen; ihre Augen funkelten. Nach kurzer Internetrecherche konnte sie mir die erfreuliche Mitteilung machen, dass auf den Shetland-Inseln wildes Zelten erlaubt sei, von Privatgrundstücken abgesehen. Ein Flug über London und Aberdeen nach Sumburgh wurde gebucht, ich jauchzte vor Vorfreude und musste der Reisekauffrau versprechen, nach meiner Wiederkehr Bericht zu erstatten.

Daheim ging ich an die Reisevorbereitungen. Ich besorgte eine Landkarte und schmökerte mich durch Reiseführer. Die Shetlands liegen eine Flugstunde nördlich von Schottland im Atlantik, Lerwick heißt die Hauptstadt, Stürme, Regen und Nebel kennzeichnen das Wetter, und der wichtigste Wirtschaftszweig ist die Erdölförderung. Eine der wichtigsten Sehenswürdigkeiten, so las ich, sei die Bushaltestelle auf der Insel Unst, auch bekannt als «Bobby's Bus Shelter». Das Besondere an dieser Haltestelle: Anwohner haben sie möbliert, und zwar mit einem Sofa, einer Kommode und einem Fernsehgerät. Doch damit nicht genug; die Deko wird regelmäßig aktualisiert, etwa passend zur Fußballweltmeisterschaft. Ich war begeistert. Eine möblierte Bushaltestelle als Top-Attraktion? Das ist eine Gegend nach meinem Geschmack.

Im Supermarkt kaufte ich zwei Kilogramm Möhren, als Morgengabe für meine ehemaligen Artgenossen, die Shetlandponys. Im Gegenzug verzichtete ich auf die Mitnahme meines Tretrollers; ich wollte auf Schusters Rappen unterwegs sein, auf Hühneraugenhöhe mit meiner tierischen Verwandtschaft.

Als ich am Abend des 15. Januar 2016 meinen Fuß auf shetländischen Boden setzte, wurde mir sogleich warm ums Herz. Es war bereits dunkel, zu Fuß ging es von der kleinen Propellermaschine hinüber ins Flughafengebäude, um am knapp zehn Meter langen Gepäckband den prallen gefüllten Monsterrucksack in Empfang zu nehmen. Das Wetterglück war mir hold: knackige Kälte, aber trocken, der Himmel nur locker bewölkt. Ich schulterte den Rucksack, warf einen Blick auf die Karte und folgte der Landstraße in Richtung Lerwick. Nach fünf Minuten Fußweg kam ich an eine Abzweigung; rechts ging es zur Hauptstadt, die Straße links war schmaler und schien zu einem Hügel zu führen, auf dessen Gipfel rote Lichter zu sehen waren – irgendein Funkmast vielleicht. Als ich mich anschickte, den Berg hinaufzuwandern, hielt neben mir ein Taxi. Die füllige Fahrerin kurbelte die Fensterscheibe hinab und fragte langsam und eindringlich: «Are you okay?» Ich bejahte dies und erklärte, dass ich gerade erst angekommen sei, als Campingurlauber. Die blond gelockte Shetländerin war erkennbar besorgt und bot mir an, mich mitzunehmen. «Very kind, thank you, but I prefer walking.» Nun schaute sie umso besorgter, aber ich ließ mich nicht umstimmen, und schließlich rollte sie weiter. Bald wurde es sehr still. Ich nahm direkten Kurs auf die roten Lichter, kletterte über einige Weidezäune und passierte die Ruine eines Gebäudes aus Backsteinen, an deren Mauern einige Schafe dösten. Sie blickten erschrocken in den Lichtkegel meiner Stirnlampe. Der Boden war mit hartem Gras bedeckt, alle Wasser waren zu massivem Eis gefroren. Ich erreichte ein steiles Sträßchen und folgte diesem zum Gipfel. Der mochte vielleicht hundert Meter hoch liegen, und als ich oben angekommen war, genoss ich einen Blick, der mich ehrfürchtig werden ließ: In jenem Korridor auf dem Atlantik, in dem sich das Mondlicht spiegelte, befand sich ein Eiland, ein aus dem Meer ragender schwarzer Felsen. Ein Bild, über das man, hätte es

Caspar David Friedrich gemalt, sagen würde: Da hat er aber ein bisserl sehr dick aufgetragen.

Beim beleuchteten Mast jedenfalls schien es sich um eine militärische Anlage zu handeln. Dort oben errichtete ich mein Zelt und genoss noch lange den maritimen Soundmix aus Wind und Wellen. Ich schlief so königlich, wie man es sich am äußersten Rande des Territoriums Ihrer Majestät erhoffen darf.

Mit einem Esbit-Kaffee in der Hand begutachtete ich am darauffolgenden Morgen die Landschaft. Kein Baum, kein Strauch, nur Hügel in zwei Farben: Auf den grüngelben wachsen Gräser, auf den dunkelbraunen wächst Heidekraut. Die Südspitze der Hauptinsel ist schmal, und von oben sind beide Meere zu sehen: im Osten die Nordsee, im Westen der Atlantik. An vielen Stellen schließt das Meer an steile Klippen an, dutzende Meter hoch, denen wiederum oft Sand- und Kieselstrände vorgelagert sind.

Angetan packte ich meine Siebensachen und stiefelte bergab, zu jenem Abzweig, an dem mich die besorgte Taxifahrerin angesprochen hatte. Und da, auf der Wiese standen sie: meine Freunde, Verwandten, meine Artgenossen – die Shetlandponys. Ich stellte mich als Pony außer Dienst vor und streckte ihnen meine Streichelhand entgegen. Wie würde man auf mich reagieren? Spürten die Tiere unsere starke Verbundenheit ebenso sehr wie ich, dieses unsichtbare Band der Sympathie? Konnten die Kollegen mich überhaupt erkennen, mit ihren fetten Mähnen vor den Augen? Unschlüssig standen die Kleinpferde im Wind, dann setzten sie sich bedächtig in Bewegung und näherten sich dem Gatter. Skeptisch benüsterten sie meine Hand, und als ich in die Hocke ging, um ein gemeinsames Selfi zu knipsen, kniff mich ein Hengst mit der Schnauze in die Schulter. Ich erschrak, verlor das Gleichgewicht und fiel auf meinen Hinterschinken. Na, prost Mahlzeit – Willkommenskultur geht anders.

Natürlich war ich etwas betrübt, als ich weiterwanderte. Ich versuchte, mir Mut zu machen. Vielleicht hat er dich aus Versehen gebissen? Wollte dir womöglich nur den Rucksack abnehmen und ihn zur Garderobe bringen? Oder es war ein Hengst, der noch eine uralte Rechnung mit dir aufhatte, womöglich gab's mal Streit um eine Stute oder Ähnliches? Oder sie haben dich eben nicht als einen der ihren erkannt. Wie sollten sie auch? Muss sich vielleicht erst mal setzen, die Tatsache, dass du jetzt zurück bist. Ist ja auch eine Hammer-Info, für Pferde. Da braucht man ein Weilchen, bis man's wirklich in seiner ganzen Tragweite kapiert hat. Nur nicht die Flinte ins Korn werfen! Außerdem hast du's doch bestens: Das Wetter ist schön, ungewöhnlich schön für diese Jahreszeit. Blauer Himmel. Wärmende Sonne über kompromisslosem Frost. So redete ich mir selbst gut zu, als ich der Straße weiter folgte.

Bald kam ich an ein kleines Kontrollhäuschen am Wegesrand, eine Art Pförtnerloge. Ein Herr in Sicherheitsweste überwachte den Verkehr, denn an dieser Stelle kreuzte die Landebahn des Flughafens die Straße nach Lerwick, und wenn ein Flugzeug startet oder landet, sperrt der Herr in Grellgelb die Straße, und die Autos müssen warten. Ich fragte ihn, ob man denn auf dem Weg nach Lerwick irgendwo frühstücken könne. Oder ob's denn wenigstens einen Supermarkt gebe, um sich Verpflegung zu kaufen? «No shop, no restaurant until Lerwick», schüttelte er seinen mächtigen Schädel. «How far away is it?» – «Forty kilometers, you'd better take the bus.» Ja, dieser Weg zur nächsten Essensausgabe war mir tatsächlich zu weit, und so bestaunte ich wenig später den atlantischen Vormittag durch beschlagene Busfenster. Kleine Käffer, wenige Autos, ganz wenige Menschen, null Bäume und umso mehr großzügige Weite. Himmel, Hügel, Hü und Hott. Gegen Mittag traf ich in der Hauptstadt ein. 7500 Einwohner, ein paar viktorianisch anmutende Häuserzeilen, durch die man zum Stadtkern vorstößt: enge Gassen und ein befestigtes Fort. Ich stieg am Hafen aus, setzte mich auf einen der Poller, an denen normalerweise Schiffe vertäut werden, und blickte hinüber zur Insel Brassey, von der soeben eine Fähre ablegte. Und jetzt? Was sollte ich nun mit meiner schönen Zeit anstellen, nachdem meine alten Artgenossen so verbissen auf meine Ankunft reagiert hatten? Aber da war keine Idee, keine Inspiration – nichts. In einem solchen Falle hilft bekanntlich: abwarten und Tee trinken, und dies erledigte ich in einer gut besuchten Pizzeria mit enorm überhitztem Schankraum. Die lokale Restaurantszene, so viel möchte ich an dieser Stelle vorwegnehmen, zählt nicht zu den dringendsten Gründen, die Shetland-Inseln zu besuchen. Die Pizzas sind zu fett, die Salate zu welk, das «gutbürgerliche» Lokal gegenüber der Pizzeria bietet höchstens Durchschnitt, wenngleich in einem gediegenen Miss-Sophie-Ambiente. Auch der dortige polnische Kellner ist angenehm; er gewährte mir eine kleine Einführung in lokale Kultur und Lebensart. Das wichtigste Fest, erzählte er, sei das jährliche «Up Helly Aa» und stehe unmittelbar bevor. Früher habe man bei diesem uralten Brauch ordentlich gepichelt und dann brennende Fässer durch die Gassen der Altstadt gerollt, aber nach diversen Stadtbränden habe man sich von den Fässern verabschiedet – nicht jedoch vom Picheln, klar. Ganz Lerwick war die Vorfreude auf diese Sause anzumerken; alle Schaufenster waren mit Schwertern und Wikingerhelmen dekoriert.

Dann gibt es noch den Fish-and-Chips-Laden am Hafen, in dem es mittags, wenn Hochbetrieb herrscht, eng ist wie in einer Puppenstube. Und das «New Harbour Café», in dem sich sonntags äußerst kalorienreich frühstücken lässt und in dem ich erstmals in meinem Leben «Black Pudding» aß, eine, nun ja, eine Spezialität, von der ich bis heute nicht so recht verstanden habe, woraus sie eigentlich besteht. Im Wesentlichen wohl aus Schweineblut, das auf kleinster Flamme so lange gebraten wird, bis es zu harten, bröseligen Frikadellen verarbeitet werden kann.

Nach kurzer Stadtbesichtigung machte ich mich zu Fuß auf Zelt-platzsuche. Landseitig ist die Stadt von Hügeln umringt, und man hat die freie Auswahl. Was für ein unerhörtes Vergnügen, zelten zu dürfen, wo man möchte! Für meine zweite Nacht hatte ich mir eine Anhebung ausgeguckt, deren Gipfel mit einem Steinhaufen markiert war. Der Weg hinauf führte durch die Heide mit zweierlei Wasserläufen. Die eine Sorte tritt kalt und langsam aus der Quelle und ist im Winter gleichsam zu einem einzigen langen Eisband gefroren. Die andere Sorte führt warmes Wasser, das Erdreich dort ist aufgetaut, und wenn man reintritt, versinkt man bis zum Knie im Matsch. Blöder Nachteil der zweiten Sorte: Oberseits hat das Heidekraut alles zugewuchert, die Schlamm-falle ist also unsichtbar. Natürlich verschwand ich mehrfach mit gellendem Aah! in diesen Löchern und erreichte den Gipfel mit einer Schmodderkruste bis hinauf zur Gürtellinie.

Da es im Januar in diesen Breiten bereits um 15 Uhr zu däm-mern beginnt, begann ich umgehend mit dem Zeltaufbau, häng-te meine nasse Schmutzhose über die Abspannleine und ver-schwand im Schlafsack. Zwei Stunden lang bestaunte ich durch die Zeltluke eine gewaltige Regenwolke, die sich über der Nordsee am Horizont entlud, wartete geduldig, bis die Sonne purpurn im Meer versunken war, und um 17 Uhr schloss ich den Walmagen.

Am nächsten Morgen war meine Cordhose leidlich getrocknet und das Zelt im Etui. Nur ungern verließ ich meinen Steinhügel mit Blick auf Lerwick, und das Einzige, was mich schließlich hinab in die Stadt wandern ließ, war die Gewissheit, problemlos ähnlich hübsche Standorte zu finden. Wenn man die Zeltplatz-suche als einen kreativen Akt interpretiert, so kann ich mir für einen begeisterten Platzplaner keine befriedigendere Spielwiese vorstellen als diesen Archipel. Man fühlt sich wie ein Maler vor riesiger Leinwand und darf den entscheidenden Klecks auftupfen, wo man will.

Nach opulentem Frühstück (Black Pudding!) setzte ich mit der Fähre nach Brassey über. Der Fahrkartenverkäufer, ein erkennbar trinkfester Spaßvogel mit unerhörter Ähnlichkeit zu Wayne Rooney, fand meine Zelterei entweder ganz normal oder ließ sich seine Verwunderung nicht anmerken, jedenfalls gab er mir sogleich Tipps für schicke Schlafplätze. Ich dankte dem fidelen Schotten, ging von Bord und durchquerte in gemächlichem Schlenderschritt die Insel. In der niedlichen Kirche hielt ich stille Andacht und begutachtete ausführlich jedes Detail. Dann verließ ich das kleine Fischerdorf, passierte vier Gehöfte, in denen sich drei Landwirtschaftsbetriebe und, welch Sensation, eine öffentliche Sauna befanden. «Today we're fully booked», bedauerte die Saunawirtin, wobei ich mir gut vorstellen kann, dass ihr meine hobohafte Erscheinung mit Großrucksack und Matschhose nicht geheuer war.

Etwa fünf Kilometer maß mein Weg, bis dieser an einer schmalen Meerenge endete, und mit ihm die menschliche Zivilisation; gegenüber lag Noss, ein von unserer Spezies unbewohntes Eiland. Die Grundform von Noss erinnerte mich sogleich an Lummerland, die Heimat von Jim Knopf und Lukas dem Lokomotivführer, allerdings eben ohne Gleise, Frau Waas und König Alfons dem Viertel vor Zwölften. Nur Heidehügel und einen unwirklich gelben Sandstrand gibt es auf Noss, und noch ehe ich den Hügel erklomm, an dessen Ende die Ruine auf mich warten sollte, hatte ich bereits zweierlei entschieden: Noss ist die schönste Insel, die es gibt, und eines Tages möchte ich wiederkommen, im Sommer, um ein paar Tage auf diesem knallgelben Strand herumzulungern. Um diese Noss'sche Schönheit adäquat zu beschreiben, fehlten mir die Worte, und so musste ich neue, preisende Adjektive erfinden: Schockati. Österlich. Shampoo. Bonzig. Elysiös. Schlässig. Juwelesk. Carrera. Bonitissimo. Joy.

Bei meinem Weg hinauf durch die Heide musste ich mich

alle paar Meter umdrehen, um die immer joyere Übersicht zu genießen, und oben angekommen, war es endgültig um mich geschehen. Ich habe Ihnen ja bereits verraten, dass mein weltweiter Lieblingsort das Alte Kurhaus in Dangast ist. Von diesem Moment an musste sich Dangast diesen Titel teilen, nämlich mit ebendieser Kuppe, von der man hinüber nach Noss blickt, blicken darf.

Ich befand mich in einem Rauschzustand, als ich mein Taurus errichtete, bis über die Ohrmuscheln von Glückshormonen durchflutet; der Blitz hatte eingeschlagen, und ich war blind vor Liebe, anders ist nicht zu erklären, dass ich zunächst mein Zelt falsch herum aufstellte, mit Blickrichtung von Noss weg (siehe Belegbild).

Wieder lag ich früh im Schlafsack und las noch ein Weilchen im mitgebrachten John-Cheever-Buch. Und mit «früh» meine ich: Deutlich bevor die Sesamstraße beginnt, denn die Wintertage sind wie gesagt kurz auf den Shetland-Inseln. Von meinem hiesigen Tagesablauf bis zum Winterschlaf eines Braunbären war es nur noch ein kleiner Schritt.

Auch am darauffolgenden Tag war der Himmel curaçaofarben. Fast hätte man Petrus der übertriebenen Schmeichelei bezichtigen können. Ich wanderte zurück zur Fähre, setzte über nach Lerwick und stieg in den Bus nach Scalloway, der historischen Hauptstadt der Shetlands. Der freundliche Busfahrer, ein robuster Mann, der einem guten Tropfen nicht abgeneigt schien, kutschierte mich plaudernd über die Insel. Als ich ausgestiegen war, hörte ich ihn im Selbstgespräch den Kopf schütteln: «Camping in winter!», und als er die Türen schloss und davonrollte, entfuhr ihm eine anschwellende Lachsalve, so hemmungslos, dass man die Tränen in seinen Augen hören konnte.

Die Bushaltestelle in Scalloway befindet sich gegenüber der schnuckeligen Stadthalle, in der ich eines Tages auftreten werde, um einen Reigen von Liedern zu präsentieren, die den Blick auf Noss und andere lokale Schönheiten preisen. Der Vorsatz ist gefasst – jetzt müssen nur noch die Lieder geschrieben und ein paar Formalitäten erledigt werden (denn die Leute von der Stadthalle wissen ja noch nichts von ihrem Glück).

Wieder suchte ich mir einen Hügel als Schlafplatz aus, und um zum Gipfel zu gelangen, musste ich einen Weidezaun übersteigen. Und dann passierte folgendes: Ein Shetlandpony ging auf mich zu, und ohne dass ich es angelockt hätte, streckte es mir seine Nüstern entgegen und begrüßte mich freundschaftlich, so intim und vertraut, wie man sich nur unter Seelenverwandten begrüßt. Weder Biss noch Tritt, nur reine, unverdünnte Pferdeliebe brachte mir das Pony dar. Offenbar hatte sich unter den Tieren inzwischen herumgesprochen, wer ich war, nämlich einer von ihnen. Ich war endlich aufgenommen, angekommen, zu Hause. Ich fühlte mich da, wo ich hingehörte, hatte meinen Frieden gefunden.

Mein Zelt schlug ich just auf dieser Wiese auf; aus nah und fern kamen jetzt meine Artgenossen herangetrabt und reichten mir ihre Nüstern zum Gruß. Ich unterhielt mich mit jedem einzelnen, streichelte, koste und kämmte ihre Mähnen, verteilte meine aus Deutschland mitgebrachten Möhren. Als diese verzehrt waren, herrschte bereits tiefe Nacht. Unter uns leuchteten die Lichter der kleinen Hafenstadt; ich verabschiedete mich gerührt und begoss meine Wiedersehensfreude mit einem edlen Whiskey in der Bar des einzigen Hotels, das es in Scalloway gibt. Gerne hätte ich auch meine alten neuen Freunde eingeladen, aber wie so viele Pferde sind auch die Shetlandponys Antialkoholiker. Der Wirt des Hotels erklärte mir, dass Shetlandponys die einzigen Pferde sind, die Meerwasserpflanzen verzehren können. Da an den Stränden des Archipels täglich Blasentang & Co angespült werde, gebe es also auch im Winter ausreichend zu essen. Diese Eigenart habe die Shetlandponys neben ihrer gedrungenen Form befähigt, den hiesigen harten Wintern zu trotzen. Im späten 18. Jahrhundert waren, so erläuterte der Wirt weiter, die Tiere fast ausgestorben, aber dann begann der Steinkohlebergbau im großen Stil, und es wurden anspruchslose, möglichst kleine Zugtiere für den Einsatz in den Stollen benötigt. Heute sind die Züchter in der «Pony Breeders of Shetland Association» vereint, die jedes Jahr einen elysiösen Fotokalender mit den schönsten Pferden herausgibt (der inzwischen bei mir daheim an der Küchenwand hängt).

Die Nacht verbrachte ich inmitten einer, meiner Herde. Die Tiere umringten das Zelt, ich hörte sie im Stand dösen und schnaufen. Mehrmals öffnete ich die Luke, blickte hinaus ins pferdige Dunkel und flüsterte Nettigkeiten. Zu gerne hätte ich die ganze Sippschaft zu mir ins Zelt eingeladen; aber mein Taurus war bereits ausgebucht. Am Morgen lief ich auf der vereisten Kuppe herum und suchte die Herde, um mich zu verabschieden, aber die Tiere waren bereits weitergezogen. Macht nichts; ich grüße euch von dieser Stelle. Bin eh bald wieder da.

Für die letzte Nacht vor meiner Abreise suchte ich einen Platz in der Nähe des Flughafengebäudes und fragte die Dame an der Rezeption des Airport-Hotels, ob ich am Strand hinterm Haus zelten dürfe. Zunächst bekundete sie ihre Erleichterung, mich zu sehen. «Meine beste Freundin ist Taxifahrerin und hat mir von Ihnen erzählt. Vor ein paar Jahren sind zwei Spaziergänger vom Sturm eine Klippe hinuntergeblasen worden; man sollte den Winter hier niemals unterschätzen.» Ähnliches war mir bereits mehrfach passiert. Meine Unternehmung hatte sich herumgesprochen – jeder schien hier jeden zu kennen, und wo immer ich hinkam, war mindestens eine Person über «the crazy German» informiert.

Hinterm Hotel, in dem vor allem die Besatzungen der nahen Ölbohrplattformen übernachten, befindet sich der «Jarlshof», eine archäologische Ausgrabungsstätte. Dicht gedrängt stehen hier Siedlungsreste von der Bronzezeit bis zu Pikten und Wikingern. Typisch für die schottische Eisenzeit ist das sogenannte Wheelhouse, das seinen Namen wegen seiner kreisrunden Form trägt. Ich erwog, mein Zelt genau in die Mitte eines solchen Rundbaus zu stellen, aber ich sehnte mich dann doch allzu sehr nach dem Meer, installierte mich an der Außenmauer der Ruine, direkt an der Waterkant, mit Blick hinaus auf Schweinswale und Trottellummen. Hier war ich Pferd, hier durft' ich's sein, und es steht außer Frage, dass ich nur meiner Zelterei dieses angenehme Geborgenheitsgefühl verdankte. Überhaupt halte ich es für eine absurde Fehlentscheidung, ein Land, in dem man überall sein Zelt aufschlagen darf, vom Hotelzimmer aus kennenlernen zu wollen. Aber wie das immer so ist: Die Absurdität manch eingefahrener Verhaltensweise wird erst erkennbar, wenn man sie aus der Ferne betrachtet – etwa durch eine geöffnete Zeltluke. Der Jazzsaxophonist Charlie Parker, den ich sehr verehre, soll sich mal bei einem Konzert während der Pause im Hinterhof des Clubs auf dem Boden gewälzt haben. Und als man ihn fragte, warum er das tun würde, antwortete er: «Damit ich nach der Pause anders spiele als vor der Pause.»

Am nächsten Morgen trottete ich Richtung Terminal und bekämpfte wacker meinen Abschiedsschmerz. Am letzten Strand vor der Abflughalle sammelte ich ein wenig Seetang, wischte meine Mähne beiseite und steckte mir einen blasigen Strunk als Frühstück ins Maul. Den Rest packte ich in jene Tüte, in der ich zuvor die Karotten transportiert hatte, als Proviant für die lange Rückreise. Diese verlief turbulent, weil nämlich mein Riesenrucksack in Aberdeen hängenblieb und ich Döspaddel meinen Hausschlüssel in demselben verstaut hatte. Nach Erledigung der fälligen Formalitäten am «Lost & Found»-Schalter durfte ich daheim erst mal einen Ersatzschlüssel vom Hausmeister holen.

Da sich nur mein Taurus für das Zelten auf einem Gitterrost

eignet, dieses aber erst einmal gefunden werden musste, übernachtete ich in dieser und den kommenden Nächten ohne Walmagen in Sommerschlaf- und Biwaksack, was in diesem milden Winter gar kein Problem war, zumal wenn man zwar aussieht wie ein Homo sapiens televisionensis, in Wirklichkeit jedoch ein Shetlandpony ist. Oder sich wenigstens so fühlt.

Leere Wischfon-Akkus sind, wie jeder weiß, eine Geißel unserer Zeit, so wie auch Funklöcher schon so manchen Nervenzusammenbruch verursacht haben. Das tragbare Telefon ist bekanntlich Fluch und Segen zugleich: Es verbindet uns mit der Welt, ersetzt Gedächtnis, Bibliothek und Freundeskreis und ist doch gleichzeitig eine subtile Fessel, ein Freiheitsvernichter. Wer die menschlichen Grunderfahrungen des Ausgesetztseins und der Einsamkeit machen will, hat es heute ungleich schwerer als unsere Vorfahren. «Hänsel und Gretel verirrten sich im Wald» ist nicht mehr aktuell. Wer ein Wischfon hat, verfügt auch über ein Navi, kann sich also nur in engen Grenzen verlaufen, außerdem können Hänsel und Gretel geortet werden. Das Phänomen der Helikoptereltern ist Kennzeichen einer Zeit, in der die totale Überwachung nicht nur technisch machbar, sondern die Regel ist. Als Minderjähriger bin ich per Anhalter quer durch Europa gereist (etwa nach Grado in Italien, um mich dort von Mücken piesacken zu lassen – ich erzählte bereits davon), und bei meinen Eltern meldete ich mich erst, als die Reisekasse leer war (dann wurde per «Blitz-Giro» Geld überwiesen). Mein Freund Roberto, ähnlich alt wie ich, meldete sich bei seinen Eltern als Teenager einmal mit den Worten ab, er würde das Wochenende bei einem Freund in Pfaffenhofen verbringen, trampte jedoch stattdessen nach Paris. Heute undenkbar! Gewiss werden die technischen Möglichkeiten der Überwachung in den nächsten Jahren noch ausgefeilter werden: Ein direkt im Schädelknochen implantierter Chip könnte Eltern dereinst nicht nur den Standort ihrer Söhne und Töchter mitteilen, sondern auch was sie gerade sehen, machen, denken und fühlen – und ob sie trotz aller gegenteiligen Beteuerungen betrunken sind. Alles jederzeit abrufbar via App – oder per WLAN-Gedankenübertragung. Und gewiss werden nicht nur die Eltern Bescheid wissen, sondern auch Schule, Wohlfahrt, Polizei, Verfassungsschutz. Und die Werbeindustrie sowieso. Die meisten Einblicke ins Privatleben werden schon heute freiwillig gewährt – etwa auf Facebook. Und auch ich habe in den letzten Jahren viel, sehr viel Zeit in sozialen Netzwerken zugebracht. Bei «MySpace», damals, als Facebook noch nicht weit verbreitet war, tummelten sich vorwiegend Künstler und Musiker. Alle waren in Pioniergeist miteinander vereint und genossen es, sich auf diese innovative Weise kennenzulernen. Mit «MySpace» gelang es mir sogar, einen Freundeskreis in Frankreich aufzubauen, lauter nette Leute, die gar nicht wussten, dass ich in Deutschland so 'ne Art B-Prominenter bin, B wie Boning. Im Mittelpunkt dieses Freundeskreises stand die Modezeichnerin Marie-Hélène, und ich fuhr oft an die Seine, zum Beispiel um mit meinen Freunden den Feuerwehrball am Vorabend des Nationalfeiertags zu besuchen.

Sodann wurde Facebook ein Riesending, ich hatte schnell Tausende Freunde und postete meine Einkaufszettelfundstücke, jeden Tag drei Zettel, jahrelang. Die Diskussionen über diese Zettel waren immer fruchtbar und interessant, und diese Zetteldiskussionen inspirierten mich sogar zu einem Buch («Butterbrot und Läusespray – Was Einkaufszettel über uns erzählen»).

Auch mein Zelttagebuch führte ich öffentlich, auf meiner Seite bei Facebook. Tag für Tag berichtete ich meiner Leserschaft, wie es mir in der Nacht ergangen war, wo ich mich befand, ließ (selten) Träume Revue passieren und haderte öffentlich mit meiner Vergesslichkeit, wenn ich mal wieder einen Ausrüstungsgegenstand liegengelassen hatte (oft). Jede einzelne Reaktion, jeder Kommentar wärmte mein Herz, und abends im Zelt, wenn ich den Tagesbericht gepostet hatte und die Ereignisse mit den Lesern diskutierte, fühlte ich mich keineswegs einsam, sondern wohlig untergehakt von einer virtuellen Gemeinschaft. Nach gelungenen Tagebucheinträgen war mir, als würde diese miteinander verhakte Gemeinschaft in vereinter Freude schunkeln.

Manchmal wurden jedoch auch kritische Stimmen laut. Vom Vorwurf, in Zeiten der Flüchtlingskrise sei Camping zynisch, habe ich Ihnen ja schon berichtet. Ein anderer Einwurf stellte meine Konsequenz in Frage. Jeden Blog-Eintrag dekorierte ich mit einem Lichtbild. Eines dieser Bilder zeigte mich im Zelt auf dem Gitterrost, im Schlafsack lesend, und zwar im Schein einer Lampe, die per Verlängerungskabel mit Strom aus dem Haus gespeist war. Eine Betrachterin war entrüstet, hielt mich für einen Schummler. Ein «richtiger» Zelter, so behauptete sie, trage eine Stirnlampe, vielleicht auch eine Taschenlampe, lese aber gewiss nicht im Schein einer Nachttischlampe, die ans Stromnetz angeschlossen sei. Zunächst reagierte ich mit Schulterzucken, dachte an all die Campingplätze, auf denen ich bereits übernachtet hatte, die auch Stromanschlüsse angeboten hatten. Offenbar wusste diese Frau nicht, dass Camping und Elektrizität nicht per se im Widerspruch zueinander stehen. Dann reagierte ich mit jener Aggression, die mich in Zeiten äußersten Schlafmangels kennzeichnete: Ich verwünschte die Neunmalkluge, bellte gellend in den Rechnerverbund, was sich die Dame erlauben würde, mich auf meiner eigenen Seite zu kritisieren. Außerdem müsse ihr doch klar sein, dass auch eine Stirnlampe ihren Strom aus Batterien beziehe, demnach weder umweltfreundlich sei noch ein Symbol für das ach so ersehnte «einfache Leben». Schimpfen und Zurückschimpfen sind bekanntlich ein gängiges Kommunikationsmuster bei Facebook, vielleicht sogar die Regel, zumindest dann, wenn's um Politik geht (und beim Zelten geht's immer auch um Politik, doch darauf komme ich später noch zurück). Jedenfalls:

Ich persönlich glaube, dass die Menschen sich in «ihrem» sozialen Netzwerk daheim fühlen und meinen, sich dort so geben zu können, wie sie sich zu Hause eben geben.

Kurz nachdem ich mich über meine Kritikerin empört hatte, kam ich ins Grübeln. Womöglich hatte sie recht, und Verlängerungskabel haben in Zelten nichts verloren. Vielleicht steht das Archaische, Einfache, das der Zivilisationsmüde im Zelten zu erkennen meint, tatsächlich im Widerspruch zu gewissen Errungenschaften der Moderne – etwa dem Anschluss ans Stromnetz. Die Beleuchtungsfrage ließ sich spielend beantworten, und zwar per Kurbellampe. Gab's bei mir gegenüber im Elektromarkt für erfreulich kleines Geld. Eine Minute Kurbeln reicht für die abendliche Zeltbeleuchtung, bisweilen sogar für mehrere Abende. Nun ist aber der Hauptstromfresser im Walmagen nicht dessen Beleuchtung, sondern das Wischfon. Bis zu fünf Zusatzakkus schleppte ich auf längeren Reisen mit, und oft, allzu oft, geriet ich trotzdem in Stromnot. Dann trat meine ganze hässliche Abhängigkeit zur Elektrizität zutage. Meine erste Frage an Wirte, Campingplatzbesitzer, Konzertveranstalter lautete dann nicht mehr: «Wie geht's?», sondern: «Haben Sie eine Steckdose für mich?»

In den Tagen nach der Kabeldiskussion studierte ich alle Möglichkeiten, autark Strom zu erzeugen. Solarpanel und der Kocher mit USB-Anschluss lieferten gar zu wenig Saft fürs Wischfon. Es gibt auch Turbinen, die man als mobile Wasserkraftwerke in Fließgewässer legen kann – immerhin fließen Bäche zuverlässiger, als die Sonne in Deutschland scheint. Man könnte außerdem Bausätze für Windräder erwerben. Mit all diesen Produkten habe ich mich beschäftigt und überlegt, ob sie mein Zeltleben erleichtern. Bei allen hatte ich den Eindruck, dass sie mein Projekt nur noch zusätzlich komplizieren: Aufbau, Transport, Zubehör, Kabel, vom Gewicht ganz abgesehen – nein danke. Die bessere Lösung hieß: Stromsparen. Und das konnte nur heißen: Schluss mit

Facebook & Co. Zumal für das Verfassen des Tagebuchs und die nachfolgende Diskussion mittlerweile täglich mehrere Stunden veranschlagt werden mussten.

Schonend versuchte ich der Facebook-Gemeinde meine bevorstehende Abstinenz beizubringen. Ab Mitte März würde ich mich aus der digitalen Welt weitgehend zurückziehen und mich nur noch in der sogenannten Realität aufhalten. Statt meiner Ersatzakkus würde ich einen kleinen Aquarellkasten und einen Postkartenblock auf Reisen mitnehmen, ab und zu ein Selfi malen und an meinen Bodyguard Kathrin schicken. Kathrin würde die Karte dann abfotografieren und auf meiner Seite posten – so könne man auch weiter über Facebook in Kontakt bleiben. Als Stichtag kündigte ich den 15. März an. «Du bist eh bald wieder hier», prophezeiten Leser mit Facebook-Suchterfahrung, und andere seufzten: «Ich kann dich sehr gut verstehen.» Managerin Steffi, die ja bereits meine Zelterei mit mütterlicher Skepsis verfolgt hatte, war nun ernsthaft besorgt. «Du willst nicht tatsächlich auf dein Handy verzichten, oder? Wie sollen wir denn dann miteinander kommunizieren?» Ich versicherte, dass man für alles einvernehmliche Lösungen finden werde, und kündigte an, mir zur Not ein Seniorenhandy zuzulegen, mit extragroßen Tasten und SMS-Funktion. Das würde doch gewiss ausreichen, oder?

Bereits Anfang März verabschiedete ich mich von meinem Kleinwagen, einem Gefährt, mit dem ich in den letzten Jahren sowieso eher wenig unternommen hatte. Meistens war es unter der Donnersberger Brücke am Mittleren Ring in München geparkt, dem meiner Wohnung nächstgelegenen gebührenfreien Parkplatz, und staubte ein. Jetzt also folgte Verzicht auf Verzicht. Vom Schlafen mit mangelhafter Unterlage war ich noch krank geworden, vom Verzicht aufs Auto war zunächst nichts zu spüren. Die erste Nacht ohne Online-Tagebuch verlief ebenfalls völlig unspektakulär. Am 10. März 2016 legte ich mich auf den

Gitterrost, schlief ein und wachte sieben Stunden später wieder auf, ohne irgendetwas am Vorabend gepostet zu haben. Folglich gab es jetzt auch keine Kommentare. Interessanterweise warf ich dennoch einen Blick aufs Display, und als dort – oh Wunder! – tatsächlich keine Kommentare zu lesen waren, aktualisierte ich sogleich meinen Status mit einem umfänglichen Sammeldank an alle, die mich über so viele Monate beim Zelten begleitet hatten. Ich erhielt Hunderte «Likes» und freute mich über den Zuspruch – beseufzte jedoch gleichzeitig meine fortgeschrittene Abhängigkeit. Draußenschlafen war mir leichtgefallen; nur selten hatte ich mir ein warmes Bettchen gewünscht. Bei Facebook sah die Sache etwas anders aus. Ganz unwillkürlich starrte ich in den folgenden Tagen immer wieder aufs Display und nahm enttäuscht zur Kenntnis, dass es nichts zur Kenntnis zu nehmen gab – weil ich ja nichts Neues postete. Es handelte sich also um eine Phantomneugier, analog zum Phantomschmerz. Mit dem Mut des zu allem Entschlossenen ließ ich nun mein Wischfon stundenweise daheim, um spazieren zu gehen oder mit dem Tretroller um den Pudding zu fahren. Mit einer gewissen Erleichterung vermerkte ich, dass diese radikale Vorgehensweise weder die Welt untergehen ließ noch Facebook, und auch ich blieb am Leben. Ich wurde nicht einmal krank – womit klargestellt ist, dass im direkten Vergleich zwischen Internet und Luftmatratze Letztere die lebenswichtigere Erfindung ist.

Die Idee, Aquarelle per Postkarte an Kathrin zu schicken, damit sie diese postete, entpuppte sich allerdings als noch größerer Zeitfresser. Das Selfi-Malen machte durchaus Spaß, ernüchternd war jedoch die Suche nach Briefeinwurfmöglichkeiten. Der Mangel an Postkästen ist für den Offliner ähnlich frustrierend wie das Funkloch für den mobilen Digitalisten. Und es gab noch mehr Gründe, die Aquarellidee zu verwerfen.

Anfang Mai 2016 verbrachte ich eine Nacht auf dem 1731 Meter hohen Gipfel des Herzogstandes am Walchensee in Oberbayern, gemeinsam mit meinem Sohn Cyprian. Der findet Facebook uncool und postet seine Bilder lieber bei Instagram. Vorm Einschlafen schoss er viele wunderbare Fotos des Sonnenuntergangs, während ich mich um die Zubereitung eines «mediterranen Fischtopfs» mit Hilfe meines Gaskochers kümmerte. Nachdem ich den Sohn und mich verköstigt hatte, war es bereits so dunkel, dass zur aquarellistischen Wiedergabe der Situation eine einzige Farbe ausgereicht hätte, nämlich Schwarz. Erschwert wurde die beabsichtigte Malerei durch den Umstand, dass ich sowohl nacht- als auch farbenblind bin, außerdem taktil wenig sensibel; ich hatte bereits Probleme, den schwarzen Farbkasten im Rucksack zu ertasten, geschweige denn diesen zu sehen. Also vertagte ich die postdigitale Malerei auf den kommenden Morgen.

Die Nacht verlief sehr stürmisch und kalt. Meinen Winterschlafsack hatte ich dem Sohnemann überlassen, wie sich's gehört; ich selber lag im Sommerschlafsack und fror bitterlich. An einen Biwaksack hatte ich, betört durch die Wärme des Tages, gar nicht erst gedacht. Eigentlich hatten wir ja die Nacht im Pavillon neben den Resten der Längstwellen-Sendeanlage verbringen wollen, die hier oben von 1920 bis 1934 betrieben worden war, aber die Idee hatten an diesem klaren Maitag viele andere auch; der Pavillon war bereits ausgebucht, und so froren wir eben unterm Sternenzelt.

Nun ist das Gipfelkreuz des Herzogstandes mit vier stählernen Tauen gesichert, auf die der Sturm in dieser Nacht blies wie ein Indio auf die Oberkante seiner Panflöte. So entstand ein verstimmter Flötenvierklang, höllenhündisch laut. Stöpsel in den Ohren wären eine Lösung gewesen, aber wer denkt schon an Ohrenstöpsel, wenn er sich zum Biwakieren in die Einsamkeit des Hochgebirges begibt? Viel Schlaf jedenfalls genossen wir beide nicht.

Morgendämmerung. Aquarell, zweiter Versuch. Ich klaubte meinen Kasten aus dem Rucksack, klappte ihn auf, legte Pinsel und Block parat, stellte das mitgebrachte Wasserglas auf den Alpenkalk und nahm die Wasserflasche, um das Glas zu befüllen. Aber, tröteröt: Da kam nichts. Das Wasser war in der Nacht gefroren. Tja. Lovis Corinth kam mir in den Sinn, der impressionistische Maler, der so viele Male Walchensee und Herzogstand gemalt hat. Wahrscheinlich hat er sich schlauer angestellt und sein Malwasser in einer Thermoskanne transportiert. Zu allem Ungemach war die Trinkflasche aus Plastik, sodass ich ihren Inhalt nicht über der Flamme des Gaskochers erwärmen konnte. Ich seufzte kurz, verstaute meine Malsachen wieder im Rucksack und postete ersatzweise ein paar Sonnenaufgangsbilder meines Sohnes. Rückfall wegen Frust.

Dämmerungsbilder, die mit dem Wischfon geschossen werden, sind kein Sujet, mit dem man heutzutage unbedingt eine Fotoausstellung machen müsste. Seit den Zeiten Lovis Corinths sind bereits verdammt viele Gebirgssonnenuntergänge von enorm vielen Handys geknipst worden, ihr Neuigkeitswert ist eher gering – aber bei Facebook sind solch stimmungsvolle Bilder immer gern gesehen. Büromenschen posten ihr Mittagessen, der Outdoor-Freak den Sonnenuntergang; so lauten eben die Gesetze des Internet-Zeitalters.

Derlei Rückfälle sind jedoch selten, allerdings ertappe ich mich noch immer häufig beim Phantomblick aufs Display beziehungsweise auf die geöffnete Innenseite meiner Hand.

24 > Besuch

Sohn Cyprian gehört zu den wenigen Personen, mit denen ich schon gemeinsam der Draußenschläferei gefrönt habe, sowohl unter freiem Himmel wie auch in einem gemeinsamen Zelt. Natürlich, denn es gehört unzweifelhaft zu den vornehmsten Vaterpflichten, gemeinsam mit der Brut zu zelten, so früh wie möglich, um der jungen Generation jenes Initiationserlebnis zu ermöglichen, das ihr Erzeuger gemeinsam mit Kindergartenfreundin Anja in der Sackgasse der Ottostraße genoss. Nach diversen gemeinsamen Unternehmungen erlitt Cyprians Lust am Zelten jedoch einen Dämpfer, als er etwa 11 Jahre alt war. Es mag im Hochsommer 2005 gewesen sein, als wir von Bernbeuren aus nach Utting am Ammersee aufbrachen. Ziel war der dortige Campingplatz, wegen seiner Nähe zum hölzernen Zehn-Meter-Turm, einer der größten Badeattraktionen weit und breit. Für die 50 Kilometer Anfahrt nahmen wir Fahrräder: Er saß auf seinem schweren Mountainbike, ich auf meinem 11-Kilogramm-Rennrad. Da Rennräder bekanntlich keine Gepäckträger haben, wurde die gesamte Ausrüstung auf dem Drahtesel des Knaben verstaut, der daraufhin schon nach halber Strecke die Lust verlor und nach zwei Dritteln um Gnade flehte. Die Passanten in Utting fanden das zu Recht befremdlich: ein dünner Junge, schwer bepackt, am Ende seiner Kräfte, und dahinter radelt der Vater im großen Gang und schmettert fröhlich Durchhalteparolen. Die darauffolgende laue Sommernacht war dann von einem Grillgelage mit Musik geprägt, wobei der Gitarrist kaum drei Meter neben unserem Zelt klampfte, und zwar länger, als die Platzordnung erlaubte – woraufhin sich ein lautstarker Streit zwischen Platzwart

und Gitarrist anschloss, der mit der Abreise des Störers endete. Der Zeltabbau dauerte dabei deutlich länger und war wesentlich lauter als die vorangegangene Festivität, worunter unser Nachtschlaf ähnlich litt wie unter den Pan-Tauen, mit denen das Gipfelkreuz des Herzogstandes befestigt ist. Ich erwähne dies, um alle mitlesenden Väter zu warnen: Man überfordere die jungen Leute besser nicht, sonst werden sie, au weia, am Ende noch zu Stubenhockern.

Mit Bergsportfreund Hannes war ich einige Male gemeinsam unterwegs, etwa zur Feier meiner 50. Zeltübernachtung auf dem Breitenberg, aber obwohl wir uns schon lange kennen, bevorzugen wir getrennte Betten und getrennte Zelte. Jeder trägt sein eigenes Schlafzimmer auf dem Rücken. Umso größer war meine Freude, als mein lieber Kollege Bernhard Hoëcker Interesse an meinem Experiment bekundete. Mit Bernhard verbinden mich bereits einige hundert gemeinsame Fernsehshows. Wir lernten uns bei «Genial daneben» kennen, später hatten wir das Vergnügen, für die ZDF-Sendung «Nicht nachmachen!» zwei Häuser in die Luft zu jagen: ein Wohnhaus in Troisdorf und einen alten Bauernhof in Rahden, Kreis Lübbecke. Auch Live-Auftritte absolvieren wir gerne gemeinsam, etwa unsere Impro-Show «Gute Frage!», in der wir gemeinsam Fragen aller Art beantworten, die uns aus dem Publikum gestellt werden. Als wir mit dieser Show im Hoftheater Baienfurt auftraten, verbrachten wir eine gemeinsame Frühlingsnacht im Taurus, das ich im Privatgarten des Veranstalters aufgeschlagen hatte. Die Nacht allerdings geriet etwas kurz, da ich mich zunächst von meinem Kollegen in dessen liebste Leidenschaft, das Geo-Cachen, einführen ließ. Zu diesem Zweck besuchten Bernhard, sein Management, der Techniker, der Veranstalter und ich eine Festungsanlage. «Wo liegt denn die?», fragte ich gegen 22 Uhr, als wir ins Auto stiegen. Die Antwort «Ulm» hatte ich für einen Scherz gehalten, da diese

Stadt gute 80 Kilometer von Baienfurt entfernt liegt. Kam mir völlig absurd vor, haha, nachts um zehn zum Cachen nach Ulm: guter Witz! Umso erstaunter war ich, als ich herausfand, dass wir tatsächlich nach Ulm fuhren. Aufgrund des Missverständnisses hatte ich weder an eine Stirnlampe noch an angemessene Kleidung gedacht. Bis morgens um vier versuchten die Digital-Schnitzeljäger allerlei Rätsel zu lösen, um die neun im Unterholz versteckten Stationen zu finden, während ich staunend danebenstand, in kurzen Hosen und ohne Profilsohle, frierend und an den steilen Hängen der Kasematten mit dem glitschigen Untergrund kämpfend. Mir erschienen die Rätsel allesamt zu schwer, um sie mitten in der Nacht zu lösen – aber vielleicht fehlte mir auch ganz einfach die Motivation. Letztlich erinnerte mich das Unterfangen an Golf: Man trifft sich in netter Runde, geht spazieren, und damit es nicht langweilig wird, löst man zwischendurch Aufgaben und fachsimpelt um die Wette.

Als wir uns am Morgen schlammverkrustet und durchgeschwitzt ins Zelt legten, hatte feiner Regen eingesetzt, und die Vögel zwitscherten vergnügt. Die Temperaturen waren bereits frühsommerlich mild, und in der engen Kuppel mischte sich der Geruch frischen Rasenschnitts mit einer Doppeldosis Tennissocke. So, meinte ich, dürfte es in Wimbledon riechen, am Ende eines sehr langen Turniertages. Als Bernhard vorm Einschlafen noch versuchte, etwas vom Display seines Wischfons abzulesen, stieß er mit dem ausgestreckten Arm ans Zeltdach. Ja, das Alter kann sich tatsächlich auf die Campingtauglichkeit auswirken – wenn nämlich die Altersweitsichtigkeit einsetzt und eine übergroße Lesedistanz erzwingt. In der Folge ergriff Bernhard eine gewisse Panik, weil er fürchtete, der Handkontakt mit dem Innenzelt könnte die Regensicherheit der Zeltplane beeinträchtigen – aber da war ich schon hinweggedöst.

Mein lieber Kollege erwies sich als optimaler Zeltkumpan:

Auch er ist gedrungen und genügsam, dabei ein völlig geräuschloser Rückenschläfer. Am nächsten Morgen nahm er mich auf den Arm, indem er behauptete, ich habe mich nachts im Schlaf aus dem Sack gewühlt. Er habe sodann Fotos von mir geknipst und diese bereits in die sozialen Netzwerke gestellt. Ich lachte über diesen Scherz beflissen, durchstöberte dann aber vorsichtshalber Facebook & Co. Nichts gefunden, uff.

Beim Zusammenpacken des Zeltes unterlief mir ein unangenehmes Missgeschick: Ich schüttelte die Plane, um sie von der Regennässe zu befreien, und dabei schwangen die Metallzapfen, auf welche die Zeltstangen gesteckt werden, auf und nieder wie mittelalterliche Morgensterne. Einer der Zapfen traf mich an der Stirn, was zu einer ungestüm blutenden Platzwunde führte. Ja, seufzte ich, während ich mir aus Klopapier einen Kopfverband bastelte, Zelten wird fürwahr niemals langweilig. Immer wieder finden sich neue Gründe, um das einfache Leben an der frischen Luft zu preisen.

Auch über Damenbesuch weiß ich zu berichten. Vorab: Als alleinstehender Herr in seinen besten Jahren, der es ablehnt, seine Nächte in festen Bauwerken zu verbringen, ist man für weite Teile des weiblichen Geschlechts höchstens von theoretischem Interesse. Gewiss, es gibt Teilaspekte an meiner Persönlichkeit, mit denen ich gegenüber Frauen durchaus zu punkten weiß, in erster Linie natürlich mein blendendes Aussehen, in zweiter Linie meine Bescheidenheit. Doch leider ist dies den Frauen weit weniger wichtig als gemeinhin angenommen. Laut einer Studie von CHICA-Online.de, an der 2315 Frauen teilnahmen, finden 34 Prozent der Frauen, dass ein Mann «Humor» haben müsse, je 17 Prozent nannten «Charme» und «viel Zeit für Zärtlichkeit» als Muss. Als No-gos wurden «Stringtangas», «Mundgeruch», «Schweißgeruch» und «Haare auf dem Rücken» genannt.

Vor dem Hintergrund dieser Studie waren meine Chancen auf

weibliche Gesellschaft eher, nun ja, mittelprächtig. Kurz erwog ich, meine mittlerweile etwas schüttere Kopfbehaarung operativ mit Füllmaterial vom Rücken aufzupolstern und meine String-tangas durch Boxershorts zu ersetzen. Dann ließ ich aber alles beim Alten – zum einen weil ich die wärmende Rückenbehaa-rung beim Wintercamping ungern missen wollte, zum anderen weil Stringtangas der Gewichtsminimierung dienen und notfalls auch defekte Abspannleinen ersetzen können. Der Schweiß-geruch eines waschfaulen Wintercampers schließlich ist eh nur von Frauen mit Humor zu ertragen, und die sind ebenso selten wie humorvolle Männer. Gleichwohl malte ich mir ab und an aus, wie sich Zweisamkeit im Zelt denn anfühlen würde, und nach-dem ich in meiner Nachbarschaft so hemmungslose Lustlaute vernommen hatte, durchwaberte das Thema mit einer gewissen Regelmäßigkeit meine Gedanken. In manchen Phasen vertrieb ich mir meine Zeltabende sogar damit, dass ich Kontaktanzei-gentexte in eigener Sache formulierte, etwa: «Rüstiger Tretrol-lerfahrer mit Vorliebe für Charlie Parker und Lovis Corinth sucht naturbegeisterte Sie für heiße Nächte im klammen Kleinzelt. Fes-ter Schlaf unabdingbar. Ohrenstöpsel sind mitzubringen.»

An Flirts auf Campingplätzen kann ich mich nicht erinnern; ganz offenbar bevorzugen alleinstehende Frauen diese Art der Akkomodation nur selten. Ein Gespräch, das man mit etwas gu-tem Willen für so etwas Ähnliches wie einen Flirt halten könnte, führte ich beim Einchecken meines Gepäcks in Richtung Shet-land-Inseln. Die ausnehmend hübsche British-Airways-Mitarbei-terin fragte, wofür ich denn einen so großen Rucksack brauche, und ich antwortete wahrheitsgemäß: «Zum Campen.» – «Auf den Shetlands? Im Winter?», fragte sie belustigt, und ich antwortete, absichtslos und burschikos: «Genau! Wollen Sie mitkommen?» «Nichts lieber als das!», lachte sie, und ich nahm den Faden so-gleich auf: «Okay, ich warte am Gate auf Sie!» Am Gate sah ich sie tatsächlich wieder, und mein Herz pochte. Kurz darauf war meine Enttäuschung groß, denn sie hielt lediglich meine Bordkarte unter den Lese-Laser, wünschte mir einen schönen Urlaub und wendete sich dem nächsten Fluggast zu. Reisen musste ich alleine. Schade.

Später lernte ich dann tatsächlich eine humorvolle Zeltgenossin kennen, und zwar über das Internet-Forum «Wallow-in-Mud». Die junge Dame nannte sich in der dortigen Diskussion zum Thema Doppelschlafsäcke «Hannelore-Tess» und ist im bürgerlichen Leben Altphilologin. In unserer Forumsdiskussion ging es um die Frage, was für verliebte Paare beim Camping besser sei: der herkömmliche Doppelschlafsack oder zwei Schlafsäcke, deren Reißverschlüsse miteinander verbunden werden, sodass ein Doppelschlafsack entsteht. Für den Doppelschlafsack spricht: Es gibt nur eine Kältebrücke, da ja nur ein Reißverschluss vorhanden ist. Gegen den Doppelschlafsack spricht, dass es bei Einzelschlafsäcken eine wesentlich größere Auswahl gibt. Klassische Doppelschlafsäcke in Winterqualität werden derzeit kaum angeboten – bei kombinierten Einzelschlafsäcken ist die Auswahl hingegen groß.

Eine interessante Alternative ist das Sondermodell Deuter Space XL für sehr, sehr dicke Leute. Ich fragte Hannelore-Tess ganz unverblümt, ob sie Interesse daran hätte, dieses Modell gemeinsam mit mir zu testen – natürlich ganz seriös im Dienste des Verbrauchers. Zu meiner großen Freude sagte sie zu. Ich steuerte mein Taurus bei, außerdem meine Doppelmatratze, Overalls im Partnerlook und Pudelmützen als Kälteschutz. Willkommen im Penn-Club; jedes Detail der Testnacht wurde gewissenhaft protokolliert. Einhelliges Ergebnis: Für körperkontaktfreudige Camper ist so ein XL-Schlafsack genau das Richtige, zumal im Winter. Es beginnt bereits beim Schließen des Schlafsacks. Um den Reißverschluss zu betätigen, ist das umfängliche Zusammen-

schmiegen beider Körper Voraussetzung. Eine besondere Verant-
wortung kommt dabei jenem Zelter zu, auf dessen Seite sich der
Reißverschluss befindet, da ein Verlassen des Schlafsacks ohne
dessen Kooperationswilligkeit völlig ausgeschlossen ist. Als
Methode, um sich näher kennenzulernen, ist eine gemeinsame
Nacht im Doppelschlafsack jedenfalls schwer zu toppen. Und so
erfuhr ich, dass «Hannelore-Tess» nur ein Internet-Nickname war,
wie das heutzutage bei Forumsdiskussionen so üblich ist. Der
bürgerliche Name meines Mitschläfers lautete Siegfried-Pascal,
und wir stehen auch jetzt noch miteinander in unregelmäßigem
Elektrobriefkontakt.

25 > Kultur

Als ich erstmals das «City Camp 2» in Berlin besuchte, ganz am Anfang meines unbehausten Lebensabschnitts, ging ich eines Mittags bei einem Asia-Stehimbiss essen und erhielt vom Wirt einen chinesischen Glückskeks kredenzt. Auf dem Zettel im Inneren las ich: «WIRD EINE LANGFRISTIGE ABSICHT BALD ERREICHT». Ich war hingerissen: Offenbar hatte sich der Glückskeksfabrikant einer jener Übersetzungsmaschinen bedient, die im Internet zu finden sind und vor allem durch sprachliche Kreativität überzeugen. Nicht mehr lange, und die Kreativität wird durch Perfektion ersetzt – schade. Die Großbuchstaben verdeutlichten die Wichtigkeit der Aussage, die jedoch auch als Frage gelesen werden kann. Zu meinem Zeltunterfangen passte der Spruch perfekt, und so besorgte ich mir an der Rezeption des Campingplatzes Tesafilm, ummantelte den Zettel sorgfältig mit einer schützenden Laminierung und befestigte ihn per Wäscheklammer im Giebel meines Hillebergs. Sogleich kam mir die Tauglichkeit eines Kleinzeltes als Ausstellungsort in den Sinn, als mobiles Museum of Modern Art, und ich trug mich mit dem Gedanken, den chinesischen Fragesatz um weitere Kunstwerke zu ergänzen. Noch am selben Tag besorgte ich mir Angelschnur, die ich als Befestigungsmöglichkeit für Minikunstwerke unterm Zeltdach verspannte.

Das entscheidende Kriterium für Kunst im Zelt sind Volumen und Gewicht. Nicht Kleinkunst, sondern Kleinstkunst ist Trumpf. Inspirieren ließ ich mich bei meiner Suche nach geeigneten Objekten von der sogenannten «Klimbim-Sammlung» meines Vaters. Der begann nämlich schon vor vierzig Jahren damit, an

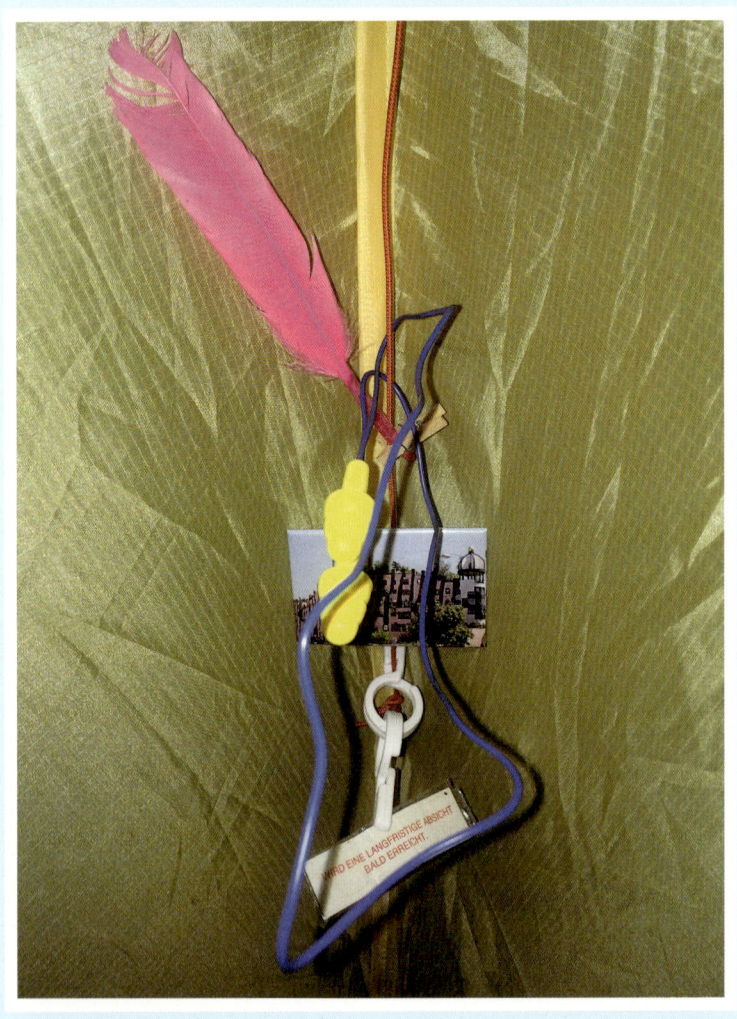

jedem Ort, den er in irgendeiner Weise für bedeutsam hielt, ein winziges Souvenir einzustecken: Mal war dies der Splitter eines Zaunpfahls, mal ein kleiner Kieselstein. Nie waren diese Fundstücke größer als ein Daumennagel, und daheim wanderten die Mitbringsel, ergänzt um Zettel mit Erläuterungen, in eine alte Schatulle, die selber kaum größer war als ein Paket Butter. Naturgemäß waren viele seiner Fundstücke natürlicher Natur, und auch meine Zeltobjekte waren vielfach einfache Objets trouvés: ein Ginkgoblatt, ein toter Käfer, die Feder eines Mäusebussards. Auch Abbildungen von Sehenswürdigkeiten, an denen ich übernachtet hatte, bevölkerten meine Kunstsammlung, etwa ein Button mit der Grünen Zitadelle in Magdeburg oder Postkarten mit Campingplatzmotiv.

Parallel hierzu begann ich in den ersten Wochen meines Experiments mit dem Aufbau einer Zeltbibliothek. Diese sollte ausschließlich aus kleinstformatigen Büchern bestehen, maximal handtellergroß. Auf einem Flohmarkt in Berlin-Siemensstadt erwarb ich «Die nackte Ameise» von Monty Python im Format drei mal vier Zentimeter, außerdem «Silver Linings», einen Gedichtband der mir bis dahin unbekannten englischen Lyrikerin Adelaide Procter. Auch «Das grüne Buch» von Muammar al-Gaddafi passte in diese Büchersammlung, zum einen aufgrund seines Westentaschenformats, zum anderen weil Gaddafi bekanntlich ebenso gerne zeltete wie ich. Managerin Steffi beschenkte mich zu Weihnachten mit einer herrlich winzigen DDR-Festschrift zur Wiedereröffnung der Wartburg in Eisenach, fünf mal fünf Zentimeter groß und 1984 erschienen im Berliner Union-Verlag, und ich hielt Ausschau nach einem passenden Miniregal, um die Bibliothek repräsentativ im Zelt zu verstauen.

Als mich jedoch Schlafmangel, logistische Überforderung und schlechtes Wetter an den Rand meiner nervlichen Möglichkeiten trieben und ich Entlastung suchte, indem ich mein Gepäck so radikal wie irgend möglich reduzierte, wurde nicht nur die Regal-Idee aufgegeben, sondern auch die Bibliothek. Nur ein einziges Taschenbuch gestattete ich mir fürderhin auf Reisen, und nur noch im Taurus auf dem Gitterrost erlaubte ich mir Kunst. Das Hilleberg hingegen wurde zur dekofreien Zone erklärt. Es war durchaus erhellend, auf diese Weise zu erfahren, wie wichtig mir Kunst ist, wenn es wirklich hart auf hart kommt, nämlich: unwichtig, jedenfalls unwichtiger als Reichweitenverlängerer und Stirnlampe. In meinem tatsächlichen Weltbild, so lernte ich, ist die Kunst ähnlich bedeutend wie die Körperpflege, denn nicht nur meine Zeltkunstsammlung, sondern auch meine Duschgel-Portionsfläschchen mussten nach der ersten schweren Nervenkrise den Rucksack räumen.

Zu meinen wichtigsten Leseerlebnissen im Zelt gehört die Kurzgeschichtensammlung John Cheevers, die ich als Unterlage für ein Esbit-Feuer missbrauchte und dabei schwer versengte. Besonders «Der Schwimmer» hat es mir angetan, die Geschichte eines Mannes, der beschließt, sämtliche Swimmingpools in seiner Nachbarschaft zu durchschwimmen, wofür er einen ganzen Tag braucht. Als er abends heimkehrt, ist sein Haus verwaist, sein Leben liegt in Trümmern. Ja, mit diesem Plot konnte ich etwas anfangen.

Auch das Buch «Walden» las ich nun mit frischem Interesse, jenen Klassiker, in dem Henry David Thoreau 1854 vom Bau und dem Bewohnen einer Blockhütte in den Wäldern von Massachusetts berichtete. Er verwirklichte dort das, was man ein Jahrhundert später einen «alternativen Lebensstil» nennen sollte. Zwar war Thoreaus alternativer Lebensstil sesshaft und sein Heim ein stabiler Bau, aber natürlich schrieb Thoreau mit diesem Buch die Urmutter des Genres, dem auch dieser Schmöker zuzurechnen ist.

Eine weitere Lektüre, die mich bewegte, war ein Abriss über die Geschichte der Sinti und Roma in Deutschland, gegen deren

Ausdauer in Sachen Nichtsesshaftigkeit mein bisschen Unter-der-Plane-Pennen wahrlich Pillepalle ist. Passenderweise blätterte ich in diesem Buch erstmals während meiner Übernachtung auf der Tubing-Anlage in Hildesheim, einer Stadt, die nämlich in dieser Geschichte gleich zweimal an prominenter Stelle vorkommt: 1407, so berichtet die Hildesheimer Chronik, tauchten vor den Toren der Stadt «Tartaren» auf, die sich als christliche Pilger vorstellten. Während ihrer Pilgerreise seien ihnen Übernachtungen in festen Häusern untersagt, erklärten die Fremden. Wie die Chronik weiter vermerkt, bewirtete der Rat der Stadt die Ankömmlinge mit einem «halben Stübchen Wein aus dem Ratskeller». Es ist dies die erste Erwähnung der Sinti auf deutschem Boden, die in den folgenden Jahrzehnten offenbar einigermaßen einträchtig mit den Sesshaften lebten und unter dem ausdrücklichen Schutz des Kaisers Sigismund standen. Erst mit den Umbrüchen am Ende des Mittelalters verschlechterte sich die Lage, und 1481 wurden die «Zigeuner» vom Reichstag für vogelfrei erklärt. Das zweite Mal wurde Hildesheim in dieser Geschichte 1943 bedeutsam, als nämlich der Hildesheimer Bischof Joseph Machens einen Stopp der Deportationen «katholischer Zigeunerkinder» forderte, für seinen Appell in der Deutschen Bischofskonferenz jedoch keine Unterstützung fand.

Einige der in diesem Buch geschilderten Bräuche berührten mich sehr, etwa die Gepflogenheit, den Standplatz nicht zu wechseln, wenn ein Familienmitglied im Sterben liegt – was mitunter zu schweren Konflikten mit der sesshaften Bevölkerungsmehrheit führte. Ich habe vor dem Behauptungswillen und der kulturellen Standhaftigkeit der Sinti und Roma immer großen Respekt gehabt – im Laufe meines Experiments ist dieser Respekt zu schierer Bewunderung geworden.

Wer seine Nächte längere Zeit darin verbringt, begegnet jeder Erwähnung des Zeltes mit größerem Interesse als etwa ein

Campingallergiker. Wes Anderson ist, so meinte ich nach einigen Monaten Draußenschläferei zu erkennen, mein Lieblings-Zeltfilmemacher. «Moonrise Kingdom» schildert die Romanze zweier Zwölfjähriger in einem Pfadfinderlager, und in «The Royal Tennenbaums» lebt der ehemalige Tennis-Crack Eli Cash in einem Zelt, das allerdings im Innern der Familienvilla aufgeschlagen steht. Schon 2001, als ich den Film erstmals sah, war ich hiervon stark beeindruckt und kaufte eine Stoffbude, um es dem Filmhelden gleichzutun. Dann musste ich jedoch feststellen, dass Indoor-Camping eine eher stickige Angelegenheit ist, und fortan diente der beige Iglu vornehmlich als Filmrequisit («WIB-Schaukel» mit Hans Meiser) sowie als Partyzelt für meine Söhne. Andere wichtige Zeltfilme: einige hundert Western, in denen Tipis herausragende Rollen spielen, ferner «Blairwitch Projekt», «Lawrence von Arabien», außerdem «Camping» (DDR 1977), «Camping» (Frankreich 2006) und «Camping, Camping» (Deutschland, 2010). In dieser Aufzählung darf darüber hinaus «Die Camper» nicht fehlen, eine RTL-Comedyserie, die von 1996 bis 2006 ausgestrahlt wurde.

Interessanterweise spielte und spielt die Draußenschläferei in der Popularmusik eine Rolle. Nicht nur Heino hat sich mit der Thematik befasst («Komm in meinen Wigwam»), sondern auch die Black Föös mit ihrem «Camping Song» und Ulrich Roski mit «Heim und Zelt» auf seinem 1972 erschienenen Album «Das macht mein athletischer Körperbau». Ein Jahr später sangen The Sweet «Wig Wam Bam», und Michael Wendler trällerte in jüngerer Zeit «Unser Zelt auf Westerland». Klassiker des Biwakliedes sind «Ein Bett im Kornfeld» von Jürgen Drews und, hihi, «Der Lachende Vagabund» von Fred Bertelmann.

Auch in der klassischen Musik wird die Draußenschläferei besungen: Im Lied «O Täler weit, o Höhen» von Felix Mendelssohn Bartholdy heißt es: «O Täler weit, o Höhen, o schöner, grüner

Wald, du meiner Lust und Wehen andächt'ger Aufenthalt. Da draußen, stets betrogen, saust die geschäft'ge Welt; schlag noch einmal die Bogen um mich, du grünes Zelt.» Außerdem kommt mir Mozarts Zauberflöte in den Sinn – Vogelfänger Papageno ist nämlich ein rechter Naturbursch –, aber ganz streng genommen ist seine Laube kein Zelt in Sinne dieses Buches, sondern scheidet mindestens ebenso aus wie Henry David Thoreaus Blockhaus im Wald. Immerhin wird die Oper nicht selten an Spielstätten aufgeführt, die von Zeltarchitektur inspiriert sind, etwa im «Weißen Zelt» der Oper Köln – und damit stünden wir am vorläufigen Ende einer langen Architekturtradition, welche versucht, die Leichtigkeit des Camperlebens mit der Wertbeständigkeit einer Immobilie zu vermählen. Die gelungenste dieser Ehen aus «fest» und «frei» ist sicher das Münchener Olympiastadion.

Keine Sorge; hinter mir liegt keine Lebensphase, in der ich mich ausschließlich mit diesem Thema beschäftigt habe, quasi manisch-monothematisch. Vielmehr ließ mich mein Experiment über andere Themen stolpern, die ich vormals nicht so recht wahrgenommen oder für nicht ausreichend interessant gehalten hatte, um mich eingehend mit ihnen beschäftigen. Ein solches Thema war die Astronomie. Schon in meinen ersten Nächten drängte sich mir der Mond geradezu auf; wer in einer klaren Nacht biwakiert, kommt sogar in der lichtverseuchten Großstadt nicht an seinem Anblick vorbei. Neben dem Mond war mir bis zu meinem Experiment höchstens das Sternbild des großen Wagens geläufig, außerdem wusste ich, dass es sich bei einem hellen Morgenstern mit gewisser Wahrscheinlichkeit um die Venus handeln könnte – das war's dann auch schon mit meiner Milchstraßen-Bildung.

Dabei hat es der Bildungshungrige im Wischfon-Zeitalter so unerhört leicht: Man lade sich eine Sternenerkennungs-App aufs Gerät und halte dieses in die Richtung jenes Sternes, dessen Namen man erfahren möchte. Prompt wird dieser auf dem Display angezeigt, außerdem erfährt man, zu welchem Sternbild er gehört und ob es sich bei diesem Himmelskörper überhaupt um einen Stern handelt. Denn nicht nur die Venus ist morgens mit bloßem Auge sichtbar, sondern auch Jupiter, Saturn und sogar der Mars. Es ist doch so: Erst mal bin ich Shetlandpony, dann Wildeshauser, Oldenburger, Niedersachse, bin wohnhaft in Bayern, mithin Deutscher, habe polnische Vorfahren; ich bin außerdem Europäer, Weltenbummler und, schließlich, Bewohner unseres Sonnensystems. Diese letzte Dimension wurde mir erst während meines Experiments tatsächlich klar, und zwar als ich Anfang Dezember an mehreren Morgen hintereinander unsere planetaren Nachbarn erkannte. Die Initialzündung für dieses neue galaktische Lebensgefühl fand in der Nähe von Oehna statt, nach meinem Auftritt in der «Kulturkantine» in Langenlipsdorf. Der frühmorgendliche Zeltabbau hatte unter einem eher dunklen Stern gestanden, weil ich nämlich sowohl Stirn- wie auch Zeltlampe daheim vergessen hatte und gleichsam blind meine Herberge im Rucksack verstaute. Anstatt 30 Minuten wie sonst hatte ich 45 Minuten für den Aufbruch veranschlagt, und da ich nach dem Packen noch einige Kilometer Tretrollerstrecke auf der (unbeleuchteten) Landstraße zum Bahnhof vor mir hatte, klingelte der Wecker bereits um fünf. Nachdem mir die Tastübung erstaunlich gut gelungen war und ich über den schwarzen Asphalt rollte, konnte ich mit meinen bestens an die Dunkelheit gewöhnten Augen ungewöhnlich klar den Sternenhimmel betrachten. Und da fielen sie mir auf, dicht beieinanderstehend, immerhin in Reichweite unserer Raumfahrzeuge. Es war völlig still an diesem Morgen im Süden Brandenburgs, kein Auto, nirgends, nur ich, die Straße und der gestirnte Himmel über mir. Ich legte den Tretroller auf die Fahrbahnbankette, aktivierte die Sternen-App und erglühte in Ehrfurcht. Seit diesem Moment weiß ich, dass ich mehr bin als nur ein Erdenbürger. Lange Augenblicke bestaunte ich unsere Planeten-Buddys. Ist da oben jemand? Hallo, Marsianer, seht ihr mich? Wie ist das eigentlich; darf man bei euch da oben überall zelten? Falls nein, ist es wohl besser, wenn ich mein Hilleberg mitnehme, wenn ich irgendwann den Roten Planeten besuche, gell? Dann bin ich besser getarnt!

Blutmond – so nennt man im Volksmond eine totale Mondfinsternis, und Ende September kam ich in den Genuss ebendieses Schauspiels. Der Wecker klingelte um vier Uhr morgens im Hilleberg, das ich in Miss Flauschigs Garten errichtet hatte. Schlaftrunken krabbelte ich hinaus ins taugetränkte Gras und beblinzelte den roten Ball. Bis heute habe ich nicht kapiert, warum der Mond nicht immer, aber eben bei dieser Mondfinsternis eine rote Farbe annahm. Hat damit zu tun, dass Sonnenlicht unter anderem aus blauen und roten Lichtstrahlen besteht, die blauen Lichtstrahlen durch die Erdatmosphäre jedoch weiter gestreut werden als die roten. So jedenfalls versucht es mir eine Internet-Seite weiszumachen, die von sich selbst behauptet, auf kindgerechte Erklärungen spezialisiert zu sein. Na ja.

Hängen blieb von dieser Nacht gewiss der rote Mond in meinem Hirn, mehr noch jedoch der Tau – und zwar in meinem Overall. Nass bis hinauf zum Knie kroch ich wieder in mein Zelt und versuchte trotz feuchter Waden wieder in den Schlaf zu finden.

Kommen wir nun, wie eingangs versprochen, zur Frage
aller Fragen. «Warum machst du das?» Eigentümlich,
dass ich diese Frage so oft hörte, ich selber sie mir aber nur in Aus-
nahmefällen stellte, etwa bei Schneeregen, null Grad, morgens
um fünf, wenn der Arbeitsplan es erforderte, dass ich mein Zelt
abbrach und mich dabei einregnen ließ. Ansonsten dachte ich
über das große «Warum» ähnlich selten nach wie im herkömmlichen Alltag auch. Häufiger fragte ich mich allerdings, was denn
die Menschen eigentlich an ihren Häusern finden.

«Warum machst du das?», hörte ich auch viel häufiger als etwa
die Frage, warum ich schon mal 100 Kilometer lief, mit dem
Rennrad nonstop nach Rom fuhr oder in einem Hallenbad in
24 Stunden knappe 30 Kilometer schwamm. Okay, Sport ist heutzutage auch in seinen Extremen Teil des gesellschaftlichen Mainstreams. Wer sportelt, entlastet die Krankenkassen und sieht
sexy aus, sagt man jedenfalls. Vom Draußenschlafen hat man
Ähnliches bisher selten gehört. Im Gegenteil, bei «Campingplatz» denken viele eher in Richtung Spießerparadies, bei «Parkbank» an Obdachlosigkeit, Verlust der bürgerlichen Existenz, ein
menschenunwürdiges Dasein. «Draußen» ist sozusagen die End-
station. Dass man nach den Gründen für sein Zelten gefragt wird,
ist also kein Wunder. Geht es mir etwa schlecht? Ist die ganze
Knete weg?

Nein, ich bin gesund und zahlungsfähig. Die ursprünglichen
Gründe, die mich dazu veranlassten, mein heimisches Schlaf-
zimmer zu räumen, habe ich ja schon im ersten Kapitel dieses
Buches genannt: Abenteuerlust und die übergroße Hitze im

Sommer 2015. Eine Motivations-Etage tiefer trieb mich wohl auch das Bedürfnis nach Veränderung, nach Reinigung, nach Buße ins Freie. Ins Freie, ja.

Seit der Mittelsteinzeit findet ein Großteil unseres Lebens in Immobilien statt. In Europa wurde die Sesshaftigkeit vor etwa 10 000 Jahren üblich, und seither sind wir Stubenhocker, Couch-Potatoes, leben zwischen Einbauküche und Billy-Regal. Ein Großteil des Einkommens geht fürs Wohnen drauf; einen Baum soll man pflanzen, ein Kind zeugen und ein Haus bauen. Je reicher, desto Schloss. «Ich bau dir ein Haus aus Schweinskopfsülze», sangen die Doofen, «Auf diese Steine können Sie bauen», versprachen einst die Bausparkassen. Das Haus gehört zum Menschen wie der Hügel zur Termite. Tatsächlich? Ist das Haus wirklich der «natürliche» Lebensraum des Menschen? Ist das Obdach tatsächlich unverzichtbar? Laut Seneca wird der Mensch arm geboren, «nemo nascitur dives», und der Wohlstand ist kein natürliches Gut. Der Mensch strebt nach Lebenserhaltung, und dies heißt, so zählte die römische Grübel-Koryphäe auf: nicht hungern, nicht dürsten, nicht frieren. Nun gut; Seneca empfahl die völlige Vereinfachung der Lebensgestaltung, den totalen Verzicht, war aber selber einer der reichsten Spieler in der römischen Denker-Liga, so 'ne Art Christiano Ronaldo der Philosophie. Womöglich predigt sich der Verzicht leichter, wenn man selber seine Schäfchen im Trockenen hat? Jedenfalls ist das «Schlafzimmer» in der Seneca'schen Aufzählung nur mittelbar enthalten, nämlich im Zusammenhang mit «nicht frieren». Ein der Jahreszeit angemessener Schlafsack, so weiß ich jedoch inzwischen, wärmt ebenso zuverlässig wie ein bulliger Ofen. Womöglich ist das Dach überm Kopf also ähnlich verzichtbar wie Fleisch? Und womöglich gibt es, ebenso wie beim Fleisch, ein «Zuviel» an Zement? Zwischen Zivilisation und Zuvilisation liegt ja lediglich ein schlappes «U».

Klar erscheint mir, dass es beim Haus nicht ursächlich um die

Lebenserhaltung geht, sondern um etwas anderes: Es bietet nämlich Stellfläche. Der Sesshafte kann seinen Sammeltrieb viel hemmungsloser ausleben als der Nomade. Während meines Experiments bestand eine wesentliche Sorge darin, nur mitzuschleppen, was ich tragen konnte. Das hatte Folgen. Zwischenzeitlich hatte ich zum Beispiel damit geliebäugelt, mir einen Klappstuhl zuzulegen, um an schönen Tagen vorm Zelt sitzen zu können. Die besichtigten Modelle waren mir alle zu sperrig gewesen, und so hatte ich mir einen aufblasbaren Sessel im Fußball-Look zugelegt. Zum Einsatz kam das billige Möbel nie, es stank gar zu penetrant nach Plastik, und nach einer Weile hatte ich mich für meine Gier nach Komfort verachtet. Auch meine Querflöte hatte ich einige Male dabei, dann jedoch aussortiert. Das einzige wirklich dem Tretroller-Nomadenleben entsprechende Instrument ist: die Stimme.

Dieser Zwang zur Reduktion hat kulturelle Auswirkungen. Keine Ölbilder, kein Cembalo, keinen Louis-Quatorze-Nachttisch hatte ich jemals im Rucksack dabei, sogar die Sonntagszeitung las ich nur ein einziges Mal im Hilleberg, nämlich damals in Braunschweig, im Schatten des Zirkuszelts. Unsere Kultur basiert in weiten Teilen auf Stauraum, auf Lagerfläche; ohne Keller kein Gerümpel, ohne Showroom kein Galeriebetrieb. Andererseits haben Nomadenvölker reiche Lied- und Erzählkulturen; im saudi-arabischen Fernsehen etwa ist der größte Quotenknüller eine Casting-Show für Rezitatoren, deren Gedichte von Falken und der Schönheit der Wüstenlandschaft handeln.

Das Volk Israel führte auf seinen Wanderungen nach dem Auszug aus Ägypten ein transportables Heiligtum mit sich, das «Mischkan». Luther übersetzte dies zur «Stiftshütte», in Wirklichkeit handelte es sich jedoch um ein Zelt. Das Gerüst bestand aus Akazienholz mit Goldüberzug und die Zeltplane aus Leinen. Darüber lagen Decken aus Ziegenhaar, darauf wiederum rot gefärbte

Widderfelle und schließlich, ganz oben, Decken aus Seehundfell oder Seekuhfelle – ganz genau weiß man bis heute nicht, was das hebräische Wort «tahasch» bedeutet. Wie sagte Luther doch gleich in einem anderen Zusammenhang? «Da staunt der Laie, und der Fachmann wundert sich.»

Vielleicht hat die Einmauerung unseres Daseins auch Konsequenzen auf unser Denken. Womöglich lässt der Wandervogel seine Gedanken weiter schweifen lässt als Hausdrache und Kellergeist. Fest steht lediglich, dass Sesshaftigkeit Besitz schafft und Besitz den Menschen ihre Freiheit nimmt.

Wer etwas besitzt, hat etwas zu verlieren. Grund und Boden sind Eroberungsziele, wollen verteidigt sein. Wer im Kleinzelt unterwegs ist, hat mehrere Optionen, zieht zur Not einfach weiter, wenn die Bösen kommen. Von bestimmten Arten der Kriegsführung sind Tretroller-Nomaden weit weniger betroffen, etwa von Belagerungen und Plünderungen. Auch die Militärgeschichte der Menschheit wäre anders verlaufen, wenn unsere Vorfahren nie sesshaft geworden wären. Ohne Sesshaftigkeit würden wir uns auch völlig anders ernähren, wir äßen, was man im Laufe des Tages zusammenträgt; Städte gäbe es natürlich auch keine, jedenfalls nicht unverrückbar an einen bestimmten Ort gebunden. Eine Zeltstadt kann sich ähnlich wie eine Wanderdüne oder ein Heringsschwarm bewegen, jeden Tag ein paar Meter, und einmal im Jahr gäbe es ein großes Wanderstädtetreffen in der Mitte Europas. Wischfon-Akkus hielten ewig, wobei das ganze Stromnetz ja eh völlig anders organisiert wäre. Das Recht, sein Zelt aufzuschlagen, wo man möchte, wäre ein elementares Bürgerrecht; wer Grund und Boden besäße, wäre gesetzlich angehalten, Freizügigkeit und Niederlassungsfreiheit zu garantieren.

Beim Fleischverzicht spielt bekanntlich auch der ethische Aspekt eine Rolle; wer nur Strunk & Smoothie verzehrt, muss keine Tiere töten. Gibt es einen vergleichbaren Vorteil auch beim

Camping? Ja, den gibt es. Nicht nur Energie spart der Vagabund, sondern auch Fläche. Der Freiflächenverbrauch für Siedlungs- und Verkehrsfläche beträgt derzeit in Deutschland pro Tag circa 71 Hektar. Versiegelte Flächen gehen für Tiere und Pflanzen verloren; Landfraß und Flächenzerschneidung durch Verkehrslinien sind die Hauptursachen für das Artensterben. Auch der Wasserhaushalt wird durch die Versiegelung empfindlich gestört. Dabei ist das Siedlungswachstum wesentlich schneller als das Bevölkerungswachstum. Zwar hat sich der Landfraß in den letzten Jahren verlangsamt, aber von einer echten Trendumkehr kann keine Rede sein, weltweit sowieso nicht. Wer auf dem Tretroller durchs Leben gondelt, seine Habe auf dem Rücken, demonstriert immerhin, dass es zum Triumph des Betons noch ganz andere Alternativen gibt als die Erhöhung der Grundsteuer. Nebenbei bemerkt: Ich bin kein Vegetarier und Missionar erst recht nicht. Ich denke nur laut.

Ob unsere Sesshaftigkeit endgültig ist? Na klar, mag mancher sagen. Aber was sind schon 10 000 Jahre Baugeschichte; die können auch ruck, zuck überwunden werden, und dann beginnt das metastegäle Zeitalter. So würde man die Epoche «nach der Überwindung des Daches» auf Altgriechisch bezeichnen, sagt Siegfried-Pascal, der Altphilologe. Eventuell kündigt sich dieses Zeitalter bereits an: Millionen waren mit billigen Wurfzelten auf der Balkanroute unterwegs, Tausende zelten in Flüchtlingslagern. Denkbar auch, dass die Klimakatastrophe ganze Regionen zeitweise unbewohnbar macht und es sinnvoll wird, auf feste Bauten grundsätzlich zu verzichten.

Derlei Gedanken huschten mir an manchen Abenden durch die Birne, ohne dass ich es darauf angelegt hätte. «Grounded Theory», so nennt man, glaube ich, eine Methode in der Soziologie, wenn man eine Feldforschung beginnt, ohne genau zu wissen, was man eigentlich erforschen möchte. Ja, so funktionierte auch meine Zelterei: unklar, worauf ich eigentlich hinauswollte. Die Akzente wechselten mitunter täglich. Mal ging es mir darum, die Grenzen des Verzichts auszuloten, mal gefiel ich mir in der Rolle eines nomadischen Avantgardisten, dann wieder genoss ich einfach nur das Prasseln des Regens auf dem Zeltdach. Und immer wieder fand ich neue Aspekte meines Experiments, die meine Phantasie beflügelten. Sogar einen ausgestorbenen Traumberuf lernte ich durch begleitende Recherche kennen, einen Job, der dringend reanimiert werden sollte:

Im 18. und 19. Jahrhundert gab es in England sogenannte Schmuckeremiten, «ornamental hermits». Das waren Einsiedler, die in den Landschaftsparks der Landadeligen lebten, gleichsam zur Zierde. Im Arbeitsvertrag des Schmuckeremiten war festgelegt, wann der Angestellte sichtbar sein musste, um die Besucher der Gartenanlage mit seinem Anblick zu erfreuen. Als Eremitage dienten Grotten, Baumhäuser und Ruinen. Per Zeitungsannonce suchte z. B. der Landadelige Charles Hamilton, der im 18. Jahrhundert in Surrey lebte, einen Angestellten, der bereit war, «gegen ein Honorar von 700 Pfund Sterling sieben Jahre in der Eremitage zu bleiben», wo er mit einer Bibel, einer Brille, einer Fußmatte, einem Strohsack als Kissen, einem Stundenglas als Zeitmesser, Wasser als Getränk und Nahrung aus dem Haus versehen werden sollte. Haare-, Bart- und Nägelschneiden war für die Dauer des Vertragsverhältnisses untersagt. Diese letzte Bestimmung schien damals Standard in den Arbeitsverträgen für Schmuckeremiten zu sein. Ältere Herren wurden bevorzugt eingestellt.

Nun bin ich noch jung, allzu jung, aber ich möchte dieses Buch nutzen, um bereits heute meine Dienste als erstklassiger, erfahrener, liebenswerter und völlig verlotterter Schmuckeremit anzubieten. Sollten Sie, liebe Leser, Interesse an meiner umfassenden Kompetenz haben: Stets zu Ihren Diensten! Greifen

Sie jetzt zu! Gerne bringe ich meinen Walmagen von zu Hause mit, ziehe aber auch in ein Erdloch, wenn Sie den konsequenten Retro-Look bevorzugen. Brille und Fußmatte sind ebenfalls vorhanden, und falls Sie dies wünschen, hantiere ich auch gerne für Ihre Gäste sichtbar mit der Bibel.

27 > Schluss

Auch wenn ich mit einem zukünftigen Leben als Schmuckeremit liebäugelte und der Zelterei nach wie vor etwas abgewinnen konnte – ab Ende Februar kehrte meine Zeltmüdigkeit mit großer Vehemenz zurück. Ich wünschte mir den Frühling herbei, um erhobenen Hauptes das Experiment beenden zu können. Ungefähr zu diesem Zeitpunkt wurde für die HISTORY-Sendung «Die Geschichtsjäger» ein Dreh in Tschernobyl ins Auge gefasst. Meine Routinefrage, ob ich denn in der Sperrzone zelten könne, wurde von unserem Kontaktmann beim Ukrainischen Umweltministerium abschlägig beschieden. Zu gefährlich. Mit der Entscheidung für diesen Dreh stand fest, dass mein «Streak» in Sachen Zelten nicht ewig würde währen können und ich nicht, wie zwischenzeitlich vage ins Auge gefasst, mein Leben lang weiterzelten würde. «Streak», also «Strähne» – so nennen die Ultraläufer in ihrem Athleten-Argot eine ununterbrochene Abfolge von Tagen, an denen sie laufen. Das ist so eine Spezialdisziplin: möglichst viele Tage aneinanderreihen. Und meine Strähne endete am 9. März 2016, nach 204 Nächten an der frischen Luft.

Die letzte dieser Nächte war noch mal schnattrig, bei «Camping Berger» in Köln-Rodenkirchen. Nachts waren große Pötte auf dem Rhein an meinem Ohr vorbeigetuckert, und am Morgen war ich ausnehmend durchgefroren erwacht. Als ich den Reißverschluss betätigte, ging ein Blizzard aus Raureif über mir nieder, bestehend aus der Feuchtigkeit meiner exhalierten Atemluft. So eingeschneit, beschloss ich spontan, dem Spuk ein Ende zu machen und die kommende Nacht daheim in der Koje zu verbringen – eine Woche früher als noch am Tag zuvor geplant. Schon die 200. Nacht hatte ich mit keiner speziellen Jubiläumsmaßnahme gewürdigt. Die Luft war raus.

Mit einigermaßen ausgeprägtem Interesse betrachtete ich nur noch die bevorstehende erste Nacht in den «eigenen vier Wänden», wie man so sagt. Wie sich das wohl anfühlen würde, so 'n Federbett? Eine ganze Nacht lang. Wow. Bestimmt himmlisch.

18 Uhr: Ich fieberte der Dunkelheit entgegen und bezog mein Bett mit frischer Damast-Bettwäsche.

19 Uhr: Ich schlüpfte in meinen Overall, zog ihn dann aber wieder aus und legte stattdessen einen extradünnen Pyjama an.

20 Uhr: Ich entzündete Teelichter, versuchte, ein heimeliges Ambiente herbeizukerzeln und kochte mir einen feinen Baldriantee, den ich zum Abendbrot verzehrte. Mit gedecktem Tisch und Stoffservietten, extra bürgerlich.

21 Uhr: Ich lüftete das Schlafzimmer gründlich durch, stellte die Heizkörper auf «mittel».

22 Uhr: Langsam ließ ich mich in die Laken sinken, deckte mich bis zur Nasenspitze zu. Ah! Waschmittelaroma, sehr angenehm! Tief inhalierte ich den süßen Duft der Sauberkeit, rekelte mich à la Miss Flauschig, schloss die Augen und lächelte dabei. Es war vollbracht! Zufrieden mit meiner merkwürdigen Ausdauerleistung ließ ich die Seele baumeln und nickte ein. Aber nur kurz.

22.30 Uhr: Das feuchte Laken klebte mir am Leib, es war unangenehm warm, die Decke lag auf mir wie ein Bleischurz. Ich wuchtete sie beiseite, zog meinen Pyjama aus und kam mir dabei seltsam kurzatmig vor. Die Heizung gluckste, ich seufzte tief. Ein fülliger Tropfen rann meine Stirn hinab. Elend die Hitze, schmierig-schwül die Luft! Lange Minuten blickte ich leidend ins Leere, dann gab ich mir einen Ruck, schlüpfte in meinen bewährten Overall und ging hinaus zum Gitterrost. Mit dem Lächeln der Erleichterung krabbelte ich in Zelt und Schlafsack und schlief umgehend ein.

Auch in den darauffolgenden Nächten wechselte ich nach einer Weile vom Schlafzimmer ins Zelt, allerdings gelang es mir, diese Weile nach und nach zu verlängern. Erst eine gute Woche später schaffte ich es, nicht nur im Schlafzimmer unterbrechungsfrei zu schlafen, sondern diesen Schlaf auch so zu erleben, wie es sich gehört: als Labsal für Körper und Geist, nicht als mühsame Sauna-Challenge. Und sobald ich wieder im Schlafzimmer «angekommen» war, trieb es mich wieder hinaus. Grund war das herrliche Vogelgezwitscher im aufblühenden Lenz – dem war auf meinem Gitterrost besser beizuwohnen als in meiner Ziegelbude.

Von einer emotional aufgeladenen Heimkehr ins Haus konnte also keine Rede sein. Da war anfänglich nichts, was ich wirklich genoss. Als ich jedoch meine ersten Reisen ohne Riesenrucksack unternahm, ohne den Zwang zur Zeltplatzsuche, ohne Auf- und Abbau und den ganzen logistischen Wahnsinn, war ich denn doch erleichtert und freute mich meines Leichtgepäcks.

Im April ging es dann für HISTORY nach Tschernobyl. Zunächst galt es eine Nacht in Kiew zu übernachten, in einem balkonlosen Hochhaushotel, und am nächsten Tag fuhr das Team in Begleitung zweier vom ukrainischen Umweltministerium bestellter Guides in die «exclusive zone», die sich mit einem Radius von 30 Kilometern um den havarierten Reaktorblock erstreckt. Links und rechts der Straße sahen wir verlassene Dörfer, die von der Natur zurückerobert worden waren; auf einer Lichtung erspähte ich eine Herde wilder Przewalski-Pferde. Wir besuchten die verlassene Stadt Prpjat, einst Heimat von 40 000 Menschen, und besichtigten die Baustelle des neuen Sarkophags sowie jene benachbarten Reaktorblöcke, in denen bis 2001 Strom erzeugt wurde und in denen man noch einige Jahre mit der Kühlung der Brennstäbe beschäftigt sein wird. Unsere Blicke wanderten zwischen diesen gruseligen Sehenswürdigkeiten und unserem Geigenzähler hin und her, der stark schwankende Strahlungswerte anzeigte: Zwischen 40 Mikrosievert pro Stunde – gemessen an einer Baggerschaufel, die bei den Bergungsarbeiten nach der Katastrophe 1986 zum Einsatz kam – und 0,5 Mikrosievert/h in der Stadt Tschernobyl im Außenbereich der Zone. Normal sind Strahlungen von 0,03 bis 0,08 Mikrosievert.

Unsere Nächte verbrachten wir in einem sehr einfachen Hotel in Tschernobyl, das nachts abgeschlossen wurde. Vielleicht ganz gut – so konnte ich gar nicht erst auf die dumme Idee kommen, die stickige Herberge zu verlassen, um mich aufs strahlende Moos zu legen … über Wochen gepflegte Gewohnheiten legt man schließlich nicht so leicht wieder ab.

Wieder zu Hause, gewöhnte ich mich langsam ans Drinnen-schlafen. Die Tage und Nächte hielten nichts Außergewöhnliches bereit und vergingen mit Routine. Bis heute. Es ist der 22. Mai 2016, da ich diese Zeilen schreibe, ein Sonntagabend, und ich habe ein himmlisches Wochenende hinter mir. Glückspilz Boning war für das «SemperOpenAir» tätig – so nennt sich eine Veranstaltung vor der Dresdner Semperoper, bei der das Geschehen auf der Bühne via Leinwand nach draußen übertragen wird. 5000 Fans verfolgten bei Sommertemperaturen die Wagner-Premiere von Anna Netrebko als Elsa in «Lohengrin», dirigiert von Christian Thielemann, und ich steuerte unter anderem einen launigen Vortrag und drei Einspielfilme für das Rahmenprogramm bei. Den ganzen Tag verbrachte ich in Bestlaune, obwohl ich nicht unbedingt zu den allergrößten Wagnerianern gehöre – zum einen wegen des tollen Teams und wegen des freundlichen Publikums, zum anderen weil ich eine hochinteressante Nacht hinter mir hatte. Ursprünglich hatte ich im Zwinger übernachten wollen, aber das hatte die Stadtverwaltung rundweg abgelehnt. Dann hatte man mich gefragt, ob ich nicht Lust hätte, von Samstag auf Sonntag auf der Bühne der Semperoper zu schlafen. Na klar! Das ist zwar nicht draußen, aber immerhin beginnt Lohengrin auf dem Marktplatz von Brabant, also im Theater-Draußen. Besser als nichts. Bis Samstagabend hatte ich meine Filmchen gedreht, dann zu Abend gegessen, und um 22.15 Uhr wurde ich vom Bühnenmeister am Rande der bereits halb abgebauten «La Traviata»-Deko empfangen. Ein Dutzend Bühnenarbeiter ersetzten Verdi durch Wagner, ließen das belgische Brabant, die Schelde und den Schwan entstehen, der Lohengrin im ersten Akt ans Ufer bringt. Ich freute mich auf eine märchenhafte Mogelei.

Mein Schlafplatz befand sich am vorderen Bühnenrand. Ich blies meine Luftmatratze auf, während hinter mir der «eiserne Vorhang», eine Art Garagentor mit Brandschutzfunktion, heruntergelassen wurde. Für einen kurzen Moment war ich enttäuscht, weil so die Illusion des «Theater-Draußen» nun nicht mehr aufrechterhalten werden konnte. Egal, ich freundete mich mit dem imposanten Schlafzimmer an. Die Bühnenarbeiter freuten sich; ihre Gesichtsausdrücke erinnerten an jene der Mitarbeiter von Werder TV, damals, als ich mein Zelt im Mittelkreis aufschlug und sie mich dabei filmten. «Wir haben hier übrigens Nachtführungen! Sie werden nachher noch von Touristen besichtigt!», ulkte der Bühnenmeister, und seine Mitarbeiter und ich, wir lachten uns scheckig über den Witz. Gute Vorstellung: Man träumt nichts Böses, und eine Fremdenführerin erklärt ihren Zuhörern: «Das ist der Herr Boning, unser Übernachtungsgast! Sie dürfen ihn jetzt fotografieren.»

Die Luft roch dezent nach Turnhalle, der Boden bestand aus staubigem Parkett, und über mir luden monumentale Deckenmalereien zum Betrachten ein, mit Engeln, Kriegern und schönen Frauen. Ich fragte mich, für wen denn diese Deckenmalereien eigentlich gemalt worden waren. Vom Zuschauerraum aus standen nämlich sämtliche Motive auf dem Kopf. Ein auf der Bühne stehender Sänger konnte den Döz wiederum kaum so weit in den Nacken legen, dass die Decke sichtbar wurde. Einzig und allein in der Liegeposition ließ sich die ganze barocke Pracht entspannt bewundern. Ich schloss daraus, dass die Semperoper wie gemacht war für Schlafende – vielleicht hatten die Architekten bereits an eine Zweitnutzung als Schlafsaal gedacht.

Im eisernen Vorhang der Semperoper befindet sich eine winzige Tür, durch die man quer in die Tiefe des Raumes zum hinteren Bühnenausgang geht, welcher wiederum beim Toilettengang passiert werden muss. «Achtung! Lassen Sie die Tür nicht zufallen, sonst kommen Sie nicht wieder rein. Haben Sie denn eine Stirnlampe dabei?», fragte mich der Bühnenmeister. «Hier ist es nachts stockdunkel!» Huiuiui, das klang spannend – Dunkelheit in mondloser Nacht kannte ich ja zur Genüge, aber bei der Dunkelheit einer Opernbühne könnte es sich ja um ein ganz anderes Kaliber handeln: düsterer, fordernder, einschüchternder.

Noch herrschte im Zuschauerraum Betrieb, als ich weitestgehend entkleidet unterm Schlafsack entschwand (hineinlegen erlaubte die enorm hohe Zimmertemperatur nicht): Eine Gruppe italienischer Facharbeiter verlegte Beleuchtungskabel, während meine verzückte Managerin Steffi ein Bild nach dem anderen knipste, ich mit Augen zu. Ja, die Fotos waren schick, und wir sammelten aufgekratzt weitere reizvolle «Drinnen»-Schlafplätze, für eine Fotoausstellung namens «Nächte an der schlechten Luft»: Sauna, Chemiefabrik, Metzgerei, Kapuzinergruft, Lenin-Mausoleum. Da könnte man sich neben Lenin legen. Oder auch: Pyramide von Gizeh, in der Grabkammer des Pharaos! Fenster aufmachen geht da auch nicht. Kanalisation, Affenhaus, Reichstag.

Um 23 Uhr sagten Managerin Steffi und die Kabelleger «Arrivederci» und schlossen die Türen hinter sich. Puh, was für eine Hitze hier drin. Schön blöd, dass ich meinen Winterschlafsack mitgenommen habe. Man sollte das Denken den Großpferden überlassen. Ich rückte den Stringtanga zurecht, schloss die Augen und warf mich in Morpheus' Arme. Kaum war ich eingenickt, öffnete sich erneut eine Tür, erster Rang links, und etwa dreißig Personen betraten den Zuschauerraum, die ganz offenbar weder Mitarbeiter des Theaters noch Kabelleger oder künstlerisches Personal waren. Nanu, was wollen die denn hier?! Eine Fremdenführerin ergriff das Wort. Ich konnte nicht genau verstehen, was sie sagte, aber es ging um Dresden, die Semperoper und: mich. Dass ich hier schlafen würde und man mich fotografieren dürfe. Ich glaub, mein Holzbein brennt, das war gar kein Witz vorhin, sondern es gibt sie tatsächlich, diese nächtlichen Opernführungen! Auf dem ersten Rang klickten die Kameras, und ich wendete meinen Blick in Richtung eiserner Vorhang. Auch auf dem gegenüberliegenden Rang öffnete sich jetzt eine Tür, und eine zweite Gruppe betrat den Zuschauerraum. Noch mal von vorne. Vorsichtig schaute ich hinauf, und sofort starrte ich in zwanzig gezückte Wischfonlinsen. Schnell wieder wegdrehen, Augen zu und einen Schläfer markieren. Bin ich überhaupt ausreichend angezogen und zugedeckt? Nicht dass ich noch als Theaterflitzer in die Boulevardpresse gerate. Bange Minuten lag ich so auf den Brettern, die die Welt bedeuten, und wartete auf meine wohlverdiente Nachtruhe. Unerhört, diese Ruhestörung durch Touristen! Ich werde mich an der Rezeption beschweren, witzelte ich unter meinem Schlafsack schwitzend vor mich hin.

Als die Touristen weitergezogen waren, konnte ich zunächst nicht in den Schlaf finden. Was hat da früher noch geholfen? Ich hab's: ein Schlaflied! Wo, wenn nicht hier, wäre der geeignete Ort dafür? Liegend stimmte ich eine Testweise an: «Guten Abend, gute Nacht» von Johannes Brahms. Tolle Akustik – das war mein letzter Gedanke, ehe ich in aufgekratzten Halbschlaf fiel, auf dem Rücken liegend, mit abgeknicktem Kopf. Diese Haltung kann bei mir durchaus zu Schnarchi-Schnarch führen, und so kam es auch. Ich erwachte durch einen herzhaften Schüttelgrunzer und lauschte seinem Hall hinterher, bis hinauf zur Königsloge, wo er mit dem Wappen des sächsischen Regenten kollidierte und zu tausenden Schallsplittern zerbrach.

Nanu, brennt das Licht denn immer noch? Mir wurde doch versichert, dass es hier nachts stockduster sei. Vielleicht meinte man allerdings auch den Bereich hinter dem eisernen Vorhang. Nun gut; irgendwann würde sich schon jemand meiner erbarmen und den Schalter umlegen. Als störend empfand ich Kleinigkeiten wie Festbeleuchtung sowieso schon lange nicht mehr. Ganz zu Beginn meines Experiments war ich noch extra tief in meinen Schlafsack abgetaucht, Stichwort «Apnoe-Tauchen», Sie erinnern sich? Inzwischen hatte ich die Kraft der Augenlider für mich entdeckt. Ja, ich besitze zwei Hautlappen oberhalb meiner Klimperklüsen, die kann man herunterlassen wie einen eisernen Vorhang im Theater, und dann könnte man meinen, es sei dunkel, obwohl es in Wirklichkeit gar nicht dunkel ist – eine schlässige Idee der Natur, echt shampoo, müssen Sie mal ausprobieren.

Das Phantom der Oper begegnete mir nicht, auch nicht im Traum. Für Introspektion war es hier eh viel zu aufregend. Eine prickelnde Grundstimmung zog sich durch die ganze Nacht; ich lag, wo am darauffolgenden Tag Anna Netrebko liegen würde, wenn sie ihren Lohengrin verliert und vor Gram darniedersinkt. Und so schnorchelte ich mich mit jenem Pioniergeist durch die stickige Nacht, der auch meine allerersten Nächte auf der Boning-Insel veredelt hatte.

Die Nacht endete früh und sehr, sehr laut. Um kurz vor halb sechs hörte ich die Inbetriebnahme eines Staubsaugers außerhalb des Zuschauerraums, in jenem Gang, durch den die Opernfreunde zum Parkett gelangen. Die Raumpflegerinnen gehen hier ja früh ans Werk, gähnte ich und drehte mich auf die andere Seite. Wirklich störend wurde die Saugerei erst, als die Raumpflegerin eine Tür öffnete, wohl um auch den Flor unter derselben gründlich zu entstauben. Zwei Türen wurden so geöffnet und wieder geschlossen. Bei der dritten Tür, die sich an der Seite in Bühnennähe befand, konnte die gute Putzfrau gar nicht anders, als einen Blick auf die Bühne zu werfen. Ganz offenbar hatte man ihr nicht Bescheid gesagt, und sie erschreckte sich heftig, als sie meiner angesichtig wurde. Ein lauter, langer, markerschütternder Schrei füllte die Theaterluft, dann schloss sich die Tür mit lautem Klapp. Nach einer Weile saugte sie weiter; ich war nun wach, beschmunzelte den Vorfall, packte meine Sachen und schlüpfte durch den eisernen Vorhang. Der Weg vorbei am Lohengrin-Schwan über den Marktplatz von Brabant gelang ohne Zwischenfälle. Ich grüßte die Pförtnerin am Bühnenausgang mit Euphorie in der Stimme, sie überschlug sich vor Freude, sodass mein «Schönen Sonntag wünsche ich Ihnen» im Falsett stattfand, mit einem Quintsprung von «Sonn-» zu «tag», und «wünsche ich Ihnen» landete nach angedeuteter Ganztonleiter auf dem hohen C. Die Dame applaudierte zart, und ich verließ die Spielstätte.

Mein Naturell ist das eines Sammlers: Ich horte Nasenhaarschneider in einer eigens hierfür angeschafften Vitrine, ich sammle Duschhauben und Tütensuppen aus aller Welt; ich besitze 1700 Einkaufszettel und halte hierüber Lichtbildervorträge. Zukünftig könnte ich mir auch ein Leben als Schlafplatzsammler vorstellen, egal, ob drinnen oder draußen. Oder als öffentlicher Schläfer, in einer Vitrine, einem Museum, einem Zoo. Ich bin mittlerweile abgehärtet, mich schrecken weder Licht noch Leute, und wer will nicht sein Geld im Schlaf verdienen? Der Schlaf als künstlerischer Akt ist nichts ganz Neues, aber sein Rang in der Geschichte der darstellenden Kunst gewiss noch ausbaufähig.

In manchen Phasen meines Experiments sagte ich zu mir: «Juhu, ich vermisse hier nichts, bleibe einfach lebenslang draußen. Und die Image-Frage ist auf diese Weise ganz nebenbei auch geklärt.» In anderen Phasen sagte ich mir: «Du schläfst jetzt einfach so oft hintereinander draußen, dann hast du das erledigt und kannst danach lebenslang drinnen bleiben. Gewiss: 204 Nächte entsprechen immerhin knapp 15 zweiwöchigen Campingurlauben – das wäre eine ernstzunehmende Lebensleistung. Der Grundgedanke ist durchaus interessant: Man erledige Dinge, für die andere in kleinen Portionen ein ganzes Leben brauchen, am Stück. Eine Woche nonstop beim Friseur rumsitzen. Zwei Wochen an der Supermarktkasse Schlange stehen und danach nie wieder. Drei Wochen durchküssen, ohne abzusetzen, usf. Aber diese Idee ist eher theoretisch interessant, denn nur der beständige Wechsel zögert die finale Lebensmüdigkeit hinaus.

Also werde ich mich zukünftig keineswegs ausschließlich unter Dächern ausschlafen. Es gibt Orte, da werde ich auch weiterhin zelten, zum Beispiel in Zürich: Kein Hotel bietet so viel Lebensqualität wie der Campingplatz «Fischers Fritz» direkt am Seeufer. Auch daheim steht weiterhin das Zelt auf dem Gitterrost, wenigstens um nach wilden Tanzpartys Schlafplätze für Besucher zu schaffen – in meiner Wohnung. Sommerliche Nächte unterm Gipfelkreuz und an schönen Stränden, etwa auf der Insel Noss, sind sowieso der Gipfel des Luxus, und ich habe mir fest vorgenommen, keine Gelegenheit zu einem solchen mehr zu verpennen. Merke: Indoor liegt man nach dem Ableben ja noch lange genug. «Schlafen kann ich, wenn ich tot bin», lautet ein berühmter Spruch von Rainer Werner Fassbinder, aber da hat er sich geirrt. Nach dem Tod werde ich mich kaum noch auf die Bühne der Semperoper legen dürfen, in den Mittelkreis des Weserstadions oder auf das Dach der Grünen Zitadelle in Magdeburg. Wie bemerkte mein Sohn Cyprian unlängst treffend? «Wahrscheinlich ist man länger tot als lebendig.» Und darum gilt es die knapp bemessene Zeit zu nutzen. Brrrr! Ruhig, Brauner; rein in den Schlafsack und Augen zu.

Gute Nacht.